André H. Lemoine

DAS CHINESISCHE LIEBES HOROSKOP

Die Kunst der Verführung
nach der chinesischen Astrologie

Deutsche Erstausgabe

WILHELM HEYNE VERLAG
MÜNCHEN

HEYNE RATGEBER
08 / 9210

Titel der Originalausgabe:
LA LUNE EST BLEUE
erschienen bei Editions de Lunay, Paris

Aus dem Französischen übertragen von LINGUA TEAM, Planegg

Copyright © by Editions de Lunay, Paris
Copyright © der deutschsprachigen Ausgabe
by Wilhelm Heyne Verlag GmbH & Co. KG, München, 1989
Printed in Germany 1989
Umschlaggestaltung: Atelier Ingrid Schütz, München
Satz: Kort Satz GmbH, München
Druck und Bindung: RMO, München

ISBN 3-453-03434-1

Inhalt

	Einleitung	6
Entdecken Sie Ihr chinesisches Zeichen		8
1	Die Ratte	13
2	Der Büffel	37
3	Der Tiger	59
4	Die Katze	81
5	Der Drache	103
6	Die Schlange	125
7	Das Pferd	145
8	Die Ziege	167
9	Der Affe	189
10	Der Hahn	211
11	Der Hund	231
12	Das Schwein	251

Einleitung

In China ist ›Der blaue Mond‹ der Stern des vollkommenen Glücks, der tausendundein Verheißungen. Eigenartigerweise ist ›Der Mond ist blau‹ aber auch ein sehr poetischer Ausdruck, mit dem gewisse Damen jenseits des Atlantiks das Erreichen des Gipfels der Glückseligkeit bezeichnen. Um aber diesen charmanten Satz der Verwirrung vernehmen zu können, muß eine Verführung geglückt sein. Ein Unterfangen, das sogar in unserer modernen Gesellschaft, die mehr auf Profit als auf Glück ausgerichtet ist, gar nicht so einfach zu bewerkstelligen ist.

Wenn sich auch die Worte und Dinge verändert haben, die Liebe bleibt bestehen. Obwohl die Männer unter Erfolgszwang stehen und die Frauen immer mehr auf ihre Unabhängigkeit bedacht sind, kann das Zusammentreffen beider beispielsweise am Arbeitsplatz doch den Wunsch, einander zu verführen und verführt zu werden, auslösen.

Der moderne Orpheus kommt immer wieder zu Eurydike und Eva zurück, um in den Apfel zu beißen. Im Grunde genommen ist er trotz einer direkteren Sprache und dem offensichtlichen Abbau von sexuellen Tabus immer noch schüchtern, sentimental und romantisch. Der moderne Mann ist mutig, er nimmt an der

Rallye Paris-Dakar auf dem Motorrad teil und äußert seine politische Meinung ohne Ängste auch vor der Kamera. Aber er scheint eher die Wüste Gobi durchqueren zu wollen, als sich an eine der emanzipierten Evas heranzumachen, die die Männer gleichsam wie ihre Unterwäsche wechseln. Es gibt von ihnen genug, um Komplexe zu verursachen.

Aber wir wollen nicht übertreiben, das Gegenteil trifft ebenso zu. Das schöne Geschlecht ist vielleicht emanzipiert, aber nicht in Herzensangelegenheiten. Es gibt viele, die erwartungsvoll auf den charmanten Prinzen warten, der jedoch nach der Arbeit Weiterbildungskurse besucht, joggt oder an Seminaren teilnimmt. Und wenn er dann endlich Zeit hätte, geht er lieber mit seinen Kumpeln weg oder legt sich schlimmstenfalls schlafen, ›da es morgen ein harter Tag wird‹. Um diese Männer mit ihrem sorgfältig geplanten Tagesablauf zu verführen, müssen die Damen oft die Initiative ergreifen, was nicht immer einfach ist.

Also stellt sich für die Männer und Frauen, die den Willen zu gefallen und zu lieben haben, das gleiche Problem: Wie jage und fessele ich meine Beute? Hier kann sich unser kleiner Leitfaden als teuflisch nützlich erweisen. Die chinesische Astrologie, die es einem erlaubt, sich selbst besser kennenzulernen, kümmert sich auch um unsere Beziehung zu anderen und zeigt auf, wie die eigenen Trümpfe besser ausgespielt und die Schwächen der anderen eingekreist werden können. Dieses ist das Ziel dieser ›Studie‹. Das einzige, was Sie in Erfahrung bringen müssen, bevor Sie die positiven und negativen Eigenschaften derjenigen Person, die Sie erobern wollen, überprüfen können, ist das Geburtsdatum und somit sein/ihr chinesisches Zeichen. So gewappnet, werden Sie ins Universum des Blauen Mondes, des Sterns des vollkommenen Glücks und der tausendundein Verheißungen, vorstoßen. Weidmannsheil!

Entdecken Sie Ihr chinesisches Zeichen

Eine alte chinesische Legende berichtet, daß Buddha aus Sorge um die Harmonie der Welt vor vielen Jahren alle Tiere der Schöpfung einlud. Aber nur zwölf Tiere (siehe Seite 9) folgten seiner Einladung. Doch anstatt die Nichtanwesenden zu bestrafen, was nicht in der Natur des Weisen liegt, beschloß Buddha, die zwölf Treuen zu belohnen, indem er entschied, daß von da an die Erdjahre den Namen eines Tieres tragen sollten. So entsteht ein Zwölfjahres-Zyklus, der sich bis ins Unendliche fortsetzt, und jedes Jahr wird durch den Charakter des Tieres geprägt. Dies ist eine bezaubernde Legende, aber die chinesischen Tierkreiszeichen reichen noch vor die Zeit, in der der Buddhismus im Fernen Orient an Einfluß gewonnen hat, zurück. Ihre Wurzeln liegen Tausende von Jahren zurück, wie alte Schriften bezeugen. Der Ursprung der Tierkreiszeichen kann zu Kontroversen Anlaß geben, viele Sinologen sind davon überzeugt, daß es sich um einen ›Importartikel‹ handelt, der wahrscheinlich von den Barbaren im Norden eingeführt worden ist... Sei es wie es sei, in China und nicht anderswo haben diese Tiere ihren Symbolcharakter erhalten, der die Phantasie so anregt.

Eng verbunden mit dem Geburtsjahr, spielen diese Tiere eine bestimmende Rolle, sie bilden einen Zyklus von zwölf Jahren, der mit dem, was die Chinesen das ›lange Jahr‹ nennen, eng verbunden ist, das heißt die Zeit, die Jupiter braucht, um die Sonne zu umkreisen.

Jedes chinesische Jahr steht so unter dem Schutz eines symbolischen Tieres. Es gibt zwölf an der Zahl, sie tragen aber in anderen Ländern – und auch in unserem – andere Namen. Der Drache bleibt immer der Drache, aber aus dem Hasen oder Kaninchen wurde bei seinem Zug durch Vietnam, bevor er den Okzident erreichte, die Katze. Der Büffel wird oft als Ochse bezeichnet, was weniger elegant klingt; die Ziege als Schaf, Bock oder Widder je nach Land; der Hahn verwandelt sich manchmal in ein Huhn; und das Schwein schließlich macht oft dem Wildschwein Platz, was würdevoller klingt.

Wir haben die bei uns gebräuchlichsten und repräsentativsten Namen ausgewählt, die da sind:

1 – Die Ratte	7 – Das Pferd
2 – Der Büffel	8 – Die Ziege
3 – Der Tiger	9 – Der Affe
4 – Die Katze	10 – Der Hahn
5 – Der Drache	11 – Der Hund
6 – Die Schlange	12 – Das Schwein

Sie müssen wissen, daß es solche und solche Ratten oder Büffel gibt! Der Zyklus der zwölf Tiere wird mit einem Zehner-Zyklus der paarweise auftretenden *fünf Elemente* der chinesischen Astrologie kombiniert:
- Das Holz
- Das Feuer
- Die Erde
- Das Metall
- Das Wasser

Jedes Jahr steht außerdem unter einem Yin/Yang-Einfluß. Durch die Kombination der zwölf Tierzeichen mit den fünf mal zwei Elementen (je nach Yin- oder Yang-Einfluß) kommen wir auf einen 60-Jahre-Zyklus. Man kann also nur alle 60 Jahre eine Metall-Ratte, ein Feuer-Drache oder Holz-Tiger sein.

Auf den folgenden Seiten können Sie erfahren, ob Sie sich für eine vorsichtige Katze, eine weise Schlange oder ein großzügiges Schwein entschieden haben. Wir haben die chinesischen Jahre an die westlichen Normen angepaßt, und das ab dem Jahr 1900.

Sie können ebenfalls sehen, welches Element das Tier begleitet, ein wichtiges Detail, um den Charakter einer Person genau zu ergründen.

Jahre	Zeichen	Element
10. 2. 1899 – 30. 1. 1900	Schwein	Erde
31. 1. 1900 – 18. 2. 1901	Ratte	Metall
19. 2. 1901 – 7. 2. 1902	Büffel	Metall
8. 2. 1902 – 28. 1. 1903	Tiger	Wasser
29. 1. 1903 – 15. 2. 1904	Katze	Wasser
16. 2. 1904 – 3. 2. 1905	Drache	Holz
4. 2. 1905 – 24. 1. 1906	Schlange	Holz
25. 1. 1906 – 12. 2. 1907	Pferd	Feuer
13. 2. 1907 – 1. 2. 1908	Ziege	Feuer
2. 2. 1908 – 21. 1. 1909	Affe	Erde
22. 1. 1909 – 9. 2. 1910	Hahn	Erde
10. 2. 1910 – 29. 1. 1911	Hund	Metall
30. 1. 1911 – 17. 2. 1912	Schwein	Metall
18. 2. 1912 – 5. 2. 1913	Ratte	Wasser
6. 2. 1913 – 25. 1. 1914	Büffel	Wasser
26. 1. 1914 – 13. 2. 1915	Tiger	Holz
14. 2. 1915 – 2. 2. 1916	Katze	Holz
3. 2. 1916 – 22. 1. 1917	Drache	Feuer
23. 1. 1917 – 10. 2. 1918	Schlange	Feuer
11. 2. 1918 – 31. 1. 1919	Pferd	Erde
1. 2. 1919 – 19. 1. 1920	Ziege	Erde
20. 1. 1920 – 7. 2. 1921	Affe	Metall
8. 2. 1921 – 27. 1. 1922	Hahn	Metall
28. 1. 1922 – 15. 2. 1923	Hund	Wasser
16. 2. 1923 – 4. 2. 1924	Schwein	Wasser
5. 2. 1924 – 24. 1. 1925	Ratte	Holz
25. 1. 1925 – 12. 2. 1926	Büffel	Holz
13. 2. 1926 – 1. 2. 1927	Tiger	Feuer
2. 2. 1927 – 22. 1. 1928	Katze	Feuer
23. 1. 1928 – 9. 2. 1929	Drache	Erde
10. 2. 1929 – 29. 1. 1930	Schlange	Erde
30. 1. 1930 – 16. 2. 1931	Pferd	Metall
17. 2. 1931 – 5. 2. 1932	Ziege	Metall
6. 2. 1932 – 25. 1. 1933	Affe	Wasser

Opa Hermann : Büffel Feuer
Leo : Büffel Metall

Jahre	Zeichen	Element
26. 1. 1933 – 13. 2. 1934	Hahn	Wasser
14. 2. 1934 – 3. 2. 1935	Hund	Holz
4. 2. 1935 – 23. 1. 1936	Schwein	Holz
24. 1. 1936 – 10. 2. 1937	Ratte	Feuer
11. 2. 1937 – 30. 1. 1938	Büffel	Feuer
31. 1. 1938 – 18. 2. 1939	Tiger	Erde
19. 2. 1939 – 7. 2. 1940	Katze	Erde
8. 2. 1940 – 26. 1. 1941	Drache	Metall
27. 1. 1941 – 14. 2. 1942	Schlange	Metall
15. 2. 1942 – 4. 2. 1943	Pferd	Wasser
5. 2. 1943 – 24. 1. 1944	Ziege	Wasser
25. 1. 1944 – 12. 2. 1945	Affe	Holz
13. 2. 1945 – 1. 2. 1946	Hahn	Holz
2. 2. 1946 – 21. 1. 1947	Hund	Feuer
22. 1. 1947 – 9. 2. 1948	Schwein	Feuer
10. 2. 1948 – 28. 1. 1949	Ratte	Erde
29. 1. 1949 – 16. 2. 1950	Büffel	Erde
17. 2. 1950 – 5. 2. 1951	Tiger	Metall
6. 2. 1951 – 26. 1. 1952	Katze	Metall
27. 1. 1952 – 13. 2. 1953	Drache	Wasser
14. 2. 1953 – 2. 2. 1954	Schlange	Wasser
3. 2. 1954 – 23. 1. 1955	Pferd	Holz
24. 1. 1955 – 11. 2. 1956	Ziege	Holz
12. 1. 1956 – 30. 1. 1957	Affe	Feuer
31. 1. 1957 – 17. 2. 1958	Hahn	Feuer
18. 2. 1958 – 7. 2. 1959	Hund	Erde
8. 2. 1959 – 27. 1. 1960	Schwein	Erde
28. 1. 1960 – 14. 2. 1961	Ratte	Metall
15. 2. 1961 – 4. 2. 1962	Büffel	Metall
5. 2. 1962 – 24. 1. 1963	Tiger	Wasser
25. 1. 1963 – 12. 2. 1964	Katze	Wasser
13. 2. 1964 – 1. 2. 1965	Drache	Holz
2. 2. 1965 – 20. 1. 1966	Schlange	Holz
21. 1. 1966 – 8. 2. 1967	Pferd	Feuer

Jahre	Zeichen	Element
9. 2. 1967 – 29. 1. 1968	Ziege	Feuer
30. 1. 1968 – 16. 2. 1969	Affe	Erde
17. 2. 1969 – 5. 2. 1970	Hahn	Erde
6. 2. 1970 – 26. 1. 1971	Hund	Metall
27. 1. 1971 – 15. 1. 1972	Schwein	Metall
16. 1. 1972 – 2. 2. 1973	Ratte	Wasser
3. 2. 1973 – 22. 1. 1974	Büffel	Wasser
23. 1. 1974 – 10. 2. 1975	Tiger	Holz
11. 2. 1975 – 30. 1. 1976	Katze	Holz
31. 1. 1976 – 17. 2. 1977	Drache	Feuer
18. 2. 1977 – 6. 2. 1978	Schlange	Feuer
7. 2. 1978 – 27. 1. 1979	Pferd	Erde
28. 1. 1979 – 15. 2. 1980	Ziege	Erde
16. 2. 1980 – 4. 2. 1981	Affe	Metall
5. 2. 1981 – 24. 1. 1982	Hahn	Metall
25. 1. 1982 – 12. 2. 1983	Hund	Wasser
13. 2. 1983 – 1. 2. 1984	Schwein	Wasser
2. 2. 1984 – 19. 2. 1985	Ratte	Holz
20. 2. 1985 – 8. 2. 1986	Büffel	Holz
9. 2. 1986 – 28. 1. 1987	Tiger	Feuer
29. 1. 1987 – 16. 2. 1988	Katze	Feuer
17. 2. 1988 – 5. 2. 1989	Drache	Erde
6. 2. 1989 – 26. 1. 1990	Schlange	Erde
27. 1. 1990 – 14. 2. 1991	Pferd	Metall
15. 2. 1991 – 3. 2. 1992	Ziege	Metall
4. 2. 1992 – 22. 1. 1993	Affe	Wasser
23. 1. 1993 – 9. 2. 1994	Hahn	Wasser
10. 2. 1994 – 30. 1. 1995	Hund	Holz
31. 1. 1995 – 18. 2. 1996	Schwein	Holz
19. 2. 1996 – 6. 2. 1997	Ratte	Feuer
7. 2. 1997 – 27. 1. 1998	Büffel	Feuer
28. 2. 1998 – 15. 2. 1999	Tiger	Erde

1
Die Ratte

Sie ist ein Yin-Zeichen,
und ihr chinesischer Name ist Show

Die Jahre der Ratte	Element
31. 1. 1900 – 18. 2. 1901	Metall
18. 2. 1912 – 5. 2. 1913	Wasser
5. 2. 1924 – 24. 1. 1925	Holz
24. 1. 1936 – 10. 2. 1937	Feuer
10. 2. 1948 – 28. 1. 1949	Erde
29. 1. 1960 – 14. 2. 1961	Metall
15. 2. 1972 – 2. 2. 1973	Wasser

Checkliste
der positiven und negativen
Eigenschaften

ehrgeizig	repressiv
lustig	destruktiv
logisch denkend	hypersensibel
energisch	listig
charmant	manipulierend
wählerisch	intrigant
von scharfem Verstand	eifersüchtig
überzeugend	kritisch
sparsam	geheimnistuerisch
monogam	gierig
intellektuell	nervös
menschlich	gefräßig
guter Stratege	egoistisch
sentimental	argwöhnisch
hartnäckig	engstirnig
gesellig	gewinnsüchtig
verführerisch	besitzergreifend
unabhängig	habgierig
kreativ	ruhelos
treu	verschwenderisch

Die Beziehungen zu anderen Zeichen

Eine Ratte in die Falle zu locken, ist eine Sache, sie zu zähmen, eine andere. Je nachdem, ob die anvisierte Beute für den schnellen Verzehr oder als Fang für die ›Ewigkeit‹ vorgesehen ist, bietet die chinesische Tradition folgende Hinweise:

Für eine Liaison (oder Versuchszwecke) sind geeignet:
- ••••• Affe
- •••• Tiger, Schlange
- ••• Büffel, Drache, Hund, Schwein
- •• Ratte, Ziege, Hahn
- • Katze, Pferd

Für die Ehe empfehlen sich folgende Zeichen:
- ••••• Büffel, Drache
- •••• Affe, Schwein
- ••• Schlange, Hund
- •• Ratte
- • Tiger, Katze, Ziege, Hahn

Einige berühmte Ratten

Männlich: Torquemada, Mozart, Tolstoi, Jules Verne, Beaumarchais, Chateaubriand, Sacha Guitry, Henry Dunant, Ingres, Jules Renard, Maurice Chevalier, Prévert, Charles Aznavour, Marlon Brando, Raymond Barre, Jimmy Carter, Gérard Depardieu, Benny Hill, Danny Kaye, Lee Marvin, Julos Beaucarne, Harpo Marx, Yves St. Laurent, Sydney Poitier.

Weiblich: Lucrezia Borgia, Marguerite de Navarre, Charlotte Brontë, Charlotte Corday, Mata Hari, George Sand, Madeleine Renaud, Prinzessin Alexandra, Lauren Bacall, Joan Collins, Glenda Jackson,

Olivia Newton-John, Donna Summer, Sarah Vaughan, Dinah Washington.

Die verschiedenen Typen

<u>Mit dem Element Holz</u>   Die Ratte nimmt sich Zeit zum Leben und ist deutlich weniger materialistisch und gewinnsüchtig als ihre anderen Zeichensgenossen. Oft ist sie sehr kreativ und besitzt eine brillante Vorstellungskraft, ist sehr freundlich und erfolgsorientiert. Sie ist aber auch eine gepeinigte Sentimentale. Deutlicher ausgedrückt: Sie ist leicht ängstlich und erwartet – auch wenn sie es nicht sagt – in Herzensangelegenheiten unaufhörlich Zeichen der Zuneigung. Charakteristik: Sie ist eine ästhetische Ratte.

<u>Mit dem Element Feuer</u>   Sie ist ein Enthusiast, Idealist, eine kreative Person voller Tatendrang, unabhängig, aber nicht immer sehr diplomatisch. Auch wenn es die Feuer-Ratte ständig eilig hat, ist sie doch sehr leistungsfähig und mag keine Improvisationen. Rigoros wird sie von dem Gefühl beherrscht, daß sie ihrem eigenen Urteil nicht trauen kann. Sie ist hilfsbereit, gesellig und sinnlich, und sie liebt das gute Leben. Sie kann ein Magenleiden haben oder auch Depressionen unterworfen sein. Charakteristik: Eine ungeduldige Ratte.

<u>Mit dem Element Erde</u>   Diese Ratte investiert selten in unrentable oder riskante Unternehmungen. Sie liebt die Ordnung, Disziplin und Sicherheit. Beruflich sehr realistisch, geht sie vorsichtig und zäh vor und läßt sich von keinem von ihrem Weg abbringen. Sie ist sehr um ihr ›Image‹ besorgt, liebt die weltlichen Genüsse und ist in Herzensangelegenheiten sehr sentimental. Charakteristik: Eine mondäne, aber realistische Ratte.

<u>Mit dem Element Metall</u> Sie ist eine umsichtige Ratte, die analytisch begabt, tüchtig und kreativ ist. Sie hat ein großes Zärtlichkeitsbedürfnis, ist aber nicht davon besessen. Sie ist vollkommen selbständig, ein charmanter Freund, ein Lebemann und ein sinnlicher Mensch, der kaum Hemmungen und Tabus kennt. Charakteristik: Eine Schlemmer-Ratte, die das Geld liebt.

<u>Mit dem Element Wasser</u> Eine verführerische Persönlichkeit, ausgestattet mit einer moderaten Dosis von Ehrgeiz. Gesellig, immer ein bißchen verweichlicht, beherrscht sie ihre Leidenschaften und Triebe. Nur berechenbare Risiken einzugehen, ist ihr Lieblingssport, wobei sie sich auf ihre gute Intuition verlassen kann. Als kleiner Manipulator, ist dieser Machiavelli des Rattenzeichens im allgemeinen ein gefräßiger Feinschmecker, der zur Korpulenz neigt. Charakteristik: Eine Lebemann-Ratte.

Auf der Suche nach dem Ratte-Mann

Sänger, Schauspieler, Artist, Schriftsteller... der Ratte-Mann ist selten ein Handwerker. Er kann jedoch gut die Berufe – außer den des Erfinders – ausüben, die sich um Kultur und Kommunikation drehen. Anders gesagt, man kann ihn auf der Bühne des Olympia in Paris, in leitender Position der Public-Relations-Abteilung einer großen multinationalen Firma oder auch in der Nationalversammlung finden. Er liebt die führenden Rollen – sie schmeicheln seinem Ego –, er kann aber auch ein perfekter Künstler sein. Da er ein guter Organisator ist, kommt er seinen Aufgaben mit Intelligenz und System nach. Er haßt die Unverantwortlichkeit und das Sichgehenlassen und liebt die Arbeit so sehr, daß er, wenn er nichts zu tun hat, unausstehlich ist. Er unterscheidet dann nicht mehr das Wichtige vom Nebensächlichen, ist detailversessen, runzelt die Stirn, wird hochmütig... und zeigt sich so von seiner ungünstigsten Seite. Gott sei Dank setzt sich dann fast immer sein scharfer Verstand durch, und er korrigiert diese Fehler oder läßt sie erst gar nicht aufkommen.

Wenn er ungeduldig und leicht aggressiv ist, liegt es oftmals an seiner latenten Unruhe. Er macht sich immer zu viele Sorgen um seine Zukunft, sein Bankkonto, seine Sicherheit und seine Lieben. Und wenn seine berufliche Umgebung nicht zufriedenstellend ist, wenn er seine Fähigkeiten nicht entwickeln kann, kurz gesagt, wenn er unterdrückt ist – habe ich schon erwähnt, daß er nervös und unruhig ist? – , kann er wirklich niedergeschlagen sein. Vergessen Sie nie, daß seine Arbeit für ihn das Wichtigste im Leben ist.

Aber lassen Sie uns auf seine Anpassungsfähigkeit, seinen Beobachtungssinn und seinen scharfen Verstand zurückkommen, die dafür verantwortlich sind, daß viele Ratte-Männer auch im Finanzwesen, Handel, der Börse oder Wirtschaft zu finden sind. Schrecklich tüchtig in ihrer Arbeit, gepaart mit einem außerordentlichen Gedächtnis, einem Scharfsinn und einem Willen, der nichts dem Zufall überläßt, liebt es der Ratte-Mann, zu kontrollieren und zu manipulieren. Mit dieser Neigung und dem Hang zur Geschäftemacherei wird er so mißtrauisch, daß er sich manchmal lebhaft vorstellt, das Opfer von hinterhältigen Böswilligkeiten zu sein. Wenn er beruflich abgesichert ist, überträgt er sein Angstpotential dann auf das sentimentale Gebiet. Eine Tendenz, die bei den Ratten, die künstlerisch oder kreativ tätig sind, noch ausgeprägter ist.

Obwohl der Ratte-Mann sehr gesellig ist, hat er ein großes Zärtlichkeitsbedürfnis. Ohne Freunde und eine Familie würde er die Wechselfälle des Lebens nicht überstehen. Er ist also ein Gefühlsmensch, der hypersensibel und weitsichtig ist, was ihm manchmal Angst macht. Er genießt die Abende mit Freunden, einen Bummel am Nachmittag und das gute Essen – kurzum, das Leben in vollen Zügen.

Die Strategie

Es gibt nichts, was einfacher wäre, als einen Ratte-Mann an die Angel zu kriegen. Er liebt das mondäne Leben, Sie werden ihn also leicht auf Vernissagen finden. Wählen Sie die nächste Ausstellung von Niki de Saint Phalle oder den Empfang anläßlich des neuen Buches von Jean d'Ormesson. Dieses ist sicherlich nur ein Aspekt, aber in einem Salon oder bei einer kulturellen Veranstaltung, kurz gesagt, dort wo sich auserlesenes Publikum aufhält, werden Sie Ihr zukünftiges Opfer finden können.

Aber zuerst einige Vorbereitungen. Sie müssen wissen, daß er die starken Düfte liebt. Ein diskretes und berauschendes Parfum wird Ihre erste Waffe sein. Da er meistens konservativ ist, darf Ihre Kleidung nicht zu phantasievoll sein. Kleiden Sie sich eher schlicht, aber nach der letzten Mode. Das gleiche gilt für die Frisur, das Make-up, betonen Sie Ihre Augen mehr als den Mund.

Und nun zur Taktik: Vermeiden Sie das Buffet, sonst riskieren Sie, von ihm für einen Schmarotzer gehalten zu werden, was sich sehr negativ auswirken würde. Arrangieren Sie es, mehrmals seinen Weg zu kreuzen. Er muß sich in gewisser Weise an Ihre Anwesenheit gewöhnen. Natürlich kann er nicht umhin, Ihre diskrete Eleganz und Weiblichkeit zu bemerken. Wenn dann nichts geschieht, gehen Sie zum Ködern über. Stellen Sie ihm eine Frage, warten Sie nicht auf die Antwort, aber lassen Sie eine kleine scharfsinnige Bemerkung über diese Leute, die sich, ohne auf die Werke zu achten, hier aufhalten, einfließen, und bitten Sie ihn um Rat. Er wird ihn liebend gerne geben. In der anschließenden Unterhaltung vergessen Sie nicht, ihm zu verstehen zu geben, daß Sie nicht der gleichen Meinung wie er sind, seine jedoch nicht viel von Ihrer abweicht. Dieses Kompliment wird ihm gefallen, und schon haben Sie die erste Runde gewonnen. Vergessen Sie vor allem nicht, daß der Ratte-Mann die erlesene Gesellschaft liebt, aber Menschenmassen verachtet. Das könnte der Moment sein, ihn woanders hinzuführen.

Die erste Runde

Nun also haben Sie Ihr Opfer am Haken und müssen Ihre Beute sichern. Oberstes Prinzip: Brüskieren Sie ihn nicht. Sie müssen äußerst behutsam vorgehen und extrem ehrlich sein – außer über Ihre Absichten – und wissen, daß der Ratte-Mann sehr anpassungsfähig ist, aber sein angeborenes Mißtrauen ihn saubere und einfache Orte vorziehen läßt. Wenn Sie die Wahl haben, zögern Sie nicht, ihn zu einer Theaterpremiere, einer Uraufführung (im Kino) oder einem ähnlichen Ereignis einzuladen. Das Wort ›Premiere‹ ist wichtig, er wird es als Zeichen Ihres Taktgefühls schätzen und sich geschmeichelt fühlen. Sie können ihn auch zu einem Vortrag oder einem Konzert einladen. Deutlich ausgedrückt: Ihre Initiative muß einen kulturellen Hintergrund haben.

In der Sammlung von Vorschlägen – die Jahreszeiten können eine Rolle spielen – könnte auch ein Waldspaziergang enthalten sein. Er liebt es zu wandern, oder eine Einladung in Ihren Bridge-Club oder... lassen Sie sich von Ihrem Yoga-Kurs abholen. Im letzten Fall wird er mit Sicherheit erscheinen. In der Tat, er wird annehmen, daß Sie sich sehr um Ihre Physis und Psyche kümmern, und das wird ihm gefallen. Schlagen Sie ihm auf keinen Fall einen Abend im Kasino oder einen Nachmittag in Auteuil vor. Nur äußerst wenige Ratten schätzen das Glücksspiel, vom Lotto angefangen bis hin zum Chemin de Fer...

Sie können ihn auch in ein Restaurant einladen, wenn Sie sich Ihrer Wahl sicher sind. Wenn Sie diese Art von Initiative planen, ist es besser, vorher listig die Küche zu diskutieren, indem Sie sich an die Rezepte Ihrer Tante Eulalie erinnern oder Ihre Enttäuschung über das Essen bei Ihrer letzten Reise durch England erwähnen. Dann überlassen Sie ihm schnell das Wort. Auf diese Weise vermeiden Sie spätere Schnitzer. Auf diesem Gebiet gibt es solche und solche Ratten. Einige bevorzugen eine verrückte, makrobiotische Ernährung oder haben einen schwachen Verdauungsapparat. Die meisten von ihnen (vor allem die Metall-Ratten) neigen glücklicherweise zum guten Leben. Auf diesem Gebiet existiert seine Sparsamkeit nicht. Er versagt sich nichts, läßt selten eine Gelegenheit zum Feiern aus und macht sich fast über seinen Taillenumfang lustig. Er wird sich niemals für die ›nouvelle cuisine‹ begeistern, liebt die gutbürgerliche Küche, aber vermeiden Sie es nichtsdestotrotz, ihm Gerichte mit Fettrand vorzusetzen.

Mit ihm werden die Mahlzeiten zum reinsten Vergnügen, und merken Sie sich, daß die Ratten gerne trinken. Einem roten Burgunder (normalerweise ist seine Vorliebe für Weißweine sehr begrenzt, da er als Feuer-Ratte das Sodbrennen fürchtet) oder einem Jahrgangssekt kann selbst eine Ratte, die verlauten läßt, daß sie gerne Fruchtsäfte trinkt, nicht widerstehen. Denken Sie nicht daran, den Abend in einem Nachtclub zu beenden. Nicht weil er diese Orte verabscheut, aber er wird es Ihnen nicht verzeihen, wenn Sie es sind, die für diesen Abschluß verantwortlich ist.

Der Umgang mit dem Ratte-Mann

Zu Hause   Wenn es Ihnen gelungen ist, ihn anzulocken, müssen Sie sich darüber klar sein, daß er Sie hier endgültig beurteilen wird. Der Ratte-Mann reagiert sehr sensibel auf seine Umgebung. Zuviel Phantasie, eine Wohnung, die wie ein Schlachtfeld aussieht, eine gedämpfte Beleuchtung, eine schwarze Wand, ein Hi-Fi-Turm mit dem letzten Konzert von Madonna... alles das verunsichert ihn und treibt ihn vielleicht in die Flucht. Wenn aber dagegen alles hell und sauber, künstlerisch oder auf freundliche Art dekorativ ist, wenn in der Bibliothek des Wohnzimmers einige Skiras, die letzten Feminas oder die Werke von La Pléiade zu finden sind, kurz gesagt, wenn alles schlicht, aber elegant ist, können Sie sich ein paar Punkte gutschreiben.

Die Unterhaltung   Er haßt Annäherungen, sein Gedächtnis ist im allgemeinen lückenlos, und er erträgt es nicht, unvorbereitet in die Falle gelockt zu werden. Erzählen Sie ihm niemals Belanglosigkeiten, stellen Sie ihn nicht vor vollendete Tatsachen, er könnte sich verschließen und unheilbar gekränkt sein, vor allem am Anfang.

Sprechen Sie über die gehobene anspruchsvolle Küche, das ist eine Kunst, die er schätzt; erzählen Sie ihm von Ihrer Lektüre, er ist ein Eklektiker, der Bücher, angefangen bei Krimis, Romanen, Kunstbüchern, Anthologien bis hin zu Reiseberichten, verschlingt. Er liebt den amerikanischen Film, die Archäologie, die Malerei und die Musik. Mit einer solchen Auswahl werden Ihnen die Gesprächsthemen nie ausgehen.

Die Geschenke   Dem vorherigen Absatz können Sie bereits entnehmen, welche kleinen Geschenke Sie ihm zu seinem Geburtstag oder einem Feiertag machen können. Da der Ratte-Mann gerne Bücher sammelt, sind die Risiken hier begrenzt, vermeiden Sie aber politische Werke – er hat noch niemals das ideologische Tohuwabohu geschätzt – sowie Fantasy oder Science Fiction-Romane. Auf diesem Gebiet beschränkt sich seine Vorliebe auf Edgar A. Poe oder Jules Verne. Außer Halstüchern schätzt er als Klassiker auch Seidenschals, Ziertücher mit lebhaften Farben, Klub-Krawatten und geschmeidiges Leder an Händen und Füßen. Da er leicht friert, können Sie ihm auch Ihr persönliches Talent beweisen und ihm einen hübschen Pulli stricken. All dies wird seinem ästhetischen Sinn schmeicheln, vorausgesetzt, die kleinen Geschenke sind schlicht und geschmackvoll.

Er wird ebenso praktische Geschenke wie einen Kalender von ›L'Expansion‹ oder ›Financial Times‹, einen Taschenrechner mit Speicher (für seine ›Geheimnummern‹) oder eine Dokumentenmappe aus Leder schätzen. Vermeiden Sie Uhren oder Füllfederhalter, er besitzt bereits genug davon. Habe ich schon erwähnt, daß er ein bißchen konservativ ist?

Auf daß der Mond blau werde

Er verausgabt sich nicht bei dem Versuch zu gefallen und sagt: »Ich habe um nichts gebeten, man ist auf mich zugekommen.« Der Ratte-Mann ist dennoch sentimental und hat in seinem Innersten ein großes Zärtlichkeitsbedürfnis. Er träumt von großen Leidenschaften und versucht, sie auch zu durchleben. Wie können Sie mit diesem Wissen dieses komplexe Produkt vom Wohnzimmer ins Bett lotsen?

Zuerst müssen Sie wissen, daß er das Vorspiel sehr schätzt, es ist für ihn genauso wichtig wie der Akt selbst. Es ist daher ratsam, ihn vor der aktiven Phase zu entspannen und zu beruhigen, sonst riskieren Sie es, von ihm als Messalina, ein grausamer Feind, angesehen zu werden. Obwohl er gerne spielen möchte, haßt er es, verschlungen zu werden... wenigstens zu schnell.

Nun also haben Sie ihn soweit, er ist empfänglich, zärtlich und sogar draufgängerisch. Dies ist der geeignete Moment, den Raum zu wechseln – er liebt den sanften Komfort. Und dort wird sich, meine Damen, sein Benehmen schnell ändern. Der Ratte-Mann ist auf diesem Gebiet außerordentlich begabt und phantasievoll. Die simple Erinnerung an die Erfahrungen mit ihm könnte Ihnen die Schamesröte ins Gesicht treiben. Aber dieses offenkundige amouröse Delirium ist mit Zärtlichkeit verbunden, und er wird Sie selten die Initiative ergreifen lassen. Mit ihm gibt es keine Routine, Sie werden glücklich sein und verwöhnt werden.

Positive und negative Eigenschaften

In bezug auf Treue besitzt der Ratte-Mann nicht den besten Ruf. Er ›schmilzt‹ auch leichter als die Männer der anderen Zeichen, sobald seine Aufmerksamkeit erregt wird und die entsprechende Dame in seinen Augen verführerisch ist. Er ist ebenfalls sehr empfänglich für ein ›Schäferstündchen um die Mittagszeit‹, vor allem wenn seine soziale Lage es zuläßt. Er ist aber kein Don Juan, er geht niemals auf die Jagd... er ergibt sich! Ein außereheliches Abenteuer ist nur möglich, wenn es diskret und einträglich für ihn ist und nicht die geringste Bedrohung für sein Heim darstellt. Sich mit einem verheirateten Ratte-Mann einzulassen, ist nur innerhalb genau abgesteckter Grenzen möglich, die Diskretion ist der Dreh- und Angelpunkt einer solchen Beziehung. Außerdem wird eine solche Ratte nie eine komplette Bekehrung in Betracht ziehen. Als Sicherheitsfanatiker und extrem konservativer Mensch im Liebesleben, wird er sich nur in Extremfällen scheiden lassen, mag die Dame seiner Wahl noch so große Qualitäten haben. Es ist besser das zu wissen, bevor Sie planen, eine Ratte zu adoptieren. Wenn die Ratte hingegen Ihr Full-time-Mann ist, haben Sie tausendundein Gründe, zufrieden zu sein. Er wird zärtlich und großzügig sein, niemals Ihren Geburtstag vergessen, er wird Sie mit Geschenken überhäufen – wenn seine finanziellen Mittel es zulassen – und wird instinktiv versuchen, Sie glücklich zu machen. Sie werden diejenige sein, die ihm Sicherheit und Ausgewogenheit bietet, und da die Unruhe sein Liebesleben bestimmt, wird er sehr aufmerksam sein. Vor allem die Holz-Ratte überkommt oft dieses Angstgefühl auf dem höchsten Punkt, und sie erwartet ständig die Bestätigung der Gefühle, die man ihr entgegenbringt. Das kann sehr ermüdend sein. Da er selten eifersüchtig und nur mäßig besitzergreifend ist, kann der Ratte-Mann ein charmanter Freund und fast perfekter Liebhaber sein. Kurz gesagt, mit ihm ist das Risiko eines Ehebruches fast zu vernachlässigen.

Der Rückzug

Wenn der Ratte-Mann für Sie nur ein Abenteuer ist, ist das Rezept, ihn loszuwerden, sehr einfach: Seien Sie indiskret, geschwätzig und anspruchsvoll. Wenn Ihr Benehmen offenkundig ist, wird er sofort tausend Komplikationen vorhersehen und endgültig aus Ihrem Gesichtskreis verschwinden. Keine Sorge, er wird alle Rechnungen beglichen haben.

Eine Ehe zu trennen, ist eine andere Sache. Der verheiratete Ratte-Mann zieht niemals eine Trennung oder noch weniger eine Scheidung in Betracht. Dafür müssen alle Waffen des Gesetzes benutzt werden, und das wird lang, mühsam und schwierig werden.

Auf der Suche nach der Ratte-Frau

Leidenschaftlich, bestimmt, geduldig und – ein wenig – logisch, sinnlich, ist die Ratte-Frau ebensosehr gesellig, kultiviert, besitzergreifend und hat einen Charme, dem man sich nur schwer entziehen kann. Sie ist elegant, kleidet sich sorgfältig, ohne zu protzen, so daß sie die Blicke der anderen immer auf sich zieht, ohne indessen provozieren zu wollen. Lauren Bacall war in den 50er Jahren ein gutes Beispiel für dieses Zeichen, so wie es Olivia Newton-John oder Viktor Lazlo heute sind. Im allgemeinen weiß die Ratte-Frau zu gefallen, und es gefällt ihr, Aufsehen zu erregen, aber auf eine natürliche Art, die Bewunderung hervorruft. Sie ist weit entfernt von der okzidentalen Bezeichnung ›niederträchtige Ratte‹, die übrigens in China nicht bekannt ist.

Wie ihr männliches Gegenstück besitzt sie meistens einen gesunden Opportunismus, ist selbständig und für die kulturellen Berufe geeignet.

Besorgt um ihre Unabhängigkeit, entschlossen, nichts dem Zufall zu überlassen, vermeidet die Ratte-Frau mittelmäßige Beschäftigungen wie zum Beispiel das Hausfrauendasein. Brrr... schon bei der Erwähnung dieses Wortes kann sie rasend werden. Ihr Leben gehört nur ihr! Nicht daran zu denken, sie mit untergeordneten Aufgaben zu betreuen. Ihre Freiheit ist die einer Unternehmerin, und ihre intellektuellen Fähigkeiten eröffnen ihr viele Möglichkeiten. Eine Neigung, die sie nicht daran hindern wird, die Geschicke eines Hauses in die Hand zu nehmen, in dem sie die unbestrittene Herrin und Managerin sein wird. In der Tat, das Schicksal einer verheirateten Frau mißfällt ihr nicht, und ihr Mittelpunkt wird ›ihr‹ Haus sein, in dem man gut leben kann und immer perfekt empfangen werden wird.

Im beruflichen Bereich wird sie ein Metier auswählen, bei dem ihr ernstes Wesen, die Kreativität, Gründlichkeit und ihr Unabhängigkeitssinn sich entfalten können. Die Ratte-Frau mit Sinn für Kultur wird Sängerin, Artistin, Schauspielerin, Journalistin, Schriftstellerin, oder sie wird ganz einfach in der ›Kommunikation‹ tätig sein. Im letzteren Fall wird sie Pressesprecherin eines Verlages, Theaters oder einer Veranstaltungsorganisation sein, oder auch einer Plattenfirma. Kurz gesagt, sie wird eine anspruchsvolle Tätigkeit wählen, die Kontakt mit dem Publikum verlangt und in der ihre Geselligkeit und ihr Charme Wunder wirken.

Die Ratte-Frau, die mehr ›geschäftsbezogen‹ ist und die Untätigkeit weder bei sich selbst noch bei anderen toleriert, die Kreativität mit Geschäftssinn und Geschäftsführung mit Aggressivität vereint, wird sich durch ihre unerschöpfliche Energie und ihren Innovationssinn auszeichnen. Man wird sie an der Spitze eines Modehauses, in einem Immobilienbüro, einer PR-Agentur und bei einem Vermögensverwalter finden. Sie besitzt im allgemeinen die Gabe, sich mit beständigen (und kapitalkräftigen!) Persönlichkeiten zu verbinden.

Bei der Arbeit ist sie eine hartnäckige, lebhafte Person, bei der der gesunde Menschenverstand bei weitem die Spontaneität überwiegt. Ihr kultureller Wissensdurst ist groß, ihr Gedächtnis untrüglich und ihre Redekunst überzeugend. Sie interessiert sich wirklich für andere, liebt es zu diskutieren, was sie auch ungezwungen und mit Überzeugung tut und was oft die Männer überrascht, die so etwas nicht erwarten... Mondäne Veranstaltungen amüsieren sie also sehr, denn dort kann sie glänzen, eine unersättliche Neugier entwickeln oder total verstummen, wenn die Qualität des Rendezvous nicht ihren Maßstäben entspricht.

Als ausgezeichnete Hausfrau, die in die Geheimnisse der Küche eingeweiht ist, dekoriert sie auch leidenschaftlich gerne. Ihre Umgebung – Wohnung, Haus, Villa – wird ihrem Geschmack entsprechen. Deutlich gesagt, es wird behaglich und dekorativ eingerichtet sein und ein paar Möbel oder Wertgegenstände enthalten, die von einem dieser Verkaufshäuser stammen, die sie häufig besucht.

Im Gegensatz zu den Männern ist ihr Charme – eine Mischung aus Eleganz und diskreter Sinnlichkeit – sehr wirksam, sie beruhigt und verführt gleichzeitig. In der Liebe wie in der Freundschaft hat bei ihr das Ernsthafte, Solide und Konkrete Vorrang vor dem Illusorischen und Künstlichen. Pech für den Freund, der der Ratte-Frau auf der intellektuellen Ebene nicht ebenbürtig ist. In Herzensangelegenheiten ist es nicht das Wichtigste, zu erobern, sondern zu lieben und geliebt zu werden. Den Abenteuern einer Nacht zieht sie im allgemeinen die Sicherheit einer beruhigenden Beziehung vor, deutlich gesagt, einen Mann, der ihr Zuneigung und materielle Sicherheit bietet.

Da sie schlecht Kritik verträgt, entwickelt sie oft eine Unruhe, die durch ihre Charakterstärke glücklicherweise sehr rasch behoben wird. Kurz gesagt, sie ist leidenschaftlich und der Mittelmäßigkeit gegenüber tolerant, nervös und kann voreingenommen, anspruchsvoll, besitzergreifend, ja sogar eifersüchtig und ein wenig gefräßig sein.

Die Strategie

Alles in allem nimmt man die Ratte-Frau nicht aufs Korn. Sie ist diejenige, die Sie bemerken und eine Unterhaltung beginnen wird. Das Problem, das es zu lösen gilt, ist also folgendes: Wie macht man sich auf intelligente Art und Weise bemerkbar? Der einfachste Weg ist offensichtlich, an einer von dieser Dame organisierten Abendgesellschaft teilzunehmen und sich seiner Freunde für eine Einladung zu bedienen. Das ist aber nicht so einfach wie es klingt, da sie ihre Gäste immer sehr sorgfältig auswählt. Für die Kontaktaufnahme wäre es auch ideal, sie bei einer Veranstaltung, die sie aus beruflichen Gründen besucht, wie z. B. einem Cocktail, einer Pressekonferenz, der Einweihung einer neuen Boutique oder bei einer Premiere, anzusprechen. Sie haben die Qual der Wahl. Treffen Sie daher eine gute Wahl, um alle Chancen auf Ihrer Seite zu haben – kreuzen Sie den Weg der Schönen. Sie wird Sie kurz, aber gründlich mustern. Sie sollten deshalb eine Veranstaltung auswählen, die Ihrer persönlichen Neigung entspricht. Gehen Sie also nicht zur Eröffnung einer Boutique, wenn Sie Cerutti mit Chanel oder Daniel Hechter verwechseln.

Kleiden Sie sich chic und schlicht. Der Yuppie-Stil ist genau das, was sie schätzt, betonen Sie aber Ihren unauffälligen und gutgeschnittenen Anzug mit einem markanten Detail, das gleichzeitig Ihre Unabhängigkeit, Ihre Phantasie und Ihren guten Geschmack verrät. Da sie bei den Männern Blau am meisten schätzt, sollte der Anzug diesen Farbton aufweisen. Apropos Detail, es kann ein Seidenschal oder eine Krawatte mit einer leicht provozierenden Farbe sein. Wenn Sie ein eher sportlicher Typ sind, kann ein Wappen oder eine ›Klub‹-Krawatte angebracht sein. Ihr Eau de toilette muß diskret und seriös sein, die Lanvin- oder Guerlaindüfte sind es, die ihr gefallen. Wählen Sie im Sommer oder an heißen Tagen ein Parfum auf Zitronenbasis, das liebt sie.

Und nun zur Taktik: Lassen Sie sich durch einen Freund vorstellen. Idealerweise sollte er Ihnen mit der Dame entgegenkommen und nicht umgekehrt. Da die Ratte-Frau Wert auf gute Umgangsformen legt, wird der erste Wortwechsel kurz und banal sein, aber verlieren Sie nicht den Mut, und gehen Sie unverzüglich und listig zum Angriff über, sobald Ihr Freund Sie verlassen hat. Wie? Indem Sie ihr ein Kompliment über ihre Kleidung oder ihre Frisur machen, um ihr zu zeigen, wie bezaubert Sie sind, und bitten Sie sie dann ein bißchen unsicher und humorvoll um ihre Hilfe, da Sie keinen Menschen kennen... außer ihr. Bemühen Sie sich in diesen entscheidenden Minuten, die so selbstsichere Person zu unterhalten. Bekennen Sie vor allem sofort Farbe, sagen Sie zum Beispiel: »Ich habe mich soeben entschlossen, allein zu leben, aber ich frage mich – mit wem?«

Sie wird nicht schockiert sein, ihr frisches und charmantes Lachen sollte Sie sofort beruhigen. Sie wird sich um Sie kümmern, Ihnen den einen oder anderen vorstellen, und da ihre Neugier groß ist, wird sie Sie geschickt ausfragen. Und dann neigt sich der Cocktail dem Ende zu. Superorganisiert wie sie nun einmal ist, hat sie sich sicherlich schon ein Programm für den verbleibenden Abend zurechtgelegt, und auch Ihr Vorschlag, sie woandershin auszuführen, gerät stark in Gefahr, abgelehnt zu werden. Aber es kann sein, daß sie Sie auffordert, sich ihr und ihren Freunden anzuschließen... Lehnen Sie ab, schmollen Sie, widersprechen Sie und ergreifen Sie die Flucht. Sie wird neugierig sein, wird aber nicht weiter darauf bestehen.

Am folgenden Tage – Achtung, hier ist ein genaues Timing erforderlich – schicken Sie ihr anonym einen Blumenstrauß (Lilien, Baccara-Rosen)... und rufen Sie sie kurz nach der Lieferung an! Die Ratte-Frau ist sentimental, und Ihre Doppel-Offensive wird sie aufmerksam machen. Seien Sie während des Gesprächs abwechselnd reumütig: »Verzeihen Sie mir mein Benehmen von gestern abend, aber ich konnte den Gedanken, Sie mit anderen teilen zu müssen, nicht ertragen...« und ein bißchen nachdrücklicher: »Ich muß Sie unbedingt wiedersehen, und zwar auf der Stelle.« Wenn sie Sie nach dem Warum fragt, sagen Sie ihr, daß Sie sich vergewissern möchten, ob ihre Augen blau sind... Auch wenn die angegebene Farbe nicht stimmt, können Sie sicher sein, daß Sie Ihr Rendezvous bekommen.

Die erste Runde

Nun also zappelt Ihr Opfer am Haken, und Sie müssen Ihre Beute sichern. Oberstes Prinzip: Seien Sie erreichbar! Die Ratte-Frau ist im allgemeinen sehr aktiv, Sie müssen folglich Ihren Stundenplan an den der Frau anpassen. Sie gehört zu den Menschen, die Gefühle ernst nehmen und nur äußerst vorsichtig und nach langem Überlegen nachgeben. Die Situation ändert sich jedoch, wenn Sie ihr gefallen. Ein Detail, an dem Sie den Grad des Interesses, den Ihre charmante Person in ihr wachruft, messen können. Die Ratte-Frau hat ein großes Zärtlichkeitsbedürfnis und strebt nach materieller Sicherheit. Ihre gesellschaftliche Stellung spielt also eine wichtige Rolle bei Ihrer schönen Verführerin. Nach Ihrem ersten Zusammentreffen wird sie darüber grübeln. Schließen Sie daraus bitte nicht, daß die Ratte-Frauen gewinnsüchtig sind, obwohl die Aussicht auf eine Freundschaft, bei der die kleinen finanziellen Probleme vernachlässigt werden können, ein wichtiger Gesichtspunkt ist. Zeigen Sie ihr auf diskrete Art, welches Vermögen sie erwartet. Holen Sie sie in Ihrem schönen und komfortablen Wagen ab, aber heben Sie vor ihr niemals seine guten Eigenschaften hervor. Sie hat einen Horror vor Männern, bei denen sich die Kultur auf Autos beschränkt. Erzählen Sie ihr lieber von dem Restaurant, in das Sie sie führen werden. Es muß ein charmanter, erlesener Ort sein, in dem der äußere Rahmen der Qualität der Speisen und des Services in nichts nachsteht.

Zwei Dinge können Ihre Begleiterin vollkommen von der Erlesenheit des Lokals, in das Sie sie führen werden, überzeugen: Erstens, der Maître d'hotel kennt Sie (das ist einfach zu bewerkstelligen, selbst wenn Sie kein Stammgast sind) und zweitens, in ›ihrer‹ Speisekarte gibt es keine Preise.

Sie müssen unbedingt vorher wissen, daß die Ratte-Frau – eine Mischung aus Feinschmeckerin und Vielfraß – den Kaviar, die Gänseleberpastete, die Meeresfrüchte, den Fisch, die Pasteten, den Salat, Überbackenes, Weißwein und Champagner bevorzugt... Und vergessen Sie das Dessert nicht! Sie liebt Nachspeisen.

Beenden Sie den Abend in einem Nachtlokal. Wählen Sie ein ›IN‹-Lokal, das sehr laut und voll ist und Ihnen einen ›Lokalwechsel‹ erlaubt, um Ihre ein wenig beunruhigte Begleiterin in einen ruhigeren und komfortableren Club zu führen.

Der Umgang mit der Ratte-Frau

<u>Zu Hause</u>   Wenn es Ihnen gelungen ist, sie anzulocken, müssen Sie sich darüber klar sein, daß Sie hier endgültig beurteilt werden. Und wenn Sie der glückliche Besitzer eines Penthouse mit Terrasse (sei sie auch klein) oder eines großen herrschaftlichen Appartements mit aus Italien oder China importierten Möbeln sind, ist die Schlacht schon halb gewonnen. Keine andere Frau schätzt den Komfort, eine luxuriöse und bequeme Atmosphäre so sehr wie eine im Ratte-Jahr geborene. Das Fehlen eines Fernsehers, das Vorhandensein kurioser Gegenstände, wertvoller Souvenirs, Gemälde, Antiquitäten und Ihre imposante Bibliothek sind weitere schwerwiegende Trümpfe.

Wenn Sie sich aber der Qualität Ihrer Umgebung nicht sicher sind, zögern Sie nicht, Ihre Ratte-Frau in ein Hotel einzuladen, es muß natürlich fünf Sterne haben oder ein Luxusetablissement sein. Ein Leben in Saus und Braus zu führen, verdient ihrer Ansicht nach einen entsprechenden Rahmen, mit einem Zimmerservice, der ihre Phantasie anregt. Es gibt im Leben nichts umsonst, am wenigsten eine kleine Ratte!

Die Unterhaltung Das ist (am Anfang) leicht, sprechen Sie von sich, Ihren Leistungen, Ihrer Arbeit und Ihren kleinen Geheimnissen. Diese Vertraulichkeiten werden Ihre charmante Ratte vollständig beruhigen. Auf der anderen Seite ist sie Ihnen zu Dank verpflichtet, da dies ihr zeigt, daß Sie Vertrauen in sie haben. Ihre Neugier ist gestillt worden, sie wird darauf warten, daß Sie ihr zuhören, wenn sie von allem und nichts redet, vielleicht sogar von sich selber. Versuchen Sie nicht, dieser Unterhaltung auszuweichen, sie würde mitleidslos sein. Vergessen Sie übrigens nicht, ihr immer wieder zu versichern, wie interessant sie ist, daß die Schönheit ihres Körpers nicht allein der Grund ist, warum Sie sie eingeladen haben, usw. Sie wird auch von ihren Gefühlen sprechen, passen Sie also lieber auf. Wenn Sie sich zu einer Ratte-Frau hingezogen fühlen und Sie sie wirklich halten möchten, verfeinern Sie Ihr Vermögen, zuzuhören. Und benutzen Sie niemals das Wort ›sonst‹, das sie haßt. Für sie hat dieses Wort mit Erpressung zu tun, die sie äußerst wütend macht.

Die Geschenke Sie liebt die teuren, luxuriösen Geschenke. Es kann sich dabei um Kleidung, Pelze oder Schmuck handeln. Aber das schönste Geschenk, das Sie ihr machen können, ist, sie zum Einkaufsbummel zu begleiten. Sie nimmt Sie gerne mit, damit Sie ihren Geschmack bestätigen und bei der Anprobe dabei sind und auch wegen Ihres Scheckhefts für die Zahlungen... Sie werden ihr Gott sein. Das gilt für außerordentliche Umstände. In normalen Zeiten ist sie sehr vernünftig, sogar sparsam, rechnet aber nichtsdestotrotz mit den kleinen Geschenken, die die Freundschaft erhalten; Feste und Geburtstage markieren, kurz alle die Daten, die Sie niemals vergessen sollten. Sie können ihr ebenfalls eine außerordentlich große Freude bereiten, wenn Sie ihr einen Hund oder eine Katze schenken.

Zu guter Letzt machen noch Reisen Ihre Ratte-Frau glücklich. Sie bevorzugt die wärmeren Länder (vor allem während der kalten Jahreszeit) wie zum Beispiel das geheimnisvolle Ägypten oder das moderne Nevada. Im ersten Fall wird sie sich als eine Nil-Prinzessin fühlen, und im zweiten wird sie eine Nacht in der Spielhölle Las Vegas verbringen.

Auf daß der Mond blau werde

Eine Ratte-Frau zeichnet sich nicht gerade durch einen scharfen Verstand aus. Sie besitzt zwar einen gewissen Geschäftssinn, sie lenkt ihr Berufsleben perfekt, aber im privaten Bereich ist sie anders. Oft ist sie so in sentimentale Schwierigkeiten verwickelt, daß sie es nicht über sich bringt, einen Partner in einen Herzensfreund zu verwandeln.

Sinnlich wie die Ratte-Frau ist, sehnt sie sich nach einer leidenschaftlichen Liebe, die auch noch lange anhalten soll. Sie hat viel zu geben, fordert aber auch alles und das am besten sofort.

Sie ignoriert das taoistische Sprichwort: »Eine lange Reise beginnt immer mit einem kleinen Schritt.« Diese Ungeduld wird die erste zu bewältigende Hürde sein. Und wie? Indem Sie ihren Wunsch nach einem Vorspiel verstärken.

Entfesseln Sie Ihr Talent als Erzähler, seien Sie zärtlich, aber nicht kühn, nehmen Sie sich alle Zeit, die Sie benötigen, und gleiten Sie dann schrittweise bis zur völligen Hingabe...

Sie sind derjenige, der erobert wird, nicht sie. Sie sollten sich mäßigen und zurückhalten, aber die Zärtlichkeit muß sich beim letzten Angriff in Wildheit verwandeln. Um eine Ratte-Frau zu lieben, spielt nur das Endergebnis eine Rolle und nicht die Phantasie.

Positive und negative Eigenschaften

Ein Abenteuer, eine Leidenschaft, eine flüchtige Zuneigung... alles ist mit der Ratte-Frau, die ein permanentes Bedürfnis zu lieben und geliebt zu werden besitzt, möglich. Permanent in dem Sinne, daß sie frei und unabhängig ist, aber ein Abenteuer nur um des Abenteuers willen ist nicht ihr wirkliches Ziel. Das eigentliche Ziel der Ratte-Frau ist es, mit ›ihrem‹ Mann zu leben, der Ring am Finger ist also immer im Hinterstübchen ihrer Gedanken.

Im Gegensatz zu ihrem männlichen Zeichensgenossen, ist die verheiratete Ratte-Frau außerordentlich treu. In dieser Untertänigkeit zu ihrem Partner gibt es etwas, was an die Treue eines Ritters zu seinem Herrn erinnert. Die Institution der Ehe wird von der Ratte-Frau bis zu dem Punkt respektiert, daß sie eine Verbindung, die trügerisch und nicht mustergültig ist, toleriert. Paradoxerweise ist die Ratte-Frau besitzergreifend, ja sogar eifersüchtig. Es gibt daher für sie bestimmte Grenzen des Erträglichen, aber selbst in diesem Fall wird sie einer Trennung der Scheidung den Vorzug geben.

Treu wie sie ist, wird sich die Ratte-Frau nie mit einem flüchtigen Bekannten einlassen, außer sie hat ein großes Zärtlichkeitsdefizit. Dieser Seitensprung wird ebenso diskret wie vorübergehend sein und entsteht eher aus einer Notlage heraus als aus dem Verlangen nachzuprüfen, ob die Weiden vielleicht woanders saftiger sind.

Die Ratte-Frau ist sparsam und die perfekte Hausfrau. Trotzdem kann diese elegante Frau, die eine gut ausgestattete Garderobe liebt, sehr verschwenderisch sein. In der Tat, sie ›schmilzt‹ leicht vor schönen Dingen. Wenn die finanziellen Mittel des Paares begrenzt sind, wird sie leichter auf diese kostspielige Neigung verzichten, aber trotzdem beim Ausverkauf oder bei verlockenden Angeboten einen Pullover für den armen Liebling, der ihn doch so nötig hat, erstehen.

Der Rückzug

Wenn die Ratte-Frau für Sie nur ein Abenteuer ist, gibt es eine einfache Art, sie loszuwerden: Seien Sie unberechenbar, erzählen Sie ihr, daß Sie ein eingefleischter Junggeselle sind, seien Sie geizig... Wenn Sie diese Rolle überzeugend spielen, wird die Ratte-Frau – der es nicht an Selbstachtung mangelt – Sie verlassen, aber dies geschieht nicht ohne Eklat, und achten Sie auf Ihren guten Ruf. Die Ehe hütet die Ratte-Frau – wie oben bereits erwähnt – wie ihren Augapfel. Eine solche Verbindung läßt sich nicht ohne Schwierigkeiten trennen, und es ist doch etwas schwierig, ein Alkoholiker oder ein Folterknecht zu werden... Dinge, die sie nicht akzeptieren kann. Es bleiben also nur die gesetzlichen Mittel...

2
Der Büffel

Er ist ein Yin-Zeichen,
und sein chinesischer Name ist Niou

Die Jahre des Büffels	Element
19. 2. 1901 – 7. 2. 1902	Metall
6. 2. 1913 – 25. 1. 1914	Wasser
25. 1. 1925 – 12. 2. 1926	Holz
11. 2. 1937 – 30. 1. 1938	Feuer
29. 1. 1949 – 16. 2. 1950	Erde
15. 2. 1961 – 4. 2. 1962	Metall
3. 2. 1973 – 22. 1. 1974	Wasser
20. 2. 1985 – 9. 2. 1986	Holz

Checkliste der positiven und negativen Eigenschaften

---

weise	dickköpfig
tüchtig	autoritär
arbeitsam	langsam
redegewandt	argwöhnisch
ausdauernd	ungesellig
fleißig	störrisch
kaltblütig	chauvinistisch
integer	anspruchsvoll
solide	verwegen
anhänglich	draufgängerisch
moralisch	unnachgiebig
patriotisch	besessen
treu	unbeugsam
methodisch	rachsüchtig
beständig	schlechter Verlierer
stolz	streng
zärtlich	intolerant
zurückhaltend	konservativ
hilfsbereit	fanatisch
ausgeglichen	tyrannisch

Die Beziehungen zu anderen Zeichen

Einen Büffel in die Falle zu locken, ist eine Sache, ihn zu zähmen, eine andere. Je nachdem, ob die anvisierte Beute für den schnellen Verzehr oder als Fang für die ›Ewigkeit‹ vorgesehen ist, bietet die chinesische Tradition folgende Hinweise:

Für eine Liaison (oder Versuchszwecke) sind geeignet:
- •••• Hund, Hahn, Ratte
- ••• Affe, Katze
- •• Drache, Schlange, Büffel
- • Schwein

Für die Ehe empfehlen sich folgende Zeichen:
- ••••• Hahn, Schwein
- •••• Schlange, Ratte
- ••• Büffel, Hund
- •• Katze
- • Drache

Einige berühmte Büffel

Männlich: Warren Beatty, Peter Brook, Richard Burton, Fidel Castro, Jean Cocteau, Juan Carlos, Walt Disney, Gary Cooper, Tony Curtis, Sammy Davis jr., Gerald Ford, El Greco, Adolf Hitler, Hieronymus, Dustin Hoffman, Rock Hudson, Niki Lauda, Napoleon, Paul Newman, Jack Nicholson, Lafayette, Oscar Peterson, Yann Queffélec, Robert Redford, Pierre-Auguste Renoir, Albert Schweitzer, Vincent van Gogh.

Weiblich: Véronique Biefnot, Prinzessin Diana, Marlene Dietrich, Danièle Delorme, Jane Fonda, Meryl Streep, Gloria Swanson, Margaret Thatcher, Vanessa Redgrave, Melina Mercouri, Vivien Leigh.

Die verschiedenen Typen

<u>Mit dem Element Holz</u> Dieser Büffel besitzt Teamgeist und ist viel weniger eigensinnig als seine Zeichensgenossen. Er ist integer, robust, gesellig, der Natur, dem Sport und körperlicher Arbeit zugetan. Er ist neuen Ideen gegenüber aufgeschlossen, ausdauernd und außergewöhnlich feurig in der Liebe. Aber er versucht, seinen Partner oder Lebensgefährten zu beherrschen. Charakteristik: Ein muskulöser Büffel.

<u>Mit dem Element Feuer</u> Dieser Büffel ist resolut, eigensinnig und sogar stolz. Als materialistische, dynamische, leidenschaftliche und direkte Person verabscheut er die Bequemlichkeit. Er ist ein fürchterlicher Gegner und ein großzügiger Freund. Er ist aufrichtig, verantwortungsbewußt und der Moral und den Prinzipien eng verbunden. Loyal wie er ist, wird er seine Kraft niemals mißbrauchen und seine Qualitäten bis zum äußersten ausreizen. Er ist der Mann (die Frau) für unmögliche Aufträge. Charakteristik: Ein energischer Büffel.

<u>Mit dem Element Erde</u> Ein beständiger, treuer, perfektionistischer, skrupulöser, besitzergreifender und besonders besessener Büffel. Als dominante Person hat dieser Büffel ein Machtbedürfnis und einen eisernen Willen, er ist außerdem ein falscher Bescheidener, der Ehre, Reichtum, Sicherheit und materiellen Erfolg schätzt. Er ist ein sicherer Freund, dem es nie an Loyalität fehlen wird. Charakteristik: Ein dominanter Büffel.

<u>Mit dem Element Metall</u> Es ist nicht immer leicht, mit ihm auszukommen. In der Tat ist dieser Büffel anspruchsvoll, bisweilen besessen, rechthaberisch und manchmal auch mißtrauisch. Er kennt den Sinn des

Wortes Kompromiß nicht, er ist eine richtige Dampfwalze und kann auch sehr nachtragend sein. Aber dieser Büffel ist treu, sogar liebevoll, zuverlässig und den Seinen gegenüber sehr loyal. Charakteristik: Ein strenger und loyaler Büffel.

<u>Mit dem Element Holz</u> Er liebt die Natur leidenschaftlich, er ist der geborene Ökologe, eine geduldige, realistische und praktisch veranlagte Persönlichkeit, die einen scharfen Sinn für die wahren Werte hat. Methodisch, entschlossen und ausdauernd, weicht er äußerst selten von dem Weg, den er gewählt hat, ab. Dieser Büffel ist sensibel, sanftmütig, loyal und arbeitsam und kann brutal reagieren, wenn er sich verraten oder betrogen fühlt. Charakteristik: Ein sanftmütiger und methodischer Büffel.

Auf der Suche nach dem Büffel-Mann

Ein wenig erbittert, scheint dieser Büffel immer zu wissen, wohin man zu gehen hat, wie etwas gemacht werden muß und was man denken soll. Obwohl er solide und von einer ein wenig banalen Ausdauer geprägt ist, ist er doch ein Eigensinniger reinsten Wassers, der sehr verantwortungsbewußt ist und die Kunst besitzt, seine Umgebung und die Ereignisse zu dominieren. Im Innersten eines jeden Büffels schlummert ein Napoleon oder Hieronymus, der den Wunsch, zu erobern, zu überzeugen und auch zu verführen hat. Aber wenn es zur Verführung kommt, geschieht es sehr draufgängerisch, und sein Appetit ist groß. Da die Arbeit der Lebensinhalt eines Büffels ist, besitzt er nicht die Instinkte eines Schürzenjägers. Um die Wahrheit zu sagen, dieser schroffe Mensch ist so selbständig, daß er schon langweilig wirkt.

Da er ständig versucht, in seinem Beruf das Beste zu geben, vergißt er manchmal, auf sein Herz zu hören.

Da er oft ›eine grüne Hand‹ hat und eine ausgeprägte ökologische Seite besitzt, liebt er die Natur im allgemeinen und das Land und/oder das Meer im besonderen. Bedenken Sie, daß diese Neigung sich unterschiedlich auswirken kann. Er könnte auch den Wald vorziehen... aber nur um ein Wildschwein oder Reh zu jagen. Dieser Jäger-Büffel erweist sich oft als ausgezeichneter Schütze.

Das lebhafte Stadtleben? Er erträgt es. In der Tat kann sich dieser Besessene an alles anpassen, wenn es notwendig ist... aber nur, wenn es ›beruflich notwendig‹ ist! Er wird immer die Sehnsucht nach dem offenen weiten Land behalten.

Seine sprichwörtliche Geduld ist nur eine Fassade, manche Büffel – die meisten – sind richtig aufbrausend, andere wiederum können sogar cholerisch werden, wenn man ihnen widerspricht, sie verrät oder betrügt. Es ist nicht ratsam, diese Erfahrung mitzumachen, denn ein jähzorniger Büffel kann richtig destruktiv und gefährlich werden.

Aber kommen wir auf seine solide und extrem arbeitsame Seite zurück. Da dieser Materialist den Wert der Arbeit und des Geldes kennt sowie Sinn für Erfolg hat, ist er ein zuverlässiger und beruhigender Partner, außer, wenn er zornig wird. Er wird selten von Zweifeln geplagt und mißbraucht seine (physische oder intellektuelle) Kraft niemals, da er in seinem Innersten aufrichtig ist. Die List reizt ihn manchmal, aber fast systematisch rückt er von allen unlauteren Intrigen ab. Der Büffel möchte ein reines Gewissen und saubere Hände behalten. Er ist also zäh und furchterregend, fast nie einschmeichelnd, aber er setzt in der Liebe wie im geschäftlichen Bereich auf Solidität, Beständigkeit und Erfolg.

Die Strategie

Nichts ist schwieriger, als einen Büffel-Mann zu erobern. Er gehört nicht wirklich zu der Spezies, die sich tagaus, tagein sinnlos abplacken, aber fast. Obwohl er sich einigermaßen an das soziale Leben anpaßt – einige bringen es sogar soweit, den Lebemann zu spielen –, wird er doch kaum auf Cocktails, Premieren, auf der Rennbahn oder beim Festival von Cannes anzutreffen sein. Das geeignetste Terrain bleibt seine berufliche Umgebung. Man könnte sich vorstellen, sein Arbeitskollege zu werden, um auf diese Weise seine Aufmerksamkeit auf sich zu ziehen. Der Gedanke ist verführerisch, aber auf diese Art bekommen sie auch keine Erlaubnis, in sein Innerstes vorzudringen. Diese Lösung sollte jedoch nicht vollkommen von der Hand gewiesen werden, man muß nur wissen, daß diese Art der Annäherung die schwierigste und langwierigste ist. Es ist besser, sich an ihn heranzumachen, wenn er entspannt ist, im Klartext, wenn er Urlaub macht. Da er sein inneres Gleichgewicht in großer sportlicher Aktivität sucht, sollten Sie sich auf diesem Gebiet bemerkbar machen, und die beste Methode, um an sein Herz zu appellieren, ist, schwächer als er zu sein, aber nicht zu viel. Sie müssen sich unaufdringlich bemerkbar machen, sich hübsch anziehen und ihn an Ihre Anwesenheit gewöhnen.

Beispiel: Skifahren im Winter. Er zögert nicht, im Morgengrauen aufzustehen, um auf der Piste zu sein, bevor sie überfüllt ist.

Ihre Waffen: eine perfekte Ausrüstung – das ist sehr wichtig – und gutsitzende Kleidung. Vermeiden Sie Anzüge mit auffälligen Markenzeichen, die dieses oder jenes Produkt anpreisen. Er wird diese Diskretion sowie die perfekte Auswahl eines jeden Stückes Ihrer Ausrüstung schätzen. Schminken Sie sich so wenig wie möglich, tragen Sie keine Ringe am Finger.

Die Strategie: Gehen Sie allein eine oder zwei Minuten nach ihm los, überholen Sie ihn – das ist leicht, er schlendert dahin und versucht nicht, Rekorde aufzustellen – behalten Sie Ihren Vorsprung etwa 20 Minuten lang, ohne ihn zu provozieren, aber bleiben Sie in Sichtweite und dann... stürzen Sie. Dies ist ein alter Trick, aber er wird funktionieren, da der Büffel, wie Sie wissen sollten, arglos ist.

Detail: Produzieren Sie keinen spektakulären oder melodramatischen Sturz! Sie sind nicht verletzt und stehen nicht unter Schock, Sie sind ganz einfach gefallen und stellen sich von allein wieder auf Ihre Füße... und versuchen, Ihren Ski, der sich weit weg befindet, zu holen.

Logischerweise muß Ihr Büffel hier eingreifen und Ihnen seine Hilfe anbieten. Seien Sie offen und direkt, und danken Sie ihm, nachdem Sie Ihren fehlenden Ski wiederhaben, mit einem kurzen und charmanten Dankeschön. Lassen Sie ihn dann ziehen, überholen Sie ihn nicht mehr, und fahren Sie sportlich, aber vorsichtig weiter. Und wenden Sie am nächsten Tag zur gleichen Zeit auf der gleichen Piste die gleiche Taktik an, aber dieses Mal, ohne zu stürzen.

Er wird neugierig sein, Ihre skifahrerischen Talente sowie Ihre Ausrüstung (Material, Kleidung) und Ihre Physis bemerkt haben. Der gute Kerl ist ein teuflisch guter Beobachter. Das weitere Vorgehen erfordert vorsichtiges Taktieren, das psychologisch und zeitlich genau abgestimmt sein muß.

Die erste Runde

Nun, da Sie Ihr Opfer am Haken haben, müssen Sie Ihre Beute sichern. Beim Skifahren wird sich dies bei einer der zahlreichen Aprés-Ski-Veranstaltungen abspielen.

Die anzuwendende Technik gilt auch für alle anderen Situationen. Erstens, spielen Sie nicht den Drachen oder die Femme fatale und legen Sie keine Junggesellinnenallüren an den Tag, seien Sie natürlich, klassisch, aber nicht langweilig, sportlich, aber nicht ›kraftstrotzend‹. Zweitens, der Büffel-Mann nimmt sich immer sehr ernst, er sitzt an der Seite der Götter, er ist nicht ein Mann wie jeder andere. Also sprechen Sie ihn niemals an.

Tun Sie so, als ob Sie jemanden suchen würden, er wird derjenige sein, der Sie finden wird!

Flechten Sie dann ein Band, wie beim Skifahren – oder jedem anderen Sport, den Sie mit ihm geteilt haben –, sprechen Sie von Ihren Vorlieben, er wird Ihnen Ratschläge geben. Wenn er auf seine schlechte Form zu sprechen kommt – was nicht sehr wahrscheinlich ist –, lachen Sie auf keinen Fall. Lächeln Sie einfach, und sagen Sie ihm, daß es Ihnen unglaublich erscheint bei einem so offensichtlich begabten Sportler. Er wird entzückt sein. Loben Sie ihn aber nicht zu sehr, es würde sein Mißtrauen erwecken. Seien Sie ein bißchen phantasievoll, und zeigen Sie Humor, ein frisches Lachen, und richten Sie es so ein, daß Sie ihm von Ihrer finanziellen Situation erzählen, die Ihnen Unabhängigkeit und Autonomie verschafft. Das wird ihn beruhigen. Verabreden Sie sich dann mit ihm zum Skifahren am nächsten Tag. Schaffen Sie eine Gewohnheit, das ist das Zauberwort, um einen Büffel zu verführen. Wenn Ihre Absichten rein sind (Sie möchten ihn sich einverleiben), überstürzen Sie nichts, tauschen Sie die Adressen aus und wünschen Sie ihm alles Gute. Überlassen Sie vor allem ihm die Initiative, haben Sie Selbstvertrauen. Wenn Sie ihm gefallen, und Sie haben bereits alles getan, um ihn zu überzeugen, wird er die Initiative ergreifen. Übrigens zeigt die einfache Tatsache, daß er Sie ›wiedergefunden‹ hat, daß eine Anziehung besteht.

Wenn Sie nichts anderes als ein kurzes Abenteuer wünschen, können Sie die Sache beschleunigen, indem Sie schelmisch sind, Ihre körperlichen Vorzüge betonen (er liebt schön gerundete Brüste) und Ihre Verfügbarkeit hervorheben. Seine ›Husarenseite‹ wird durchschlagen, was vielleicht Romantik vermissen läßt, aber seine Fähigkeiten entsprechen seinem Appetit. Auf jeden Fall können Sie den Abend in einem Nachtlokal beenden... aber wählen Sie – wenn er Sie läßt – einen ruhigeren Ort, und denken Sie daran, daß er ›Rock‹ haßt, ein Wort, das für ihn alle hektische und laute Musik einschließt, zu der er nicht tanzt. Ideal wäre eine Piano-Bar. Bitten Sie den Pianisten, eine Oscar-Peterson-Weise zu spielen, Ihr Büffel wird bezaubert sein – auch wenn er nicht weiß, daß Peterson zum gleichen Tierzeichen gehört –, und dieses Ambiente ermöglicht es Ihnen, zu einer zärtlichen Intimität überzugehen.

Der Umgang mit dem Büffel-Mann

<u>Zu Hause</u> Geraten Sie nicht in Panik, wenn Sie es geschafft haben, ihn an sich zu ziehen, Ihre Umgebung wird seine Meinung über Sie in keinster Weise beeinflussen. Um aber möglichst viele Trümpfe in der Hand zu haben, sollte Ihre Wohnung (oder Ihr Haus) einen weiblichen Touch haben, es muß freundlich und gemütlich sein. Es sollte mit gepolsterten Sofas, einem rustikalen Eßzimmer, einer gut ausgestatteten Küche und vor allem mit einem Zimmer nach Ihrer Vorstellung eingerichtet sein... Im Klartext: einem sexy Schlafzimmer in Pastelltönen mit Teppichen und einem großen Spiegel. Kurz gesagt, ein Schlafzimmer, das das Wesen einer weiblichen, temperamentvollen Frau widerspiegelt! Wenn dann noch in Ihrem Wohnzimmer ein Holzfeuer brennt, kann nichts mehr schiefgehen.

Die Unterhaltung   Dem Büffel fehlt es im allgemeinen an Raffinesse, er ist oft mürrisch, störrisch und abweisend. Glücklicherweise gibt es genug Ausnahmen von der Regel, und viele Büffel haben eine ›künstlerische Ader‹ (Cocteau, Renoir, van Gogh, usw.). Sie sollten aber wissen, daß alle Büffel überflüssige Diskussionen, oberflächliches Plaudern oder Klatsch verabscheuen. Bezüglich der Literatur und Musik liebt der Büffel Klassisches, spricht aber kaum darüber. Es ist besser, über die Natur, das Meer, die Tiere zu reden, ein unerschöpfliches Thema für ihn. Erzählen Sie ihm von Ihrer Kinderliebe, und er wird anfangen, Sie wirklich ernst zu nehmen.

Die Geschenke   Wenn Sie die berühmten Abhandlungen über die Jagd von Gaston Phoebus, König von Bearn, in die Hände bekommen sollten, können Sie sich seiner ewigen Dankbarkeit sicher sein. Aber dieses äußerst seltene Buch gefällt nur den Büffeln (vor allem Holz-Büffel), die die Jagd schätzen; die anderen werden mit weitaus weniger seltenen bebilderten Werken über die Solonge, die Loire-Schlösser oder den Sport, den sie ausüben, zufrieden sein. Ein Werkzeugkasten, ein verbessertes Werkzeug oder der alte Hobel Ihres Großonkels sind Geschenke, die einen handwerklich begabten Büffel weich werden lassen.

Auf daß der Mond blau werde

Bar jeden Sinnes für Romantik, vermittelt der Büffel-Mann den Eindruck, das Phlegma erfunden zu haben. Der solide und eigensinnige Büffel ist dennoch extrem empfänglich für Schönheit, Zärtlichkeit, ein berauschendes Parfüm und Behaglichkeit... Empfangen Sie diese Persönlichkeit auf keinen Fall im Salon, auf einem

Bärenfell vor dem offenen Feuer. Nachdem Sie Ihr verführerisches Negligé angezogen haben, führen Sie ihn ins Schlafzimmer, wo er sich Ihnen anschließen wird. Vergessen Sie nie, daß der Büffel-Mann gerne derjenige ist, der die Initiative ergreift.

Im Angesicht seines Liebesobjekts wird er kaum seine Sinnlichkeit beherrschen können. Versuchen Sie auf keinen Fall, das Vorspiel zu verlängern, er würde es übrigens auch nicht zulassen. Die erotischen Spiele steigern seine Lust nicht, das Wichtigste ist, sofort zur Sache zu kommen, dem eigentlichen Akt. Seine Männlichkeit ist stark, seine Sinnlichkeit groß, und seine Liebeskunst ist von einer Wollust und Ausdauer geprägt, die Sie geradewegs zur Ekstase bringt. Bei einem Büffel muß das Feuer nicht unerläßlich geschürt werden, er stellt selbst den anspruchsvollsten Partner zufrieden. Lassen Sie sich also in dieser Beziehung, die die Mittelmäßigkeit und Häßlichkeit ausschließt, treiben.

Nun, wenn er auch das Vorspiel nicht schätzt, hat der Büffel jedoch überhaupt kein Talent für das Nachspiel. Hier können Sie wieder mit Zärtlichkeit eingreifen und ihm von der Ewigkeit und – eventuell – von Ihrer Befriedigung erzählen.

Positive und negative Eigenschaften

Sein vorsichtiges Naturell führt dazu, daß er nicht sehr mitteilsam ist, er zeigt selten Zeichen der Zuneigung und ist vor allem diskret. Der Büffel gehört zu der Gruppe von Menschen, die ihre Zuneigung nicht zeigen und nicht den Eindruck erwecken, rücksichtsvoll zu sein. Sie sollten also im voraus wissen, daß beim Büffel, wenn er Zeichen der Zuneigung zeigt, die Fürsorge und das Interesse an der Partnerin (und der Familie) immens groß sind.

Schmollen Sie nicht, Sie haben einen richtigen Mann an Ihrer Seite. Und obwohl er die weibliche Zerbrechlichkeit schätzt, haßt er Kindereien, Koketterie, Heulsusen, Szenen und Dispute. Provozieren Sie ihn niemals, er würde explodieren. Der Büffel sieht schnell rot... Er ist ebenfalls leicht aufbrausend, bekommt kurze, aber heftige Wutanfälle, ist besitzergreifend und sogar eifersüchtig. Er ist also ein Charaktermensch, aber sehr direkt und loyal, von einer verläßlichen Hingabe und Treue. Einer Frau, die seiner Liebe würdig ist, ist der Büffel der treueste und ergebenste Mann für ein ganzes Leben. Im allgemeinen ist er ein angenehmer Zeitgenosse, wenn auch ein bißchen autoritär, ein Mann, der seinen Geschmack und seine Ambitionen gerne teilt, ein besessener Arbeiter, bei dem die geschäftlichen Dinge Vorrang haben. Er erträgt nur schwer die Unwahrheit und Falschheit. Da er das Gedächtnis eines Elefanten hat und nachtragend ist, kann dies zu fürchterlichen Ausbrüchen führen.

Der Rückzug

Wenn der Büffel-Mann für Sie nur ein Abenteuer ist, ist das Rezept, ihn loszuwerden, kokett, verschwenderisch (mit seinem Geld), oberflächlich und mondän zu sein. Er wird einer solchen in seinen Augen ›krummen‹ Beziehung sehr schnell überdrüssig werden. Er wird mit allen seinen Koffern abziehen und Ihnen ›Ihre‹ Rechnungen überlassen. Büffel reimt sich in diesem Fall auf Rüffel.

Eine Ehe zu brechen, ist delikater. Der Büffel mit seinen ausgeprägten moralischen Prinzipien sieht es gerne, wenn er von den anderen respektiert wird. Sein Vertrauen zu mißbrauchen, ist daher ein gefährliches Spiel, da er rachsüchtig, explosiv und nachtragend ist. Die Flucht ist die sicherste Lösung.

Auf der Suche nach der Büffel-Frau

Als traditionsgebundener Mensch besitzt die Büffel-Frau vor allem eine feminine Ausstrahlung. Sie ist unglaublich geistesgegenwärtig, praktisch veranlagt und von einer überdurchschnittlichen Hartnäckigkeit. Margaret Thatcher ist ein Beispiel dafür, wie sich dieses Zeichen bei Frauen auswirken kann. Schließen Sie daraus aber nicht, daß alle die gleichen Eigenschaften wie die Premierministerin Großbritanniens haben. In der großen Büffel-Familie gibt es viele verschiedene und verführerischere Beispiele als die Eiserne Lady, so wie z. B. Marlene Dietrich, Meryl Streep oder Jane Fonda. Diese Damen haben aber alle eines gemeinsam: die Entschlossenheit.

Die Büffel-Frau ist sehr hilfsbereit, erstaunlich selbständig und ein wenig frauenfeindlich. Sie findet die anderen Frauen leicht frivol, schwach und sehr darauf bedacht, die Männer in die Falle zu locken. Sie glaubt nicht an solche Mittel und an den einfachen Weg, sie weiß genau, was sie will, und sucht sich im allgemeinen einen Beruf aus, in dem ihr Sinn für Konkretes sich entfalten kann. Sie ist sehr anpassungsfähig und hat die Qual der Wahl. Sie ist in den besten Positionen anzutreffen – denen eines Stars – im Theater, ein Milieu, in dem ihre Kühnheit, ihr Verlangen, sich mitzuteilen und zu dominieren, am besten zur Wirkung kommen; in der Geschäftswelt werden ihr Wille, ihre Ehrlichkeit und Genauigkeit sie an die oberste Stelle bringen, was übrigens ihr brennendster Wunsch ist, da die berufliche Erfüllung ihr viel bedeutet. In der Arbeit wird sie sich nicht schonen, sie ist fleißig und wird versuchen, ihr Wissen in den Vordergrund zu stellen, sie wird sich als unermüdlich, respektvoll den Konventionen gegenüber, loyal, aber auch besessen, streng und unerbittlich erweisen.

Auf der anderen Seite ist die Büffel-Frau aber auch eine tüchtige Hausfrau und Mutter. Den Haushalt diskret wie eine Festung zu regieren, ohne sich der Welt stellen zu müssen, ist für die Büffel-Frau mehr als eine Berufung. Es ist überflüssig zu erwähnen, daß dieser Ehepartner demjenigen, der auf die Autorität im Haus verzichtet, alles geben wird. Sie ist die perfekte Hausfrau, eine exzellente Köchin und wird die Kinder korrekt erziehen. Im Haushalt einer Büffel-Frau läuft alles so geregelt wie auf einem Notenblatt ab, die Haushaltskasse wird immer ausgeglichen sein. Diese Dinge entsprechen ihrem Sicherheitsbedürfnis und ihrer Abscheu vor ungewissen Situationen. Aber das Leben mit ihr wird nicht monoton sein. Sie versteht es, nach einem Abend ein Ambiente zu schaffen, in dem Sie der ungekrönte Prinzgemahl sein werden, sie kann sich aber andererseits in den reinsten Tornado verwandeln, wenn sie ihrer Wut freie Bahn läßt. Diese weibliche Frau, die tüchtige Köchin, die Sie bemuttert und verhätschelt, kann sich in die schlimmste Furie verwandeln, und alle Versuche, sie zu zähmen, werden erfolglos sein. Glücklicherweise sind ihre Wutausbrüche nur von kurzer Dauer und meistens begründet. Für die Gründe hat sie aber ein gutes Gedächtnis.

Die Strategie

Man muß sich auf den Zufall verlassen, um eine Büffel-Frau zu finden. Es gibt in der Tat kein Rezept, um diese Persönlichkeit aufs Korn zu nehmen, Sie werden sie kaum in der Empfangshalle eines Luxus-Hotels, auf einer Kreuzfahrt oder beim Debütantinnenball antreffen. Eines Tages werden Sie dieser energischen Frau jedoch bei alten Freunden oder bei einer der großen Familienfeiern, bei denen selbst die entferntesten Cousinen erscheinen, begegnen. Dieser erste Kontakt ist von entscheidender Bedeutung, und sie wird die in ihren Augen wichtigen Dinge sogleich bemerken: Ihren ›Look‹, der klassisch und schlicht ist, Ihren gutgebauten Körper und Ihr höfliches Auftreten. Nachdem die Inspektion positiv ausgefallen ist, haben Sie das Recht auf die zweite Phase, die eines geschickten Kreuzverhörs, das sich hauptsächlich um Ihren gesellschaftlichen und familiären Stand dreht. Wenn Sie von einem Abenteuer träumen, versuchen Sie es zu vertuschen, da sie nicht leicht zu ›erobern‹ ist, und vor allem kein oberflächliches oder zweifelhaftes Verhältnis erträgt. Sie müssen wissen, daß sie eine energische Frau ist, die vielleicht ein solides Verhältnis in Betracht zieht, aber vor allem von der Hochzeit träumt. Seien Sie also gewarnt. Sie werden der Mann ihrer Träume sein, alles oder nichts.

Nach diesen beiden Prüfungen, die ergeben haben, daß Sie ein guter Gesellschafter und finanziell abgesichert sind, müssen Sie die Initiative ergreifen. Seien Sie immer höflich, ein bißchen schmeichelhaft und vor allem interessant. Es ist wichtig, daß Sie konkrete Themen ansprechen, sie haßt Gefasel, Klatsch und die Unterhaltungen, die vor allem mondän sind.

Sie müssen sie neugierig machen, um sicherzustellen, daß sie Sie wiedersehen möchte. Das erste Rendezvous auszumachen, ist von immenser Bedeutung, da sie – obwohl Sie ihr Ihre Telefonnummer gegeben haben – niemals die Initiative ergreifen wird, um Sie wiederzusehen. Eine Gelegenheit zu finden, um sie einzufangen, ist also äußerst wichtig, und das Beste, was Sie tun können, ist auf ihre kulturellen Neigungen zu setzen. Viele Künstler sind im Zeichen des Büffels geboren. Das ist kein Zufall.

Schlagen Sie ihr vor, ein Museum zu besuchen, wo ein neuer Saal eröffnet wird – sie liebt die Malerei –, oder mit ihr zusammen in ein Boulevardstück zu gehen, sie schätzt den unverbindlichen Umgang. Eine Zusage bedeutet zwangsweise, daß Sie Ihre Punkte gemacht haben, aber die Schlacht ist noch nicht gewonnen.

Die erste Runde

Nun also haben Sie Ihre Beute ›am Haken‹ und müssen sie sichern. Für dieses Rendezvous sind ein Prince-of-Wales-Anzug, ein helles Hemd und eine Seidenkrawatte angebracht. Achten Sie darauf, daß Ihre Schuhe tadellos und die Fingernägel sauber sind. Ihr Rasierwasser sollte ›Tabak‹ oder ›Russisch Leder‹ sein. Es ist äußerst wichtig, daß dieses zweite Treffen ihr zeigt, wie rein Ihre Gefühle sind. Nach dem Museums-Besuch – bei dem Sie bescheiden mit Ihren Kenntnissen geprahlt haben – führen Sie sie nicht in Ihre Junggesellenwohnung oder ein freundliches Hotel. Die Büffel-Frau ist alles andere als eine unterdrückte Frau. Die beste Lösung wäre, sie in eines jener ruhigen und behaglichen ›Rive-gauche‹-Restaurants zu führen, die Sie kennen und in denen eine gute Hausmannskost serviert wird. Achten Sie darauf, daß Sie kein Stammkunde des Lokals sind und, falls Sie den Maître d'hôtel kennen, lassen Sie es sich nicht anmerken. Am Anfang der Beziehung ist die Büffel-Frau argwöhnisch. Sie wird aus der Tatsache, daß Sie bekannt sind, schließen, daß sie in eine Falle gelockt wurde. Sie werden dann als gefährlicher Don Juan angesehen, dem sie mißtraut und der sie bei der erstbesten Gelegenheit verlassen kann. Versuchen Sie also, einen solchen Zwischenfall zu vermeiden.

Sie haben sich nun gemütlich niedergelassen und müssen das Menü auswählen. Es ist zwecklos, sie zu fragen, sie wird auf Ihre Vorschläge warten. Lassen Sie sich nicht täuschen, dies ist eine neue Prüfung. Wenn Ihre Wahl schlecht ist, muß Ihnen eine Lektion erteilt werden, und Sie sinken eine Stufe in ihrer Achtung. Sie treffen ins Schwarze, wenn Sie einen Schmorbraten, den sie sehr liebt, auswählen. Die beste Taktik ist aber, sich für ein Stück Fleisch mit Sauce oder eine gefüllte Paprikaschote zu interessieren und sie anschließend sofort um ihren Rat zu bitten... da Sie, obwohl Sie die leichten Gerichte mögen, es vorziehen, ihr die Wahl zu überlassen, solange ein Chateau Margaux dazu paßt! Die Büffel-Frau wird positiv beeindruckt sein von Ihrem Geschmack und Ihrer Umsicht. Sie wird die Sache in die Hand nehmen, und Sie können sicher sein, daß die Bestellung korrekt, ausgeglichen und innerhalb Ihrer finanziellen Möglichkeiten liegt. Dieses Verhalten ist ein untrügliches Zeichen dafür, daß Sie die Prüfung befriedigend bestanden haben. Trinken Sie dann nicht zu viel zu Ihrer Mahlzeit, und vergessen Sie nicht, ein reichhaltiges Dessert zu bestellen, aber lassen Sie in die Unterhaltung einfließen, daß Sie im allgemeinen die einfachen Dinge bevorzugen und dies alles eine von den regelmäßigen Ausnahmen ist, die Sie sich gestatten. Und daher müssen Sie auf Ihre Linie achten, um in Form zu bleiben. Es gibt zwei Möglichkeiten, den Abend zu beenden – wenn das Wetter mild ist: einen Spaziergang und dann einen Kaffee oder eine kurze Einkehr in einem Jazz-Lokal. Anschließend begleiten Sie die Dame höflich nach Hause und versprechen ihr, sie wiederzusehen. So beginnt das so ersehnte Verhältnis, vor allem wenn die Büffel-Frau die Gewißheit hat, daß Sie niemals versuchen werden, sie zu unterwerfen.

Der Umgang mit der Büffel-Frau

<u>Zu Hause</u> Eine Büffel-Frau bei sich zu Hause zu empfangen, ist an sich schon ein Erfolg. Diese Tatsache ist ein untrügbarer Beweis dafür, daß Ihr Verhältnis solide

ist, sonst wäre sie nicht bei Ihnen. Aber wird sie auch bleiben?

Wenn alles bei Ihnen Ruhe, Behaglichkeit und eine gewisse Ordnung ausstrahlt, mit Sicherheit. Sie könnte sogar dazu neigen, sich ›einzunisten‹, wenn Ihr Zuhause ein Haus auf dem Land, eine Erdgeschoßwohnung mit Garten oder ein Appartement mit Terrasse und etwas Grün ist.

Eine unordentliche und unaufgeräumte Wohnung wird sie überraschen, aber keine Angst. Wenn sie gekommen ist, ist es, weil sie sich in ihrem Unterbewußtsein bereits entschlossen hat, mit Ihnen zu leben und vor allem die Sache in die Hand zu nehmen.

Unordnung, nicht ordentlich aufgestellte Bücher, im Badezimmer herumliegende Wäsche sind für sie nur Anzeichen dafür, daß ihre Gegenwart nicht nur erwünscht, sondern unumgänglich ist. Wenn Sie nicht aufpassen, laufen Sie Gefahr, mindestens zwanzig Jahre zu bekommen.

<u>Die Unterhaltung</u> Halten Sie sie nicht für eine Julia, die nach Romeo schmachtet und sentimentale Schnulzen anhört. Sie besitzt eine Abneigung gegen dummes Geschwätz dieser Art. Erzählen Sie ihr von Ihrer Arbeit, Ihren Zielen und der wichtigen Rolle, die sie in Ihrem Leben einnehmen könnte. Erwähnen Sie, daß Sie Kinder mögen, daß Sie davon überzeugt sind, daß sie eine ideale Mutter wäre, usw. Servieren Sie ihr nicht alle diese Ideen auf einmal, streuen Sie diese Informationen vorsichtig aus, und geben Sie sich nicht den Anschein eines Schwächlings.

Sie liebt es zu bemuttern, sie ist gerne die starke Schulter und der Hafen, an den man sich trost- und schutzsuchend wenden kann, aber sie möchte auch gerne denjenigen, der ihr Mann fürs Leben sein wird, bewundern können.

__Die Geschenke__ Zu Beginn Ihrer Freundschaft oder während der Verlobungszeit wird die Büffel-Frau Blumen schätzen, aber wenn Sie wirklich originell sein wollen, schenken Sie ihr einen Bonsai. Sie wird sowohl überrascht als auch hingerissen sein, vor allem nachdem Sie ihr anvertraut haben, daß das Geschenk ihrer Persönlichkeit würdig ist. Ein echter Bonsai erfordert gewissenhafte Pflege, man muß ihn förmlich unter seine Fittiche nehmen und er kann nicht in jede Hand gegeben werden.

Sonst können Sie ihr nützliche Gegenstände oder Koch-, Bastel- oder Dekorationsbücher, die ihre hausfrauliche Seite ansprechen, oder Kunstbücher, orientalische Parfums oder Seidenware, die mehr für ihre kulturelle und feminine Seite gedacht sind, schenken.

Auf daß der Mond blau werde

Es ist möglich, eine Büffel-Frau für ein Abenteuer zu gewinnen, aber sie neigt natürlicherweise mehr zu einer beständigen und dauerhaften Verbindung. Die leidenschaftliche Liebe interessiert sie nur wenig. Sie kann sich aber auch auf ein schnelles Abenteuer einlassen, weil es ihr die Möglichkeit bietet, ihre Weiblichkeit zu bestätigen. Um es deutlich zu sagen: Diese beständige, unabhängige Frau braucht keine Schulter, um sich auszuweinen, und keine Hand, die sie streichelt. Bei ihr reimt sich Liebe oft auf Pflicht... Eine oftmals enttäuschende Mischung, wenn die so weise Büffel-Frau nicht auch sehr sinnlich ist. Im Bett – sie zieht kaum jemals einen anderen Ort vor – wird sie sich als sanft, ergeben und feurig erweisen. Bei ihr spielt in der Liebeskunst das Vorspiel kaum eine Rolle, sie setzt vielmehr auf das Ergebnis, das Entfalten und die Lust. Ihr einziges Problem ist es, ihrer Begierde gewachsen zu sein.

Positive und negative Eigenschaften

Ihre Lieblingsrolle ist die einer Hausfrau, aber diese selbständige Person ist perfekt für das Alleinsein gewappnet. Sie braucht den Mann also nicht unbedingt zum Überleben oder für ihr Sicherheitsbedürfnis. Viele Büffel-Frauen sind alleinstehend und steuern ihr Boot perfekt allein. Im allgemeinen bevorzugen sie jedoch das Leben zu zweit und ein Haus zu beherrschen, eine Rolle, in der sie zugegebenermaßen perfekt sind. Als autoritäres Familienoberhaupt verwaltet die Büffel-Frau ihr häusliches Königreich souverän, sie kümmert sich um den Ehemann, die Kinder, den Hund, die Katzen und Goldfische. Wagen Sie es niemals, ihr diese Privilegien streitig zu machen, sonst werden Donner und Blitz auf Sie niedergehen. Als äußerst bemerkenswerte Köchin ist die Büffel-Frau eine perfekte Gastgeberin, was von ihren Gästen und demjenigen, der sich als ihr Herr und Gebieter fühlt, geschätzt wird, den sie aber an der Nase herumführt. Diese Abhängigkeit – zusammen mit den anderen bereits erwähnten Vorzügen – gibt dem Mann, der davon profitiert, ein Gefühl der Behaglichkeit, er kann sich vollkommen auf seine Partnerin verlassen und fröhlich von seinem beruflichen Erfolg träumen. Für eine Büffel-Frau bedeutet die Liebe zu ihrem Mann, ihn zu unterstützen und ihre ehelichen Pflichten zu erfüllen.

Als aufmerksame Mutter wird sie das Aufwachsen ihrer Kinder mit Interesse verfolgen und glaubt nicht daran, daß man bei den ›Kindern die Zügel locker lassen sollte‹. Bei ihr drückt sich die Liebe zu den Kindern vor allem in ihrer Erziehung aus.

Die Büffel-Frau geht vollständig in ihrem Haushalt auf und ist im allgemeinen ein Muster an Loyalität und Treue. Wenn ihr Gatte einen Seitensprung gemacht hat, wird er bei der besitzergreifenden Frau großes Verständnis finden. Schließen Sie aber daraus nicht, daß die Büffel-Frau tolerant ist. In diesem Fall wird sie die Schuld bei sich selbst suchen, den Schuldigen deswegen aber nicht verlassen. Der Arme wird für eine unbegrenzte Zeit einer strengen Überwachung unterstellt.

Der Rückzug

Wenn die Büffel-Frau für Sie nur ein Abenteuer ist, müssen Sie wissen, daß sie es sein wird, die Sie verlassen wird. Sie erträgt weder eine unaufrichtige Beziehung noch eine zu hektische Leidenschaft.

Die Ehe ist, wie schon erwähnt, für die Büffel-Frau eine heilige Institution. Niemals wird sie die Initiative ergreifen, um eine solche Verbindung aufzulösen, außer ihr Ehegatte bringt ihren Haushalt in tödliche Gefahr. In der Tat sagt die chinesische Tradition, daß das Zusammenleben nur mit dem Tod beendet wird, wenn bei einem Paar die Frau ein Büffel ist. Der Bruch geschieht nur in der Anfangszeit, wenn der zukünftige Auserwählte den Zuverlässigkeitsprüfungen unterworfen wird. Aber da ein Riß immer möglich ist, müssen Sie wissen, daß der Stolz eines Büffels Sie in aller Ruhe ziehen läßt, aber Sie müssen alles aufgeben.

3
Der Tiger

Der Tiger ist ein Yang-Zeichen,
und sein chinesischer Name ist Hu

Die Jahre des Tigers	Element
8. 2. 1902 – 28. 1. 1903	Wasser
26. 1. 1914 – 13. 2. 1915	Holz
13. 2. 1926 – 1. 2. 1927	Feuer
31. 1. 1938 – 18. 2. 1939	Erde
17. 2. 1950 – 5. 2. 1951	Metall
5. 2. 1962 – 24. 1. 1963	Wasser
23. 1. 1974 – 10. 2. 1975	Holz

Checkliste der positiven und negativen Eigenschaften

brillant	impulsiv
nachdenklich	unbesonnen
loyal	hartnäckig
sensibel	stolz
mutig	unvorsichtig
liberal	persönlich
vom Glück begünstigt	eitel
aktiv	streitsüchtig
leidenschaftlich	rebellisch
selbstsicher	gleichgültig
großzügig	waghalsig
talentiert	egozentrisch
enthusiastisch	unruhig
unerschrocken	undiszipliniert
beschützend	jähzornig
lebemännisch	flatterhaft
ehrenhaft	unnachgiebig
risikofreudig	unberechenbar
faszinierend	störrisch
wohlerzogen	charakterlich schwierig

Die Beziehungen zu anderen Zeichen

Einen Tiger in die Falle zu locken, ist eine Sache, ihn zu zähmen, eine andere. Je nachdem, ob die anvisierte Beute für den schnellen Verzehr oder aber als Fang für die ›Ewigkeit‹ vorgesehen ist, bietet die chinesische Tradition folgende Hinweise:

Für eine Liaison (oder Versuchszwecke) sind geeignet:
- ••••• Tiger
- •••• Pferd, Drache
- ••• Hund, Schwein
- •• Ratte
- • Katze, Affe

Für die Ehe empfehlen sich folgende Zeichen:
- ••••• Pferd
- •••• Hund, Schwein
- ••• Drache
- •• Tiger
- • Katze

Einige berühmte Tiger

Männlich: David Attenborough, Beethoven, Tristan Bernard, Cambronne, André Citroën, Alec Guinness, Eisenhower, Camille Flammarion, Maitre Floriot, Kandinsky, Jerry Lewis, Marschall Leclerc, Charles Lindbergh, Louis XIV, Lyautey, Louis de Funès, Joe Louis, Groucho Marx, Mazarin, Karl Marx, Admiral Nelson, Paganini, Pissaro, Marco Polo, Romain Rolland, Rimbaud, Ramuz, Steinbeck, Sim, Luc Varenne, H. G. Wells, Oscar Wilde.

Weiblich: Königin Astrid von Belgien, Prinzessin Anne und die Königin von England, Honor Blackmann,

Emily Brontë, Königin Christine von Schweden, Agatha Christie, Isadora Duncan, Marylin Monroe, Maria Stuart, Miou-Miou, Lola Montez, Madame Sévigné, Agnès Sorel.

Die verschiedenen Typen

<u>Mit dem Element Holz</u> Dieser Tiger ist extrovertiert, gesellig und besitzt die Kunst, sich Freunde zu machen, denen gegenüber er auch vollständig loyal ist. Durch seinen natürlichen Charme und seinen Sinn für Kommunikation ist er in der Gesellschaft gern gesehen. Sein aufrichtiger Charakter und beißender Humor können ihm aber auch zum Nachteil gereichen. Weniger impulsiv als seine Zeichensgenossen, ist er dennoch ein stürmischer Tiger, nicht immer der klügste, aber unleugbar vom Glück begünstigt. Er führt sein Leben mit Schwung, unternimmt tausend Sachen auf einmal, als ob er Angst davor hätte, sich zu langweilen. Diese Neigung könnte dazu führen, daß er seine Kräfte verschleißt. Charakteristik: Ein kreativer und oft künstlerischer Tiger.

<u>Mit dem Element Feuer</u> Diese Wildkatze hat wirklich Feuer unterm Hintern. Sie läuft immer auf vollen Touren und ist von einer Vitalität, die für ihre Mitmenschen anstrengend ist. Er ist der überschwenglichste der Tiger. Seine Devise lautet: Erfolgreich und immer der Stärkste sein. Mit seinem Drive, seiner Phantasie und Kreativität gehen diesem perfekten – manchmal übertriebenen – Optimisten niemals die Projekte aus. Er ist mitreißend, elektrisierend, mobilisierend und findet das ganz natürlich. Gesellig auf seine Weise, verführt er nicht, aber er fasziniert. Man kann ihn nur bewundern oder anfeinden, und seine gewinnbringende Art wird oft beneidet. Charakteristik: Ein stürmischer Tiger.

Mit dem Element Erde   Er ist der ruhigste der Tiger, soweit ein Tiger ruhig sein kann. Er ist realistisch und verantwortungsbewußt. Wie seine Zeichensgenossen, ist auch er aktiv, aber er konzentriert seine Kräfte auf greifbare Ziele. Mehr kreativ als schlau, geht er die Probleme objektiv an und verzehnfacht so seine Erfolgsaussichten. Er besitzt in der Tat die Vorsicht eines echten Tigers, der sich, um seine Beute zu verfolgen, in der Nähe der Wasserstelle, an die sein Feind bestimmt kommen wird, auf die Lauer legt. Diese angeborene Vorsicht führt dazu, daß er den Komfort dem Künstlerleben und die Stabilität dem Streß vorzieht. In Herzensangelegenheiten ist er treu, und wenn er unbeständig ist, liegt es seiner Aussage nach daran, daß er verführt worden ist. Charakteristik: Ein ausgeglichener Tiger.

Mit dem Element Metall   Dieser Tiger glaubt an die Versprechen und reagiert auf gute und schlechte Einflüsse. Sein großes Problem ist es, seine außergewöhnliche Vitalität in geordnete Bahnen zu lenken. Wenn er das Problem gelöst hat, ist er, wie alle Tiger, fähig, Heldentaten zu vollbringen. Wenn er sich aber von seinem inneren Teufel, seinem übertriebenen Ehrgeiz und seiner Ungeduld leiten läßt, riskiert er arge Enttäuschungen. Da sich dieser Tiger nicht immer in seiner Haut wohl fühlt, ist er manchmal labil, wandert aus oder ändert seinen Kurs. In der Liebe wie auch in der Freundschaft ist er loyal. Dieser Tiger scheint voller Widersprüche zu stecken, und seine große Schwäche ist es, immer für verdächtige Sachen Feuer und Flamme zu sein. Ravaillac war ein Metall-Tiger, geboren in 1578. Charakteristik: Ein unruhiger Tiger.

Mit dem Element Wasser   Ein tüchtiger und vernünftiger Tiger, der weniger unruhig als seine Zeichensgenossen und neuen Ideen gegenüber sehr aufgeschlossen ist.

Wenn ihm auch wenig daran liegt, die Welt zu erobern, interessiert er sich doch für die Kraft und das Können, aber er kennt seine Grenzen. Dieser Tiger ist wie gemacht für die Berufe, in denen man erst nachdenken und dann handeln muß. Sein Urteilsvermögen läßt ihn selten im Stich, und er besitzt einen erstaunlichen Sinn für Public Relations. Von allen Tigern ist er sicher der umgänglichste. In Herzensangelegenheiten ist er beständig und treu sowie großzügig und ergeben. Charakteristik: Ein perfekt gezähmter Tiger.

Auf der Suche nach dem Tiger-Mann

Sie kennen sicherlich den Slogan einer Mineralölgesellschaft: »Pack den Tiger in den Tank!« Ich persönlich würde hinzufügen: »Pack einen Tiger in dein Leben.« Auf diese Art würden Sie immer ein Leben auf vollen Touren führen. Der Tiger-Mann ist die Formel I unter den Männern. Es gibt kaum Männer, die enthusiastischer, dynamischer, impulsiver und mutiger sind als er. Da er die Angewohnheit hat, immer voll durchzustarten, ist das Leben mit diesem Tiger alles andere als ruhig. Wenn Sie wüßten, was alles in seinem Kopf herumschwirrt, würden Sie wahrscheinlich erschrecken. Der Tiger träumt ständig von irgendwelchen Abenteuern, in die er diejenigen, die er liebt, mit einbeziehen möchte. Der chinesischen Tradition zufolge, ist es für die Frauen vorteilhaft, einen freundlichen Tiger zu adoptieren. Es ist wahr, daß dieser charmante, faszinierende und leidenschaftliche Mensch ein großer Romantiker ist, was seine Übertreibungen entschuldigt. Trotzdem braucht man Kraft und Geduld, um in seinem Rhythmus zu leben, seine Launen und seinen Hunger nach Herausforderung zu verkraften. Wenn man ihm weder folgt noch ihn versteht, riskiert man es, ihn zu verlieren. So ist es auch verständlich, daß der Tiger keine seichten Sachen mag. Schließen Sie daraus bitte nicht, daß es sich hier um einen ›Banzai‹ schreienden Kamikaze handelt. Er ist meistens ganz Kavalier, ohne Furcht und Tadel, wie sein Vorfahre Bayard (Tiger von 1470). Er verbringt seine Zeit aber nicht mehr auf dem Schlachtfeld. Er wird für seine Ideale eintreten und seine Ideen glänzend verteidigen. Er benutzt seine natürliche Dynamik für ruhigere Unternehmungen, in denen er seine Lust auf Action und Initiative voll ausleben kann. Er kann ebenso Verleger, Publizist, Journalist, Kundenwerber, Schriftsteller, Cowboy, Drehbuchautor, Arzt (alle Gebiete), Kritiker, Philosoph, Erfinder... sein oder einen Beruf ausüben, der ihm den notwendigen Raum, Freiheit und lohnende Ziele bietet. Oft geht der Erfolg Hand in Hand mit den Projekten, so daß der Herr Tiger nicht so verschwenderisch mit seiner Energie umgehen muß.

Die Strategie

Mit seinen vielfältigen Talenten, seinem Sinn für Action und der Faszination für das Ungewöhnliche, die Herausforderung und die Gerechtigkeit, ist der Tiger überall zu Hause. Sie können ihn sowohl bei einer Demonstration für den Frieden in der Welt wie auch bei der Aeronautik- und Weltraumausstellung, im Orient-Expreß oder aber im Sands Hotel in Las Vegas antreffen... Die Tiger lieben das Spiel und halten sich oft für James Bond!

Was also tun, um die Aufmerksamkeit eines Tigers in so verschiedenen Orten auf sich zu ziehen? Das ist ganz einfach: Spielen Sie die verzweifelte Frau, und bitten Sie ihn um seine Hilfe. Der Tiger ist so hilfsbereit, daß er auch bei dem kleinsten Problem Ihrerseits zur Hilfe bereit ist. Ich kenne einen Tiger persönlich, der von einer jungen Frau ›geknackt‹ wurde, als sie um den Verbleib ihrer Koffer (in Rom) besorgt war. Im Ausland, weg von seinem heimischen Territorium, ist der Tiger am verletzlichsten, aber schließen Sie daraus bitte nicht, daß es notwendig ist, nach Capri, Macao oder San Francisco zu reisen, um ihn zu verführen. Wenn Sie an einem regnerischen Tag in Cherbourg sind, wird er Ihnen seinen Regenschirm leihen, damit Sie nicht völlig durchnäßt werden. Das ist übrigens auch eine gute Gelegenheit, ihn und seinen Regenschirm woandershin zu führen.

Es gibt noch ein anderes einfaches Rezept. Man appelliert niemals umsonst an das gute Herz des Tigers. Jetzt müssen Sie nur noch wissen, wie Sie ihn beeindrukken können. Ihre Waffen: Große unschuldige Augen, ein berauschendes Parfum, ein Oberteil mit einem vielverheißenden Ausschnitt, ein diskretes Make-up (oder keines) und schlichte, aber gutsitzende Kleider.

Seien Sie ein wenig provozierend. Aber nur ein bißchen, da dieser Romantiker keine lauten Schönheiten oder Animierdamen mag. Ihm am Strand im Monokini zu begegnen, spricht vielleicht seine Aufmerksamkeit an, aber nicht seinen Geist. Ein Tiger schätzt vor allem eine Schönheit, die ihn zum Träumen bringt, nach der er sich sehnt und die er gerne entdecken würde. Bei ihm müssen Sie Ihre ›Köder‹ diskret auslegen, damit alle seine Sinne eingenommen werden.

Details: Sprechen Sie nicht mit lauter Stimme, das gefällt ihm gar nicht; seien Sie offen, direkt, und erwecken Sie den Eindruck von Zerbrechlichkeit. Das wird ihm die Gelegenheit geben, seine Qualitäten als Kavalier und Beschützer auszuspielen.

Er hat Ihnen nun also die erbetene Hilfe geleistet. Danken Sie ihm, geben Sie ihm Ihre Adresse, und arrangieren Sie gleich ein Treffen, was ebenfalls sehr einfach ist. Wenn Sie ihn beeindruckt haben, könnte es auch sein, daß er den ersten Schritt unternimmt. Erzählen Sie ihm aber nicht gleich alles. Wenn die in Anspruch genommene Hilfeleistung (zum Beispiel ein Reifenwechsel) eine längere Unterhaltung ermöglicht, wird er Sie auch ein wenig ausfragen. Er wird Ihnen aber auch das Wichtigste über sich selbst berichten. Die Tiger sind alle ein bißchen geschwätzig.

Die erste Runde

Nun also haben Sie Ihr Opfer am Haken und müssen Ihre Beute sichern. Gehen Sie gut angezogen zu dem Rendezvous, das er Ihnen ›abgenötigt‹ hat. Er mag weder den zu jugendlichen noch den vornehmen Stil, weder bei der Kleidung noch in Worten. Ein hübsches Seidenkleid, lange Haare, Ohrringe, ein Armband, ein Tuch, leichte Schuhe... das sind viele Punkte zu Ihren Gunsten, wenn Sie ihn an einem herbstlichen Samstag abend etwa im ›Deux Magots‹ treffen.

Im Sommer bevorzugt er einen mehr legeren Stil, aber er ist ein Romantiker, und wenn er sich darauf vorbereitet, verführt zu werden, dürfen Sie ihn nicht enttäuschen. Für den Aperitif im ›Deux Magots‹ wählen Sie Fruchtsaft oder einen Aperitif, was immer Ihnen besser schmeckt. Der Tiger ist auch nicht gegen das Rauchen. Er ist in jeder Beziehung sehr tolerant, und sein offensichtliches Desinteresse bezüglich Ihres Privatlebens sollte Sie nicht erschrecken. Er wird Ihren Erzählungen mit großem Interesse lauschen, wenn Sie beschließen, daß es so sein soll. Er wird es schätzen, wenn es so ist. Erzählen Sie ihm von Ihrem Leben, Ihren Freunden und Schwierigkeiten. Dieses Zeichen von Vertrauen wird ihn zum Schmelzen bringen, und wenn Sie ihm einen kleinen Anstoß geben, wird er Ihnen von sich erzählen.

Er wird Ihnen nicht alles erzählen, da der Tiger immer ein wenig geheimnisumwittert ist, aber Sie werden über seine Art zu leben und auch über sein Liebesleben Bescheid wissen. Und wo den Abend verbringen? Er hat bereits alles geplant, glauben Sie mir..., aber nichts organisiert. Sie haben also scheinbar die Wahl, denn er wird Sie dort hinführen, wo Ihre Schönheit und das, was er von Ihnen wissen möchte, in perfekter Harmonie mit ihm sind. Sie riskieren also ein russisches, japanisches, chinesisches und französisches Essen mit oder ohne Musik. Es sei denn, er hätte sich entschieden, Sie in das Restaurant des Eiffelturms oder zu einem Essen auf einem kleinen Dampfer einzuladen. Wie dem auch sei, es wird nicht an Romantik fehlen, lassen Sie sich ruhig gehen. Danach gibt es zwei Möglichkeiten:

1. Ihr Tiger befindet sich in einer wirklich akuten romantischen Phase, er wird Sie nach Hause bringen, und Sie werden sich gegenseitig versprechen, sich bald wiederzusehen. Eines ist sicher, Sie haben ihn unbestreitbar verführt. Er möchte Sie aber bis morgen aufbewahren, um in der Zwischenzeit von Ihnen zu träumen.

2. Das Raubtier erwacht – und Ihr Tiger wird versuchen, Sie mit Sanftmut und unter Entfaltung seines ganzen Charmes zu verführen, sich für die Nacht bei Ihnen einzuladen, es sei denn, er lädt Sie zu sich ein.

In beiden Fällen haben Sie gewonnen. Vielleicht mehr im ersten als im zweiten Fall, aber es hängt natürlich auch von Ihren Absichten ab.

Der Umgang mit dem Tiger-Mann

<u>Zu Hause</u> Wenn es Ihnen gelungen ist, ihn anzulocken, müssen Sie sich darüber klar sein, daß er extrem empfindlich auf Ihre Umgebung reagiert. Aber das hat

keinen entscheidenden Einfluß auf seine Meinung über Sie. Er schätzt alte Möbel, moderne Stoffe, Erinnerungen an die Familie, herumliegende Bücher, sanfte Musik, einen dicken Teppich und vor allem eine feminine Umgebung. Er wird ebenfalls aus den Augenwinkeln Ihre Büchersammlung überprüfen, da er nicht nur der Schönheit gegenüber aufgeschlossen ist, sondern auch auf Intelligenz Wert legt. Ihre Wohnung sollte auch behaglich warm sein, denn der Tiger haßt Kälte, Luftzug, Unordnung und Staub. Schließen Sie daraus bitte nicht, daß der Tiger pedantisch ist, aber er liebt den Komfort, die Ruhe und Sauberkeit wie jedes Raubtier, das etwas auf sich hält.

Die Unterhaltung Der Tiger mag keine lauten, sondern eher weiche, samtige und sogar leicht rauhe Stimmen. Eine Stimme wie Marlene Dietrich zu haben, wäre sicherlich ein großer Trumpf. Jeder Tiger hat im allgemeinen ein Lieblingsthema, das kann die Politik, Geschichte, Literatur oder auch der Sport sein. Aber da seine intellektuelle Neugier grenzenlos ist, können Sie mit ihm über alle Themen sprechen. Er wird Ihnen zuhören und die Unterhaltung dann selber übernehmen. Sie müssen nur ruhig sein und ihn bewundern. Sie müssen aber wissen, daß der Tiger ein Mensch ist, der völlig unberechenbar ist. Oft wird Ihre Bewunderung, die er braucht, nicht geheuchelt sein, da er ein außergewöhnlich guter Erzähler ist und Sie daher immer wieder überraschen wird.

Die Geschenke Da es dem Tiger gefällt, sich als Eroberer des 20. Jahrhunderts zu betrachten, können Sie ihm ein Überlebensset schenken. Er wird es lustig finden und Ihren Sinn für Humor zu schätzen wissen. Schenken Sie ihm ein Objekt, das seine Sammlung vervollständigt – fast alle Tiger sind Sammler –, und Sie werden ihn direkt ins Herz treffen. Ich würde Ihnen gerne sagen, kaufen Sie dies oder jenes, aber das ist unmöglich. Die Tiger können eine Leidenschaft für alles entwickeln. Aus meiner persönlichen Erfahrung mit den Tiger-Männern kann ich Ihnen bestätigen, daß ihre Sammelleidenschaft von Trillerpfeifen der Marine über Science Fiction-Bücher bis hin zu ›Do not disturb‹-Schildern, die man in Hotels findet, reicht. Der Tiger mag Krawatten, Schals und sogar Mützen, aber seien Sie sich Ihres Geschmacks sicher. Auf diesem speziellen Gebiet wäre ein Irrtum unverzeihlich.

Auf daß der Mond blau werde

Das Universum des blauen Mondes mit diesem romantischen, leidenschaftlichen und unbeschwerten Mann zu teilen, kann eine interessante Erfahrung sein. Nicht nur, daß es dem Tiger nicht an Phantasie fehlt, er ist auch sehr empfänglich für jede Art von erotischem Spiel. Sie können ihn in Ihrem Wohnzimmer oder Ihrem Schlafzimmer empfangen, er wird zärtlich und aufmerksam sein, das Vorspiel und Nachspiel schätzen und wieder beginnen...

Das Rezept, ihn zu entflammen, ist einfach: Seien Sie sinnlich und ein bißchen provozierend und denken Sie daran, daß sein Ungestüm immer der Spiegel Ihres Feuers sein wird. Die Routine in der Liebe gefällt ihm nicht, und wenn sie sich unglücklicherweise eingeschlichen haben sollte, könnte er woanders wildern gehen. Es ist also ratsam, dem Herrn Tiger den Eindruck zu vermitteln, daß nichts endgültig ist.

Noch ein letztes Detail: Es gibt zwei Dinge, die einen verliebten Tiger in die Flucht treiben: Schreie während des Liebesakts und Vulgarität. In beiden Fällen wird er sich nicht ein zweites Mal bitten lassen.

Positive und negative Eigenschaften

Der Tiger ist ein treuer, loyaler und großzügiger Freund, der imstande ist, große sentimentale Anstrengungen zu unternehmen, um seine Partner nach seinem Willen zu modellieren. Aber, wenn alles zur Routine geworden ist, wenn die Langeweile sich zwischen dem Paar ausbreitet und das häusliche Leben grau wird, geht diese Wildkatze sich woanders amüsieren. Im Grunde genommen, ist der Tiger-Mann treu, und wenn er doch mal untreu wird, ist es laut seiner Aussage nur, weil er verführt worden ist... Und das ist in der Tat die reine Wahrheit. Es wird ihm niemals auch nur im Traum einfallen, Sie zu betrügen, weniger noch, Sie zu verlassen. Aber da er es nur schwer verkraftet, daß seine sentimentalen Träume verblassen, praktiziert er – wie soll man sagen? – den Transfer. Vergessen Sie andererseits nicht, daß der Tiger der geborene Verführer ist und seine Faszination ihm auf diesem Gebiet sehr behilflich ist. Dieser Umstand verleitet ihn manchmal oder auch öfter dazu, zu testen, ob sein Charme bei den Damen noch immer Wirkung zeigt. Er tut dies übrigens ohne Hintergedanken.

Der Tiger haßt gewöhnliche Gefühle, und es ist durchaus möglich – unter diesen Bedingungen –, ihn für immer an sich zu binden. Man muß aber wissen, daß er nicht immer von seiner Sinnlichkeit geleitet wird. Er möchte eine solide, zuverlässige, treue und ihn ergänzende Partnerin. Ein Tiger könnte niemals mit einer charmanten ›Idiotin‹ zusammenleben, selbst wenn sie ihn sexuell faszinieren würde. Dieser Schuft hat aber auch seine Schwächen. Selbst im Falle eines Mißerfolgs oder gar einer Niederlage (das passiert sogar diesem prächtigen Raubtier) braucht er Ihre Liebe, Ihr Verständnis und Ihre Zärtlichkeit. Sie müssen ihm die Hand halten, seiner Beichte aufmerksam zuhören und ihn trösten. Auf diese Art richtet sich sein verletztes Ego wieder auf. Er wird Ihnen dankbar sein und sagen, daß Sie ihm die Lebensfreude wiedergegeben haben, und er wird den Kampf wieder aufnehmen. Zu seinen größten Fehlern gehören sein Stolz und sein ständiges Bedürfnis nach Bestätigung und Ermutigung. Nicht wenige Tiger sind außerdem leicht aufbrausend, sehr reizbar und leicht besitzergreifend, aber sie sind tolerant und überhaupt nicht nachtragend, wenn sie auch nie eine Verletzung vergessen.

Die Tiger sind Arbeitstiere, lassen fröhlich die Mahlzeiten aus, gehen spät ins Bett und stehen früh auf. Er steht also ständig unter Volldampf. Es wird folglich Ihr Schicksal sein, sein Leben zu organisieren, zu ordnen und für ihn zu sorgen.

Der Rückzug

Wenn der Tiger-Mann für Sie nur ein Abenteuer ist, ist das Rezept, ihn loszuwerden, indifferent, frigide, mißtrauisch, ungerecht und vulgär zu sein. Die Art einer kreischenden Furie, die Szenen macht, mißfällt ihm ebenfalls sehr. Auf jeden Fall wird er in aller Ruhe, ohne daß die Wogen schlagen, verschwinden. Wenn Sie den Mut haben, ihm zu sagen, ›es ist aus‹, werden Sie das gleiche Ergebnis erzielen.

Eine Ehe auseinanderzubringen, ist schon schwieriger. Der Tiger hält große Stücke auf die großen Prinzipien, zu denen auch die Ehe zählt. Er wird sich zuerst ein wenig sträuben, dann weniger und weniger. Er besitzt Stolz und auch die Fähigkeit, elegant verlieren zu können (in diesem Fall Sie). Sie können aber immer mit seiner Großzügigkeit rechnen. Er wird Ihnen das Haus und die Zweitwohnung überlassen, aber sein Auto und seine Bücher mitnehmen.

Auf der Suche nach der Tiger-Frau

Als feurige, draufgängerische, impulsive Person hat die Tiger-Frau Sinn für große Auftritte, einen außergewöhnlich unabhängigen Charakter und ist sehr tolerant. Sie ist das genaue Gegenteil der Kind-Frau, des ›guten Mädchens‹, das alles willig und bescheiden akzeptiert. Sie ist aber weder ein Vamp noch eine Anhängerin der Frauenbewegung. In der Tat ist diese Superfrau rationell und emanzipiert. Sie benötigt keinen anderen Menschen, um sich ihr Leben aufzubauen. Sie macht sich über den alten weiblichen Traum von Sicherheit lustig. Mit ihrer Initiative und ihrem Unternehmungsgeist hat sie keine Schwierigkeiten, ein aktives Leben zu führen. Die Tiger-Frau ist sehr entschlossen, die geborene Herrscherin. Ihre Autorität wird selten angezweifelt. Sie wird daher von ihren weiblichen Mitmenschen bewundert und beneidet. Sogar die Machos sind erstaunt, auf diesem Gebiet Konkurrenz zu bekommen. Es ist also nicht ganz ungefährlich, sich ihr in den Weg zu stellen. Sie beseitigt die Hürden mit einem Prankenschlag, unter Verwendung ihrer Zähne und ihres Charmes. Ihre Hartnäckigkeit sucht ihresgleichen. Erfolgreich zu sein, ist für sie das Wichtigste, auch wenn dabei ihr Familien- oder Liebesleben zu kurz kommt.

Und wo steckt hier die Frau? Es reicht, die Augen aufzumachen und eine Tiger-Frau zu beobachten. Sie bleibt niemals unbemerkt, weder in Jeans noch in Dior-Kleidern. Ihre Physis entspricht nicht den konventionellen Maßstäben. Aber was für ein Gang! Ihr Gang ist wie der eines Raubtiers, vollkommen und selbstsicher. Sie ist äußerst faszinierend, und ihr Charme ist mindestens geistreich. Die Tiger-Frau tritt in verschiedenen verführerischen Formen auf. Denken Sie nur an Miou-Miou, Marylin Monroe, Astrid von Belgien, Isadora Duncan oder Lola Montez.

Sexy könnte das richtige Wort sein, um diese kühnen, selbstsicheren und intelligenten Raubtiere zu beschreiben. Die Vergangenheit gibt darüber Zeugnis. Nehmen wir z. B. Agnès Sorel, genannt die Schöne, Tigerin des Jahres 1422. Karl VII. hat sie nicht nur zu seiner Lieblingsdame erkoren – als Huldigung ihres Charmes –, sondern auch ihren großen Einfluß auf ihn akzeptiert, was wiederum für die Intelligenz dieser Dame spricht. Der Fall der Madame de Sévigné, Tigerin des Jahres 1626, ist ebenfalls interessant. Ihre Briefe bezeugen ihre Kultur, aber die Geschichte huldigt auch ihrer Schönheit. Mit 25 Jahren verwitwet, widmete die Marquise sich der Erziehung ihrer Kinder und empfing gleichzeitig die High-Society des Königreichs in ihrem Haus Carnavalet in Paris. Während dieser Zeit lehnte sie viele Heiratsanträge, die aufgrund ihrer Schönheit, des Reichtums und ihres Geistes gemacht wurden, ab.

Die Strategie

Man treibt die Tiger-Frau nicht, sie ist ein Raubtier. Man muß sich dieser Tatsache ergeben, auch wenn Ihr männlicher Stolz dabei verletzt wird. Dieser Vamp jagt seine Opfer in vielen Gebieten, solange sie den Mann ihrer Träume noch nicht gefunden hat. Auf welche Safari werden Sie also ziehen, um diese prächtige, majestätische, schlanke, aber wohlgeformte, lebensfrohe Tigerin, die das gute Leben und die Herausforderung liebt, kennenzulernen? Keine Angst, Sie müssen nicht nach Kenia fahren. Diese dynamische, sehr aktive Frau frequentiert gerne ›In‹-Nachtclubs, in denen sie sich unter die ›Jet-Society‹ mischt und wo sie glänzen kann. Dieses ist eine erste Spur. Es gibt dann noch die ›schönste Idee seit der Erfindung des Glücks‹, den Club Mediterrané. Wenn sie sportlich veranlagt ist – was meistens bei Metall-Tigerinnen der Fall ist –, können Sie sie im Winter vor allem auf den schwarzen Pisten antreffen. Wenn sie aber sonnenhungrig ist, wird es sie eher nach ›Paradise Island‹ verschlagen, das Tennis-Paradies der Bahamas, wo sie sich sonnen und gleichzeitig aktiv betätigen kann.

Wenn sie eher kreativ und künstlerisch veranlagt ist, was vor allem bei Holz-Tigerinnen der Fall ist, könnten Sie ihr am Sonntagmorgen auf dem Flohmarkt oder abends in der Oper begegnen. Ihren Urlaub wird sie ebenfalls im Club Mediterrané verbringen, aber eher Ziele wie Bali wählen, wenn es ihre finanziellen Mittel zulassen. Sie liebt das Ausland und den Hauch fremder Kulturen.

Sie sind also auf der Jagd! Wie können Sie ihre Aufmerksamkeit erregen? Nehmen wir mal an, sie ist sportlich. Ich hoffe sehr, daß Sie für das Gebiet, in das Sie sich einmischen wollen, nicht zu ungeschickt sind. Nehmen wir z. B. das Tennisspiel. Beim Einzel oder Doppel mit ihr als Gegnerin müssen Sie ihr nichts schenken. Wenn Sie verlieren, hüten Sie sich vor der geringsten humorvollen Anspielung. Wenn Sie gewinnen, triumphieren Sie nicht und lassen Sie keine bissigen, zynischen oder frauenfeindlichen Bemerkungen fallen. Fair play und immer wieder Fair play... und bieten Sie ihr Revanche. Sie kann nicht anders als zustimmen, und Sie haben den ersten Punkt gewonnen.

Bei unsportlichen Tigerinnen ist es ideal, sie an einem Sonntag morgen zum Flohmarkt zu begleiten. Das heißt aber, daß Sie einen Freund oder eine Freundin haben müssen, die Ihr Opfer kennen. Dieser Ausflug muß (von Ihnen) sorgfältig geplant werden. Sie sollten nichts dem Zufall überlassen. Es dürfte für Sie nicht schwierig sein, herauszufinden, was der Dame gefällt, das gibt Ihnen auch einen Anhaltspunkt über ihren Geschmack. Sie werden dann einen ähnlichen Kauf tätigen, das heißt, ein ungewöhnliches Angebot, das auch Ihrem Geschmack entspricht, auswählen, um ihre Aufmerksamkeit auf sich zu lenken. So werden Sie den ersten Punkt machen.

Die erste Runde

Nun also haben Sie Ihr sportliches oder unsportliches Opfer am Haken und müssen Ihre Beute sichern. Wie behandelt man eine Person, die es gewohnt ist, von allen umschmeichelt zu werden, und einer ganzen Horde von verdutzten Freiern den Kopf verdrehen kann?

Zwei Szenarien, gemäß den bereits beschriebenen Beispielen:

1. Verlassen Sie Paradise Island, und laden Sie sie für einen Abend nach Nassau oder ins Kasino auf den Bahamas ein. Tauchen Sie sie in beiden Fällen in Luxus und in das Spiel. Spielen Sie ein wenig James Bond. Seien Sie unabhängig, leicht zynisch, selbständig, sorglos und ein bißchen verschwörerisch. Sie wird ein Seidenkleid und Sie sollten Smoking mit weißer Weste tragen. Sie wird bezaubert sein, und Sie werden sie wahrscheinlich bereits erobert haben.

2. Verabreden Sie ein Treffen in einer ›In‹-Bar. Sie hätte es sich nie träumen lassen, dorthin zu gehen. Sie wird davon hingerissen sein, daß Sie gute Plätze reserviert haben. Danach führen Sie sie zu einem hoch im Kurs stehenden Japaner oder Chinesen. Sie werden sie vollkommen überrascht und interessiert haben. Diese beiden Beispiele zeigen Ihnen, daß Sie unbedingt dafür sorgen müssen, daß dieser Abend unvergeßlich wird. Nicht um sie zu blenden, denn sie braucht Sie nicht, um auszugehen. Es ist sogar wahrscheinlich, daß ihr Gehalt höher ist als das Ihre. Nein, es kommt darauf an, daß Ihre Initiative auf Anhieb zu den angenehmen Erinnerungen gehört, an die man später gern zurückdenkt, wie

z. B.: »Erinnerst du dich noch an den Abend...« Und wie beendet man die erste Runde? Sollte man die Tigerin nach dem ersten Rendezvous zu sich nach Hause einladen? Fragen Sie nicht so viel. Dieses hyperunabhängige weibliche Wesen und Raubtier, das Ihnen die Ehre seiner Gesellschaft gibt, wird für Sie entscheiden. Die Nacht mit der Tiger-Frau zu beenden, wird ein Privileg sein, eine Ermutigung zur Lobhudelei. Eine Tigerin läßt sich nicht verführen. Sie wird höchstens zahm, vor allem wenn sie beschlossen hat, daß Sie ihr gefallen. Ihr einziges Problem wird es sein, ihr gewachsen zu sein.

Der Umgang mit der Tiger-Frau

Zu Hause   Wenn es Ihnen gelungen ist, sie anzulocken, wird Ihre Umgebung von entscheidender Bedeutung sein. Sie müssen wissen, daß sie sehr empfänglich für Komfort und Eleganz in einem Haus – oder einem Appartement – ist, in dem sich stilechte Möbel befinden. Sie schätzt Qualität und Raffinesse. Der materielle Wert oder Talmi interessieren sie nicht. Sie gefällt sich in der Rolle einer Abenteuerin. Folglich interessiert sie ebensowenig eine gutbürgerliche Einrichtung. Ihre Behausung sollte aber sauber und ordentlich sein und einige noble Gegenstände oder Objekte enthalten, die gut zur Geltung kommen sollten. Das wird ausreichen, sie zu überzeugen, vor allem bei klassischer oder moderner, aber ausgesuchter Hintergrundmusik.

Die Unterhaltung   Tändeln oder schwätzen Sie nicht, seien Sie direkt, eindringlich, und erzählen Sie ihr ohne Umschweife, was Sie von der politischen Lage und dem letzten Film von Godard halten. Erläutern Sie ihr Ihre berufliche Situation und Pläne... Eine Tigerin schätzt Siegertypen, redegewandte Männer, die Redekünstler, wenn sie wissen, wovon sie reden. Keine Speichelleckereien mit ihr, aber ein wenig schmeicheln kann nie schaden. Sie ermutigt sogar zu Lobhudeleien, aber sagen Sie ihr klar, wie sehr sie Ihnen gefällt und daß Sie sich, nachdem Sie sie kennengelernt haben, nicht vorstellen können, ohne sie zu sein... In Herzensangelegenheiten müssen Sie sich geschlagen geben. *Sie* sind der Verführte, vergessen Sie das niemals.

<u>Die Geschenke</u> Da die Tiger-Frau nur Authentisches schätzt, kommt es auf Ihre finanziellen Mittel an. Ihr würden Goldschmuck, feine Wäsche, eine seltene Perle oder eine Kette aus Lapislazuli gefallen. Es ist seltsam, daß sie außer dem Gold das intensive Blau liebt. In dieser Beziehung ähnelt ihr Geschmack dem der Ratte-Frau. Wenn Sie ihr ein phantasievolles Geschenk machen möchten, können Sie ihr z. B. ihr chinesisches Zeichen oder eine schöne Replik eines alten Gegenstandes schenken.

Auf daß der Mond blau werde

Wenn es Ihnen gefällt, verführt zu werden, meine Herren, werden Sie das Glück, das Ihnen eine Tiger-Frau schenkt, zu schätzen wissen. Sie müssen wissen, daß sie es niemals gestatten wird, von einem Partner, der ihr nicht gewachsen ist, eingenommen zu werden. Die Liebe ist eine Provokation, und da sie mittelmäßige Beziehungen haßt, wird der Erfolg eine große Leidenschaft sein. Sie als Auserwählter ihres Herzens müssen ihr kleine Fallen stellen und sie an der Nase herumführen, um eine angenehme und sinnliche Partnerin zu gewinnen. So wird also das erste Zusammentreffen hart und heftig sein, Ihre Partnerin möchte alles lernen und alles haben. Auf diesen Ausbruch der Gefühle folgt die Ruhe.

Hier müssen Sie ihr Ihre Zärtlichkeit und Initiative beweisen. Ungefähr auf diese Art und Weise – hoffe ich jedenfalls für Sie – werden Sie die ›schriftliche Prüfung‹ mit befriedigend bestehen. Aber noch fehlt die mündliche Prüfung, die notwendig ist, um Ihre Kenntnisse zu bestätigen und die große Anerkennung zu erhalten, die Ihre Tigerin für immer an Sie binden wird. Dynamik ist also unerläßlich, wenn Sie eine große, sentimentale Leidenschaft erleben möchten, ebenso wie die Lektüre von ›Tao, die Kunst des Liebens‹.

Positive und negative Eigenschaften

Im Gegensatz zu unseren Legenden, verkörpert der chinesische Tiger die Tugend und den Mut und nicht die Wildheit. Man sollte also nicht den Ruf des chinesischen Tigers mit dem des blutrünstigen indischen ›Shere Khans‹ vergleichen. Bei der Tiger-Frau scheint der Ausdruck ›Vamp‹ jedoch angebracht. Man muß also zittern oder sich verschlingen lassen.

Wenn sie den Mann ihrer Träume gefunden hat, denjenigen, der ihre Freiheit respektiert, aber ihr perfekter Komplize ist, ist die Tiger-Frau loyal, treu, liebevoll und leidenschaftlich. Diese Liebe wird frei von Schmeicheleien sein. Da sie im Grunde genommen eifersüchtig ist und eine kühne Seele besitzt, wird sie niemals einen Seitensprung ihres Partners tolerieren. In dieser Beziehung müssen Sie sich des Vertrauens, das sie Ihnen entgegenbringt, würdig erweisen und das Glück schätzen, das sie Ihnen bringen wird. Ein perfektes Glück, würdig des berühmten blauen Mondes, sowie ein kompletter Rückhalt. Die Tiger-Frau wird Sie nicht bei dem geringsten Mißerfolg oder Unglück (gesundheitlich oder beruflich) verlassen. Diese anspruchsvolle Person wird sich als nachsichtige Mutter, eine aufmerksame und unbeschwerte Erzieherin, an der die Kinder hängen, entpuppen. Um dieses Ideal zu erreichen, müssen Sie sie erobert haben, und sie muß Sie lieben.

Wenn Sie aber nicht der seltene Vogel sind, den sich die Tiger-Frau erträumt hat, erwartet Sie eine leidenschaftliche Tigerin, die je nach Belieben treu ist. In der Tat wird Ihre Überlebenschance von ihrem guten Willen abhängen. Sie wird sich in diesem Fall – aber nur in diesem Fall – in das männerfressende Raubtier verwandeln, das oben erwähnt wurde.

Der Rückzug

Wenn die Tiger-Frau für Sie nur ein Abenteuer ist und sie Ihr Spiel noch nicht durchschaut hat, ist das Rezept, sie loszuwerden, einfach: Seien Sie frivol und lügen Sie. Das ist mehr als ausreichend, um ihre Verachtung und eine sofortige Trennung zu provozieren.

Die Tiger-Frau mit ihrem Stolz, ihrer Unabhängigkeit und ihrer absoluten Selbständigkeit ist selbst in der Lage, ihre Ehe zu beenden, wenn ihr Partner sie nicht mehr liebt. In einer Beziehung gibt sie alles und erwartet für sich das gleiche. Wenn dieser Ehrenvertrag nicht erfüllt wird, bedeutet das die Trennung.

4
Die Katze

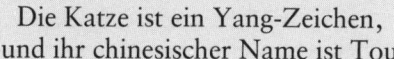

Die Katze ist ein Yang-Zeichen,
und ihr chinesischer Name ist Tou

Die Jahre der Katze	Element
29. 1. 1903 – 15. 2. 1904	Wasser
14. 2. 1915 – 2. 2. 1916	Holz
2. 2. 1927 – 22. 1. 1928	Feuer
19. 2. 1939 – 7. 2. 1940	Erde
6. 2. 1951 – 26. 1. 1952	Metall
25. 1. 1963 – 12. 2. 1964	Wasser
11. 2. 1975 – 30. 1. 1976	Holz
29. 1. 1987 – 16. 2. 1988	Feuer
16. 2. 1999 – 4. 2. 2000	Erde

Checkliste
der positiven und negativen
Eigenschaften

warmherzig	egozentrisch
sensibel	zynisch
gewandt	konservativ
scharfsinnig	verschlagen
diskret	unzufrieden
friedlich	autoritär
verständig	mißtrauisch
pedantisch	berechnend
umgänglich	gleichgültig
wenig nachtragend	meckernd
versöhnlich	dilettantisch
herzlich	verschlagen
gastfreundlich	dünnhäutig
liebenswürdig	genießerisch
treu	abweisend
elegant	ängstlich
ehrlich	besitzergreifend
gepflegt	argwöhnisch
überdurchschnittlich begabt	heimlichtuerisch
manchmal mondän	wankelmütig

Die Beziehungen zu anderen Zeichen

Eine Katze in die Falle zu locken, ist eine Sache, sie zu zähmen, eine andere. Je nachdem, ob die anvisierte Beute für den schnellen Verzehr oder als Fang für die ›Ewigkeit‹ vorgesehen ist, bietet die chinesische Tradition folgende Hinweise:

Für eine Liaison (oder Versuchszwecke) sind geeignet:
- •••• Drache
- ••• Ziege, Schwein, Hund, Schlange, Katze
- •• Pferd, Büffel, Tiger
- • Affe

Für die Ehe empfehlen sich folgende Zeichen:
- •••• Ziege, Katze
- ••• Schwein, Hund
- •• Drache, Schlange, Pferd, Tiger, Büffel
- • Affe

Einige berühmte Katzen

Männlich: José Artur, Gilbert Bécaud, Maurice Béjart, Bertrand Blier, Yves Boisset, Bolivar, Fidel Castro, Chabandelmas, Moshé Dayan, Albert Einstein, W. C. Field, Cary Grant, Pierre Granier-Deferre, Günter Grass, Peter Fonda, Bob Hope, Oliver Hardy, Robert Hosseïn, Fred Hoyle, Paul Klee, Jack Lang, Arthur Miller, George Orwell, Offenbach, Rommel, Josef Stalin, Stendhal, George C. Scott, Jacky Stewart, Frank Sinatra, Toscanini, Leo Trotzki, Orson Welles.

Weiblich: Anne Boleyn, Ingrid Bergman, Judy Collins, Marie Curie, Juliette Gréco, Katherina da Medici, Eva Peron, Edith Piaf, Ali McGraw, Anaïs Nin, Elisabeth Schwarzkopf, Simone Weil, Rosy Varte, Marguerite Yourcenar.

Die verschiedenen Typen

<u>Mit dem Element Holz</u> Diese Katze ist introvertiert, großzügig und verständnisvoll, und man riskiert es manchmal, ihre Güte auszunutzen. Es fällt ihr schwer, ihre Kreativität zu zügeln, was sie manchmal bedrückt, aber alles, was sie unternimmt, steht zweifelsfrei unter einem guten Stern. Sie ist begabt für die Forschung, die Teamarbeit, sie ist weder ein Einzelgänger noch ein Abenteurer. Bei näherem Kennenlernen lernt sie es, weniger unentschlossen zu sein, und zeigt auch Humor, den sie anwendet, um ihre Unruhe auszutreiben. Charakteristik: Eine umgängliche Katze.

<u>Mit dem Element Feuer</u> Diese Katze besitzt eine große Vitalität, außergewöhnliche Kreativität und liebt Action mehr als die anderen. Trotz ihrer Faszination und ihrer Willenskraft wird sie aus lauter Vorsicht immer den Schwierigkeiten und Konflikten aus dem Weg gehen. Als Experte in Sachen Kompromiß ist sie imstande, eine kleine Intrige einzufädeln, um zu ihrem Ziel zu gelangen. Sie ist sehr intuitiv, geduldig und verständnisvoll. Sie könnte mit Tätigkeiten rund um die Theaterwelt Erfolg haben. Charakteristik: Eine energische und manipulatorische Katze.

<u>Mit dem Element Erde</u> Diese kleine Raubkatze ist sehr verantwortungsbewußt, besitzt Phantasie und setzt ihre Energie in konkrete Leistung um. Sie ist unabhängig und oftmals ein Einzelgänger, die allgemeine Hektik stört und ärgert sie. Diese Katze ist das Gegenteil eines Abenteurers, sie ist häuslich, ein charmanter Freund, ein Introvertierter reinsten Wassers. In Herzensangelegenheiten ist sie sentimental, liebt die Sicherheit und haßt die Unbeständigkeit. Charakteristik: Eine realistische und verantwortungsbewußte Katze.

Mit dem Element Metall   Eine robuste Katze, die – wenigstens manchmal – ein Anhänger gewalttätiger und gefährlicher Sportarten ist. Sie ist im Grunde genommen aggressiv, wodurch sie zu hervorragenden Leistungen fähig ist und ihre Projekte mit harter Hand durchführt. Bevor sie sich aber auf irgendein Unternehmen einläßt, analysiert, berechnet und schätzt sie die Schwierigkeiten minuziös ab. Durch diese systematische Analyse verpaßt sie manchmal günstige Gelegenheiten. Sie ist hilfsbereit, loyal, sinnlich in der Liebe und treu in der Freundschaft. Charakteristik: Eine ausdauernde und leidenschaftliche Katze.

Mit dem Element Wasser   und dem Ying-Zeichen ist diese Katze die sensibelste und intuitivste aller Katzen, die mit einem Übermaß an Charme, Verführungskunst und Phantasie ausgestattet ist. Diese empfängliche Katze besitzt ein ausgezeichnetes Gedächtnis und kann mit den anspruchsvollsten Aufgaben betreut werden. Nichtsdestotrotz eignet sie sich mehr für die Bereiche, in denen nachgedacht werden muß, als für die, in denen gehandelt werden muß. Ihre Fehler: Sie ist reizbar, mißtrauisch, sensibel, manchmal ängstlich und oftmals zerstreut. Charakteristik: Eine Menschenkenner-Katze.

Auf der Suche nach dem Katze-Mann

Die männliche Katze ist im allgemeinen sehr umgänglich, schätzt die Vergnügen des Lebens, die Abendgesellschaften und weltlichen Genüsse und verdankt ihren Charme und ihre Verführungskunst dem Yin-Einfluß. Ausgestattet mit gesundem, aber nicht übertriebenem Menschenverstand, oftmals eher waghalsig als abenteuerlich, ist der Katze-Mann beständig und liebt den Frieden und Komfort. Seine natürliche Höflichkeit verdeckt im allgemeinen einen starken Willen. Der Katze-Mann kann etwas dominant, ja sogar besitzergreifend sein, und er besitzt eine unumstößliche Meinung, die er oftmals durchzusetzen versucht. Man sollte in der Tat nicht vergessen, daß dieses Wesen mit Samtpfötchen auch fürchterliche Krallen hat. Eine subtile Mischung, die es einigen Katzen trotz aller Hindernisse erlaubte, in höchste Funktionen aufzusteigen, z. B.: Garibaldi, Stalin, Fidel Castro!

Man sollte sich also niemals auf den Eindruck der Ruhe und des guten Kindes, den die Katze vermittelt, verlassen. Der Katze-Mann ist aufgrund seiner perfekten schauspielerischen Fähigkeiten und seiner absoluten Selbstbeherrschung ein geschickter Täuscher.

Niemals, oder fast nie, wird die Katze ihre physische Kraft einsetzen, sie zieht es vor, durch die Kraft des Wortes zu überzeugen. In die Enge getrieben, wird sie, wie alle Katzen, einen Prankenschlag austeilen, der zur ernsthaften und endgültigen Zerstörung führt.

Der Katze-Mann liebt die gut ausgeführte Arbeit, er arbeitet nach seinem eigenen Rhythmus – was die anderen stören kann – und ist ständig auf seinen Vorteil bedacht. Dennoch benötigt er Ruhe und Sicherheit, um voranzukommen. Er hat einen Horror vor Konflikten, Streß und Streitereien. Vielleicht ist sein Sinn für Diplomatie deshalb so gut ausgebildet, zumindest dann, wenn er verlangt wird. Er wird es in der Tat sogar meistens vermeiden, Partei zu ergreifen, da er fürchtet, daß seine behagliche Umgebung und vor allem sein moralischer Komfort dadurch gestört werden würde. Außer wenn er zu den Waffen greifen muß, um seine Nächsten oder Freunde zu verteidigen. In diesen Fällen ist er bereit, seine Ruhe zu opfern, um seine Großzügigkeit unter Beweis zu stellen. Vielleicht ist das der Grund, weshalb er sich seine Freunde so sorgfältig auswählt.

In der Liebe ist der Katze-Mann schwärmerisch und sensibel, immer auf der Suche nach der schlafenden Schönen im Wald, die er auf seinem weißen Roß entführen kann. Er idealisiert also diejenige, der er alles gibt, zu sehr und erwartet im Gegenzug ein Glück ohne den geringsten Schatten. Sein Liebesleben wird oft von Mißtrauen und der Angst davor, daß seine Auserwählte ihn enttäuschen könnte, geprägt sein. Durch die Furcht, sich zu stark zu engagieren, gibt sich der Katze-Mann einen frivolen Aspekt. Er wartet aber darauf, von Ihrer Zärtlichkeit, Treue und Liebe überzeugt zu werden.

Die Strategie

Da er das mondäne Leben, die Theaterwelt, die Treffen, in denen er glänzen kann – was er ohne weiteres schafft –, liebt, müssen Sie ihn auf diesem Gebiet einfangen. Noch ein kleines Detail: Sie werden ihn selten in Klubs oder ›In‹-Diskotheken antreffen. Diesem lauten Treiben – was ihm während seiner Jugend gefallen hat – zieht er lange Abende mit seinen Freunden vor. Dort kann er seine Kontaktfähigkeit unter Beweis stellen und die verschiedensten Themen, angefangen beim letzten Film von Fellini bis hin zu literarischen Themen, anschneiden und seine Zuhörer durch die Würze, mit der er den neuesten Klatsch erzählt, fesseln. Durch diese Eigenschaften, seinen Charme und seine Zuvorkommenheit ist er sehr geschätzt, und seine Anwesenheit ist oft sehr gefragt.

Das Rezept ist also einfach: Nehmen Sie an einem Diskussions-Essen, zu dem er eingeladen ist, teil. Sie können aber auch die Falle selbst aufstellen, indem Sie ihn zu sich in guter Gesellschaft einladen. Die Idee ist verführerisch, aber es könnte sein, daß Sie die Sache zu schnell vorantreiben und Ihre Beute erschrecken.

An diesem Abend also werden Sie außergewöhnlich elegant sein, denn Sie müssen wissen, daß er eine rührende und entwaffnende Schönheit liebt. Seinen Idealvorstellungen entspricht eine junge Frau mit geschmeidiger Taille und sanften, harmonischen Rundungen. Ihre wichtigsten Verführungswaffen werden Ihr Gesicht, das notgedrungen oval sein muß, die roten Lippen und die schwärmerischen, unergründlichen mandelförmigen Augen sein.

Wenn Sie fast alle diese Bedingungen erfüllen, spielt es keine Rolle, ob Sie kurze oder lange Haare haben, blond oder brünett, groß oder klein sind. Der Katze-Mann gibt immer vor, die Brünetten pikanter zu finden, aber er schmilzt ebenso bei rothaarigen und blonden Frauen. Sie sollten noch einige wichtige Details wissen. Er ist wie Rouletabille sehr empfänglich für das Parfum der Dame in Schwarz... Wenn diese Farbe Ihnen steht, zögern Sie nicht, und wählen Sie ein feines Parfum. Wenn nicht, hüllen Sie sich in indische Seide, und schummeln Sie, um schwere Augenlider zu vertuschen oder einen blassen Teint aufzufrischen, das ist sehr einfach heutzutage, aber benutzen Sie exotische Düfte wie z. B. ›Magie noire‹.

Diesen Abend werden Sie die Prinzessin sein und vor ihm ankommen, was nicht schwer sein dürfte, da der Katze-Mann nicht gerade ein Muster an Pünktlichkeit ist. Nun also wird er Sie bemerken und hoffentlich geblendet und erfreut sein, Sie so spät, am Tisch und an seiner Seite (das ist *unerläßlich!*) zu finden.

Nach dem ersten Kontakt mit einem aufrichtigen Händedruck (er mag kühle Hände), einer klaren und präzisen Stimme und einem heiteren Lächeln, können Sie bereits ein paar Punkte verbuchen. Bei Tisch werden Sie ihm aufmerksam zuhören und seinen humoristischen Pointen und Scherzen applaudieren. Was Sie keine große Mühe kosten wird, denn der Katze-Mann ist kultiviert und ein guter Erzähler. Ihr Zuhörvermögen wird seine Aufmerksamkeit auf Sie lenken, und wenn er dabei ein wenig betört ist, dann heißt es Bravo! Sie haben die erste Runde gewonnen. Beschränken Sie sich im folgenden nicht darauf, ›schön und still‹ zu sein. Er ist sehr romantisch, und wenn der Katze-Mann bereits Ihre Persönlichkeit schätzt, ist es besser, nicht für ein charmantes und liebenswertes Dummchen gehalten zu werden. Außer, Sie wünschen nichts als ein Abenteuer, ein vorübergehendes Verhältnis. Aber kommen wir auf die ernsthafte Verbindung zurück. Wenn er also wünscht, das Geheimnis, das Sie umgibt, zu lüften, erzählen Sie ihm ein bißchen, aber nicht zu viel, von Ihrem Leben. ›Ich bin ungebunden‹ ist die einzige Nachricht, die Sie vermitteln müssen. Erklären Sie ihm vorsichtig, aber freundlich und natürlich, daß Sie frei sind, aber nicht auf den ersten Wink zur Verfügung stehen. Es ist unwahrscheinlich, daß der Abend zu Ende geht, ohne daß er Sie nach Ihrer Adresse oder Telefonnummer fragt. Apropos Abend, er ist ein Nachtschwärmer. Er bleibt lange auf und wird also zu den letzten Gästen zählen, die in eine dieser Diskussionen, in denen man die Welt ›verbessert‹, vertieft sind. Überlassen Sie diesen Gründer neuer Reiche seiner Unterhaltung, und bereiten Sie sich auf die erste Runde vor.

Die erste Runde

Nun also zappelt Ihr Opfer am Haken, und Sie müssen Ihre Beute sichern. Casanova machte seiner Auserwählten sechs Tage lang den Hof, bevor sein Charme von Erfolg gekrönt wurde. Der Katze-Mann hat es nicht eilig, da er unbeständig ist. Einer Dame gegenüber, die sein Interesse geweckt hat, wird er sich Zeit lassen. Warten Sie also geduldig darauf, daß er sich meldet.

Wenn es aber so scheint, als ob er Sie vergessen hätte, kreuzen Sie seinen Weg nochmals. Aber unterschätzen Sie Ihre Qualitäten nicht, und vergewissern Sie sich, daß Sie seine Aufmerksamkeit wirklich auf sich gezogen haben. Eigentlich versucht er, Sie wiederzusehen und Sie einzuladen. Da viele Katzen fanatische Kinogänger sind – wetten, daß er Sie in ein dunkles Kino einladen wird, um den letzten Sieger des Festivals von Avoriaz, den neuesten Newman- oder Woody-Allen-Film, den er so sehr schätzt und von dem er möchte, daß Sie ihn entdecken, zu sehen? Nach dem Film wird er Sie in eine Brasserie oder eine Snack-Bar führen, um mit Ihnen zu diskutieren und Sie abzuschätzen. Ein Ratschlag: Stimmen Sie immer seinen Argumenten zu, bewundern Sie sogar seine Art, Schlüsse zu ziehen, aber äußern Sie auch Ihre persönliche Meinung. Der hervorragende Film war gewalttätig, blutrünstig... und wenn Sie persönlich diesen Aspekt mißbilligen, zögern Sie nicht, es ihm zu sagen, notfalls auch direkt. Wenn er Sie in einen Film des Festivals von Avoriaz mitgenommen hat und sie z. B. ›Die Rückkehr der Tempelschänder‹ ernsthaft erschreckt hat, verheimlichen Sie Ihre Furcht nicht. Vielleicht amüsiert es ihn, er wird sich aber nicht über Sie lustig machen... Diese Schwäche wird ihm gefallen, und er wird versuchen, Sie zu beruhigen und eine friedlichere Stimmung zu schaffen. Auf diese Art ergibt sich zwischen Ihnen – und das ist sehr wichtig – eine Art Komplizenschaft.

Vielleicht beenden Sie den Abend in einem modernen Club, vielleicht zeigt er Ihnen die Vergnügungen des amerikanischen Billards oder Bowling. Wie dem auch sei, er wird Sie nicht vor Ablauf des Abends ziehen lassen. Sollte man diesem Ausbund an Charme und Faszination nachgeben? Hier stellt sich wieder die alte Frage: Wollen Sie ihn für ein paar Tage oder für den Rest des Lebens? Wenn Sie dieses Treffen ernst nehmen, seien

Sie charmant, leicht sinnlich, aber fliehen Sie – wie Aschenputtel – vor Mitternacht. Er wird von Ihnen träumen, phantasieren, Sie ernst nehmen und Sie in der Morgendämmerung anrufen, um Ihnen zu erzählen, wie sehr Sie ihm gefallen haben.

Der Umgang mit dem Katze-Mann

<u>Zu Hause</u> Für eine Katze muß ein Haus oder eine Wohnung zwangsweise ein Heim, ein Hafen des Friedens und Komforts, ein Ort, an dem man gut leben kann, sein. Vor allem ein sauberer Ort, nicht unbedingt ordentlich (er ist es auch nicht immer) – aber er ist wahrhaftig ein Hygienebesessener. Wenn das ›stille Örtchen‹ nicht sauber ist, wenn Haare in der Badewanne liegen oder sich starke Gerüche in der Küche ansammeln, wird er es sofort bemerken und meinen, daß Sie ihn nicht mehr verehren! Er wird unauffällig in jedem Zimmer herumschnüffeln, Ihre Platten und Bücher – um Ihren Geschmack kennenzulernen – untersuchen, die Behaglichkeit Ihres Wohnzimmers schätzen und die Kissen oder Sitzpolster auf Ihrem dicken Wollteppich lieben... Ein schönes Poster an der Wand, romantische Stoffe und hervorragende Fotos sind Details, die ihn entzücken werden.

<u>Die Unterhaltung</u> Reden Sie nicht von Problemen, er haßt die Schwierigkeiten anderer und versucht sogar häufig, seinen eigenen auszuweichen. Zögern Sie jedoch nicht, ihm von Ihren Plänen, Dingen, die Sie mögen und – hinterlistig – von Ihrer Familie, vor allem wenn sie Sie liebt, zu erzählen. Lenken Sie die Unterhaltung auf kulturelle oder sportliche Themen. Viele Katzen lieben und treiben Sport, angefangen bei Karate über Skilaufen oder Fußball bis hin zum Tennis. Sie können ebenfalls

über Kino oder das letzte Konzert von Pink Floyd sprechen, aber niemals über das Elend in der Welt. Vermeiden Sie es, vom Hunger in Äthiopien oder dem Elend der ›Boat-people‹ zu sprechen. Er ist schon fähig, Mitleid – gegenüber seinen Nächsten, seinen Freunden – zu empfinden, aber nicht, um es unbegrenzt am häuslichen Herd zu besprechen.

Die Geschenke   Ein warmer Pullover, ein T-Shirt, ein schöner Schal, ein silbernes Armband, die letzte Platte von Alan Parson Project, ein Buch über das Leben der Haie, ein wertvoller Katana (japanischer Säbel) oder eine hübsche, bunte amerikanische Unterhose mit der Aufschrift ›Make Love not War‹ sind Geschenke, die ihn vollständig zufriedenstellen. Schenken Sie ihm auf keinen Fall eine elektrische Bohrmaschine oder einen Rasenmäher, er würde meinen, daß Sie eine kleine Heuchlerin wären, die damit rechnet, daß er arbeitet.

Auf daß der Mond blau werde

Als ausgesprochener Romantiker wird dieser sensible Mensch ein charmantes Tête-à-tête, ein Essen bei Kerzenschein und ein Feuer im Kamin, vor dem sich ein Bärenfell ›räkelt‹, schätzen. Das Bärenfell ist nicht unbedingt notwendig. Decken und Kissen genügen vollständig, wenn Sie ihr freundliches Raubtier zärtlich auf den Boden ziehen, um mit ihm vor den tanzenden Flammen zu träumen. Er wird Sie zärtlich in den Arm nehmen, und Sie werden ihm von dieser zauberhaften Welt, in der das Leben komfortabel und völlig zwanglos ist, erzählen. Seien Sie zunehmend sinnlich und zärtlich, aktiv – aber nicht zu sehr. Der Katze-Mann ist verliebt in die Liebe, er wird in Ihren Armen schnurren, den entscheidenden Moment bis zum äußersten hinausschieben und

Sie dann die ganze Kraft seiner Phantasie entdecken lassen. Die Komplizenschaft wird hierbei eine große Rolle spielen, er wird zärtlich und betörend sein, und Sie werden Ihre Augen voll Bewunderung zu ihm erheben und ihm sanft wiederholen, wie sehr Sie ihn schätzen. Er wird seinen Anteil am Vertrag mit einer Kraft erfüllen, die Sie immer wieder zum Schweben bringt!

Positive und negative Eigenschaften

Der Charme, mit dem der Katze-Mann bezaubert, ist oft unwiderstehlich – und diese Teufelskatze ist sich dessen nur zu gut bewußt. Er streunt in seinem Gefühlsleben umher wie ein Kater, der sein Territorium abschreitet, wobei er seine Pfote ab und an auch einmal in fremdes Gehege steckt. Man muß jedoch betonen, daß der Katze-Mann keineswegs flatterhaft ist, er erfreut sich lediglich des Privilegs, den Frauen nicht gleichgültig zu sein. Das rührt wahrscheinlich von seiner perfekten Selbständigkeit, seiner Unabhängigkeit und seiner großen Sensibilität her.

Was ihm am meisten gefällt, sind faszinierende Abenteuer, die ohne Folgen bleiben. Er ist unglaublich mißtrauisch, ein Egozentriker, dem es immer wieder gelingt zu verschwinden, bevor er in der Falle gefangen ist.

Wenn Sie nur eine flüchtige Bekanntschaft suchen, einen kurzen Ausflug in das Land des blauen Mondes, dann ist der Katze-Mann Ihr idealer Partner. Er ist auf Wunsch eine Schmusekatze, wird Ihnen sogar belanglose Geschenke machen, bis Sie eines Tages beim Wählen seiner Nummer zu hören bekommen: »Vorübergehend nicht erreichbar.«

Wenn es Ihnen jedoch gelungen sein sollte, Ihre Verbindung zu festigen, wenn sie erfolgreich die ›Drei-Monats-Hürde‹ nimmt, dürfen Sie sich alle Hoffnungen machen. Geschenke und Einfühlsamkeit in jeder Hinsicht werden Ihren Sieg begleiten. Und er wird solide und dauerhafte zärtliche Bande knüpfen. Sie sollten aber auch wissen, daß dieses scheinbar so tolerante Wesen extrem besitzergreifend ist. Er wird es kaum schätzen, wenn sich andere für Sie interessieren, ein Flirt bedeutet für ihn soviel wie Verrat... Ziehen Sie daraus nicht die Folgerung, daß der Katze-Mann eifersüchtig ist, er ist lediglich argwöhnisch und zweifelsfrei auf seine Ehre bedacht. Er wird auf allen anderen Gebieten jedoch Ihre Unabhängigkeit akzeptieren. Und schließlich sind ihm häusliche Auseinandersetzungen, Streitereien, Geschrei und Vorwürfe ein Greuel.

Der Rückzug

Wenn der Katze-Mann für Sie nur ein Abenteuer ist, ist das Rezept, ihn loszuwerden, einfach: Machen Sie ihm Szenen, schreien Sie, seien Sie ein Ungeheuer. Wenn Ihr Verhalten überzeugend ist und in der Öffentlichkeit geschieht, wird er Sie unnachsichtig verlassen. Eine andere Methode, die weniger erprobt ist, besteht darin, ihn ständig anzurufen, sei es bei der Arbeit, mitten in der Nacht oder wenn er bei seinen Eltern ist... Er wird Ihnen sehr bald systematisch ausweichen. Die Ehe ist für den Katze-Mann eine ernste Angelegenheit, er ist selten derjenige, der die Initiative für eine Scheidung übernimmt, er hat übrigens – generell – eine panische Angst vor Mißerfolgen. Und die Auflösung einer Ehe ist eine Schlappe ersten Ranges. Der Katze-Mann ist aber auch imstande, diejenigen, die das Spiel nicht korrekt spielen, zu verlassen oder rauszuschmeißen. Wenn Sie sich nicht ordentlich um den Haushalt kümmern, wenn das Haus oder Appartement nicht der Hafen voller Friede und Komfort ist, den er so sehr schätzt, wenn Spannungen die Komplizenschaft ersetzen, wenn die Liebe Beschwerden und Anschuldigungen weicht, wenn die Frau seines Lebens öfter abwesend als anwesend ist und sogar das warme Essen ausbleibt, wird der Katze-Mann seine Unabhängigkeit wieder aufnehmen. Wenn das Haus Ihnen gehört, wird er mit Kind und Kegel fliehen, anderenfalls wird er Sie bitten, den Ort zu verlassen.

Auf der Suche nach der Katze-Frau

Die Katze-Frau strahlt Faszination aus, selbst wenn ihre Figur – was selten der Fall ist – nur gewöhnlich ist. Es wäre vielleicht besser zu sagen, daß sie ›Klasse‹ besitzt. Kurzum, sie läßt keinen kalt. Ich würde sagen, daß es schwierig ist, ihrem Charme zu widerstehen. Sie besticht außerdem durch übermäßige Sinnlichkeit, Intelligenz, einen leicht melancholischen oder geheimnisvollen Kern und vor allem durch ihre Augen, die selbst den abgebrühtesten Mann beunruhigen. (Wenn Sie daran zweifeln, schauen Sie sich die Liste bekannter Katzen an, in der Sie Personen wie Juliette Gréco, Judy Collins oder Ali McGraw finden werden.)

Als beständige, praktisch veranlagte Person, besitzt die Katze-Frau Taktgefühl und methodische Raffinesse. Sie ist höflich und bewahrt selbst in delikaten Situationen die Ruhe und Ausgewogenheit. Sie wird immer versuchen, diese Situationen zu vermeiden, da sie die Konflikte und Komplikationen, die ihr Gleichgewicht oder ihr Streben nach Ruhe und Sicherheit bedrohen, haßt. Alle ihre Unternehmungen werden also von der Leidenschaft bestimmt, die sie oft zu übertriebenen, ja sogar heftigen Reaktionen treibt. In diesen Extremfällen sind ihre Prankenschläge gefährlich und verletzend.

Andererseits interessiert sie sich für die Welt, die ihr persönliches Universum umgibt, sie liebt es herumzuwandern, zu reisen, das Leben voll auszukosten und sich dann in ihre behagliche und exquisite Höhle zurückzuziehen. Achtung, die Katze-Frau besitzt viel Intuition, es gibt viele unter ihnen, die mit einer Art zweitem Gesicht ausgestattet sind, das es ihnen erlaubt, die Schwächen oder Bedürfnisse der anderen zu erkennen.

Wie ihr Zeichensbruder liebt sie mondäne, freundschaftliche Treffen, auf denen sie glänzen oder ihren Beobachtungssinn schärfen kann. Neben ihrer Sensibilität, der künstlerischen Veranlagung und einem gesunden Sinn für Ästhetik, ihrer Weiblichkeit, Großzügigkeit und Gastfreundschaft besitzt die Katze-Frau aber auch erstaunliche hausfrauliche Qualitäten. In Herzensangelegenheiten ist sie romantisch, sentimental, zärtlich und verletzlich. Sie liebt es, geliebt zu werden, und würde es nicht ertragen, daß ein Verhältnis im täglichen Leben abstumpft.

Die Strategie

Da die Katze-Frau sehr umgänglich, charmant und amüsant ist, ist ihre Gesellschaft zwangsläufig immer sehr gesucht. Sie werden sie ohne Schwierigkeiten bei dem Fest auf dem Land finden, das von Ihren Freunden aus Anlaß ihres 20. Hochzeitstags organisiert worden ist. Ihre Katze-Dame wird unter denjenigen sein, die der Gastgeberin den ganzen Morgen geholfen haben, das Fest vorzubereiten. Und in der Nachmittagssonne werden Sie sie als ein wenig ermüdet, aber in angeregter Unterhaltung mit der Cousine Berthe, die Probleme hat, finden. Sie können sie gar nicht verfehlen. Ihre Bewegungen sind voller Anmut, ihr Körper ist dünn, aber geschmeidig, und die Augen sind die einer Katze.

Nähern Sie sich ihr, und bieten Sie ihr ein Erfrischungsgetränk an. Wenn die Antwort ja ist, holen Sie ihr das gewünschte Getränk, anderenfalls schlagen Sie neben ihr Wurzeln. Bleiben Sie in beiden Fällen in der Nähe Ihrer Schönen. Die Cousine wird sie nicht ewig in Anspruch nehmen. Außerdem schildern Sie ihr, wenn sich die Gelegenheit ergibt, ein Problem, aber natürlich kein sentimentales. Stellen Sie sich vor, Sie müßten Ihrer 6jährigen Nichte ein Geschenk machen – und Sie wissen nicht, was. Aber Achtung, lassen Sie Ihre Frage echt klingen. Im Klartext: Sie müssen wirklich ein ähnliches Problem mit einem kleinen Mädchen haben, sonst erfinden Sie eine andere Geschichte. Die Katze-Frau besitzt eine so große Intuition, daß sie eine Lüge sofort aufdecken würde, und das wäre kaum vorteilhaft. Wenn sie aber merkt, daß Ihre Frage – sei sie auch reell – nur eine Ausrede ist, um mit ihr ins Gespräch zu kommen, ist das nicht so tragisch. Sie wird sich durch Ihr Interesse geschmeichelt fühlen und vor allem amüsieren. Da sie gerne redet, schneiden Sie neue Themen an, Sie haben alle Möglichkeiten. Es ist jetzt an Ihnen, zu glänzen und sie vor allem zu interessieren, da dies eine richtige Prüfung ist, die Sie überstehen müssen. Versuchen Sie nicht, sie zu blenden, indem Sie über Ihr monatliches Einkommen reden oder ihr erzählen, daß Sie ein junger leitender Angestellter sind oder einen Onkel in Amerika haben, sie wird sich über Sie lustig machen. Seien Sie einfach, ehrlich, direkt, und zögern Sie nicht, große Themen anzuschneiden, sie liebt Unterhaltungen auf hohem Niveau. Wenn Sie sie auf diese Art faszinieren, haben Sie die Chance, sie nach Hause zu begleiten.

Die erste Runde

Nun also haben Sie die Frau Ihrer Träume am Haken und müssen Ihre Beute sichern. Oberstes Prinzip: möglichst viel Phantasie und Geheimnis, so sollte Ihr Verhalten sein, aber hüten Sie sich davor, Ihr Programm zu erläutern und Stunde um Stunde zu erklären, welche Ihre Pläne sind. Sie würden den Eindruck erwecken, einer dieser Materialisten zu sein, die nichts dem Zufall überlassen. Das genaue Gegenteil, also ihr die Wahl zu überlassen, wäre ebenfalls falsch. Die Katze-Frau ist nicht unentschlossen, aber zurückhaltend, sie braucht Abstand oder Zeit, um die Dinge zu überlegen. Es wäre also völlig absurd, von dieser hübschen Dame eine sofortige Entscheidung zu verlangen. Sie funktioniert nicht nach binärer Logik, sie ist sensibel, eine Künstlerin und fasziniert von – wir wiederholen es noch einmal – Phantasie und dem Geheimnisvollen. Seien Sie also Merlin der Zauberer, und führen Sie sie an einem schönen Frühlingstag in den Wald von Brocéliante; das wäre ideal, da der Frühling ihre Lieblingsjahreszeit ist. Verrückt, werden Sie glauben. Bestimmt nicht. Der Wald von Merlin, Lancelot und den tapferen Rittern der Tafelrunde existiert immer noch. Einige meinen, er liege zwischen St.-Brieuc und Quintin, andere wiederum sagen, er läge um Paimpont (Ile-et-Vilaine). Ich persönlich würde Ihnen zu der zweiten Lösung raten. Der Wald dort ist schön und mysteriös mit seinen Seen und magischen Weihern und wird eine Katze-Frau, die sich für das Ungewöhnliche begeistert, verwirren. Wenn der Tag sich dann seinem Ende neigt und die Bäume fast gespenstisch wirken, führen Sie die Dame Ihrer Wahl zu dem Herrensitz auf dem Hügel. Die Anhöhe existiert tatsächlich, erhebt sich über den Wald und beherbergt ein freundliches, vier Jahrhunderte altes Schloß. Seine Wirtin, eine Madame Alix, der man magische Kräfte nachsagt, empfängt dort die Reisenden, die sich verirrt haben. Ihre Katze-Frau wird von dieser einfachen und rustikalen Umgebung, über der der Geruch des im großen Kamin des Hauptgemachs brennenden Holzes liegt, total begeistert sein.

Nun hat aber nicht jeder einen Wald von Brocéliante vor seiner Tür, das Rezept ist jedoch allgemein gültig, man muß sich nur inspirieren lassen. Vorher sollten Sie noch einige Details kennen. Fahren Sie keinen alten, rostigen und dreckigen Wagen, der kurz vor dem Auseinanderfallen ist, und spielen Sie nicht Fangio oder Alan Prost, sie haßt es und es verunsichert sie. Sie wird es schätzen, wenn Sie cool einen komfortablen Wagen steuern. Tragen Sie für diesen Waldspaziergang einen sportlichen Anzug englischen Stils, der ein wenig schick, aber leger sein sollte, da Sie ja den Tag im Herrensitz auf dem Hügel beschließen möchten. Eine frische Rasur und ein Duft nach Lavendel oder einem Eau de toilette, wie Cacharel für den Mann, sind unbestrittene Trümpfe.

Der Umgang mit der Katze-Frau

<u>Zu Hause</u> Da die Katze-Frau sehr sensibel auf ihre Umgebung reagiert, wird sie Ihrer Behausung große Bedeutung beimessen. Sie muß behaglich, aber vor allem ordentlich und sauber sein! Schließen Sie daraus bitte nicht, daß Sie ihr unbedingt ein makelloses, kaltes und steriles Heim bieten müssen. Im Gegenteil. Eine leichte Unordnung ist gut, ebenso wie einige auf dem Tisch verstreute Zeitungen oder Zeitschriften, ein auf dem Stuhl vergessener Pullover, auf dem Zimmerboden verstreute Bücher sowie Holzscheite im Kamin. Dieses alles deutet auf ein bewohntes und warmes Heim hin, und es kann ihr nur gefallen. Wenn Ihr Geschmack in bezug auf Möbel klassisch ist, können Sie sich noch ein paar zusätzliche Punkte gutschreiben. Wenn sich dann noch auf einem der Möbelstücke eine alte Petroleumlampe oder ein antiker Handleuchter befindet, an der Wand ein Manet (eine Reproduktion reicht) oder das Portrait Ihres Urgroßvaters hängt und auf dem kleinen Wohn-

zimmertisch ein Strauß Frühlingsblumen steht, wird die Katze-Frau völlig verblüfft sein. Sie wird darin das positive Spiegelbild Ihrer romantischen Veranlagung und Ihrer Raffinesse sehen.

Die Unterhaltung   Aufgrund der Schlagfertigkeit, des ästhetischen Sinns und des künstlerischen Geschmacks der Katze-Frau sind die Themen, die Sie mit ihr erörtern können, umfangreich, aber kulturell. Das hindert sie aber nicht daran, sich für die letzte Versammlung der NATO oder Ihren Besuch in der Wall Street zu interessieren. Hören Sie auch ihr zu, sie besitzt ein bemerkenswertes Gedächtnis, sie kennt sich in der Geschichte, Architektur oder Dekoration aus und wird es nicht verfehlen, Sie zu faszinieren. Noch ein letztes Detail, reden Sie mit ihr nicht über die Frauenbewegung, sie interessiert sich kaum dafür und auch nicht für die Zukunft der Welt, solange sie sich in Sicherheit wähnt.

Die Geschenke   Das große Buch des Tarot (von Sylvie Simon, übrigens auch eine Katze) oder seltene Abrisse über die Esoterik können nicht anders als Madame Katze zu verführen. Sie können ihr aber ebenso einen alten Handleuchter, eine Kristallkugel, einen Sotheby-Katalog oder einen hübschen spitzenbesetzten Bettüberwurf oder einen pfeifenden Schlüsselanhänger schenken... Habe ich Ihnen eigentlich schon gesagt, daß einige der Katze-Frauen sehr zerstreut sind?

Auf daß der Mond blau werde

Achtung, zerbrechlich! Auch wenn die Katze-Frau den Eindruck vermittelt, eine starke und eigensinnige Frau zu sein, ist sie in ihrem Innersten doch schwach. Sie ist also verletzlich und wird im Falle eines Überraschungsangriffs die Flucht ergreifen. Das Vorspiel ist folglich äußerst wichtig, sie muß langsam und mit großer Zärtlichkeit an den Rand des Verlangens geführt werden. Ihr innigster Wunsch ist es schon immer gewesen, einem Mann zu begegnen, der es versteht, die Sprache der Liebe zu sprechen. Sie können also Ihre Schöne nur ganz allmählich dazu bringen, etwas aktiver zu werden. Und zum Teufel mit der Romantik! Wenn in Ihrem Wohnzimmer ein bequemes Sofa oder eine Recamiere vorhanden ist, besteht keine Notwendigkeit für einen Ortswechsel, vor allem dann nicht, wenn im Kamin ein Holzfeuer brennt. Die Katze liebt den Komfort, die Sicherheit und Diskretion. Außerdem müssen Sie wissen, daß in dem Moment, in dem Sie glauben, daß nichts passieren wird, und Sie sich vorbereiten, das Rendezvous mit dem blauen Mond auf den nächsten Tag zu verschieben, die Katze sich in eine sinnliche und vielleicht sogar wilde Tigerin verwandelt, und Sie sind derjenige, der verschlungen werden wird.

Positive und negative Eigenschaften

Die Katze-Frau nimmt ihre Gefühle ernst, schätzt den Charme und Komfort und ist von der Liebe, die man ihr entgegenbringt, abhängig. Sie träumt von einem konfliktlosen Glück und ist mäßig tolerant. Wenn sie sich in Sicherheit wiegt, wird sie zuvorkommend, aufmerksam, liberal und charmant sein. Sie ist eine gute Hausfrau, ihre Küche steht oft auf hohem Niveau, und sie wird sich selbst davon überzeugen, ob Sie oder einer ihrer Gäste eine Diät einhalten muß! Hervorragend, nicht wahr?

Kurz gesagt, die Katze-Frau wünscht sich ein Heim, eine Familie, schöne Möbel und ein ausgeglichenes Leben. Ihr Partner muß also loyal und treu sein. Die geteilte Liebe hat übrigens einen äußerst glücklichen Einfluß auf die Katze-Frau. Nichtsdestotrotz kann selbst die geringste Bedrohung ihrer Gefühle ihr Gleichgewicht stören. Sie wird deprimiert sein oder abziehen.

Glauben Sie bitte nicht, daß die Katze-Frauen allgemein passiv sind. Wenn ihre Gefühle verletzt werden, können sie äußerst aggressiv reagieren, was um so schlimmer ist, da diese Krisen unvorhersehbar sind.

Wenn die Katze-Frau für Sie nur ein Abenteuer ist und Sie ihr Bedürfnis nach einem Ankerplatz vernachlässigen, können Sie nicht mit ihrer Treue rechnen.

Wenn Ihre Liebe aber kein Spiel ist, wird sie Ihr treuer Lebensgefährte sein. Sie wird Sie in allem unterstützen und sich für Ihre Aktivitäten interessieren. Als teure und ergebene Freundin, zärtliche und großzügige Geliebte, gastfreundliche und ergebene Frau kann die Katze-Frau auch manchmal übertrieben, leicht narzißtisch und oft zerstreut sein.

Der Rückzug

Wenn die Katze-Frau für Sie nur ein Abenteuer ist, denken Sie daran, daß sie Trennungen haßt. Das Rezept, um sie loszuwerden, ist einfach: Sie verlassen sie einfach lautlos. Wenn sie Sie liebt, wird sie Sie nicht verfolgen, sie wird hoffen, daß sich die Dinge mit der Zeit einrenken... und Sie zurückkehren oder die Zeit es ihr gestattet, Sie zu vergessen.

Und wie bricht man eine Ehe? Die Katze-Frau kann bis zu einem gewissen Maß die Augen vor Ihren Seitensprüngen verschließen. Ihr bekundeter Scheidungswille wird sie zutiefst verletzen. Sie hat einen Horror vor Konfliktsituationen, Schreien und Vorwürfen und ist außerstande, sich dagegen zu wehren. Sie wird Sie also verlassen oder Ihnen die Tür weisen. Sie werden auf diese Weise viel verlieren, aber Ihre Freiheit gewinnen.

5
Der Drache

Der Drache ist ein Yang-Zeichen,
und sein chinesischer Name ist Long

Die Jahre des Drachen	Element
16. 2. 1904 – 3. 2. 1905	Holz
3. 2. 1916 – 22. 1. 1917	Feuer
23. 1. 1928 – 9. 1. 1929	Erde
8. 2. 1940 – 16. 1. 1941	Metall
27. 1. 1952 – 13. 2. 1953	Wasser
13. 2. 1964 – 1. 2. 1965	Holz
31. 1. 1976 – 17. 2. 1977	Feuer
17. 2. 1988 – 5. 2. 1989	Erde

Checkliste der positiven und negativen Eigenschaften

edelmütig	intolerant
selbständig	starrköpfig
gewissenhaft	größenwahnsinnig
hartnäckig	mißtrauisch
lebhaft	impulsiv
scharfsinnig	unruhig
organisiert	gleichgültig
einflußreich	anspruchsvoll
hyperaktiv	narzißtisch
tüchtig	unzufrieden
vom Glück begünstigt	herablassend
beherzt	großsprecherisch
enthusiastisch	autoritär
tapfer	geschwätzig
künstlerisch begabt	ungeduldig
sentimental	reizbar
intuitiv	stolz
praktisch veranlagt	querköpfig
unabhängig	despotisch
großzügig	ungeduldig

Die Beziehungen zu anderen Zeichen

Einen Drachen in die Falle zu locken, ist eine Sache, ihn zu zähmen, eine andere. Je nachdem, ob die anvisierte Beute für den schnellen Verzehr oder aber als Fang für die ›Ewigkeit‹ vorgesehen ist, bietet die chinesische Tradition folgende Hinweise:

Für eine Liaison (oder Versuchszwecke) sind geeignet:
- ••••• Tiger, Katze, Schlange, Affe
- •••• Ratte, Ziege, Pferd
- ••• Schwein
- • Büffel, Hahn

Für die Ehe empfehlen sich folgende Zeichen:
- ••••• Ratte, Affe, Schwein
- •••• Tiger, Katze, Schlange
- ••• Ziege
- • Hahn

Einige berühmte Drachen

Männlich: Roald Amundsen, Guillaume Apollinaire, Count Basie, James Cagney, Jimmy Connors, Kirk Douglas, Dalí, Sigmund Freud, Graham Greene, Che Guevara, Trevor Howard, Tom Jones, Stanley Kubrik, Gustave Eiffel, Pierre Etaix, Maxim Gorki, Jules Ferry, Peter Lorre, Yehudi Menuhin, Glenn Miller, François Mitterrand, Friedrich Nietzsche, Gregory Peck, Cliff Richard, G. B. Shaw, Ringo Starr, Edmond Rostand, Rousseau, Roger Vadim, Paul Verlaine.

Weiblich: Joan Baez, Sarah Bernhardt, Julie Christie, Dominique Cornil, Annie Cordy, Alexandra David-Neel, Faye Dunaway, Françoise Giroud, Florence Nightingale, Margaret Rutherford, Antoinette Spaak, Shirley Temple, Dominique Wathelet.

Die verschiedenen Typen

<u>Mit dem Element Holz</u>   Dieser Drache ist warmherzig und ergeben, extrem umgänglich und freundschaftlich. Er ist der künstlerischste seiner Zeichensbrüder, der kreativste und pingeligste. Er hat seinen Kopf manchmal in den Wolken und ist zerstreut, außer bei seiner Arbeit. Er ist manchmal ein Genie, ein Verrückter oder Provokateur (Beispiel: Dalí). Im allgemeinen ist er friedfertig, sogar freundlich, kann aber kurze und plötzliche Wutanfälle bekommen und ist dann kleinlich und böswillig. Er ist indessen überhaupt nicht nachtragend, liebt das Leben und die Liebe. Charakteristik: Ein kreativer Drache.

<u>Mit dem Element Feuer</u>   Der immer ehrgeizige, offene und menschliche Feuer-Drache besitzt ein ausgeprägtes Pflicht- und Ehrgefühl. Dieser objektive und oft konstruktive Drache – er kann jedoch seinen Humor nicht immer bezwingen – speit nicht unüberlegt Feuer. Diese autoritäre Person kann aber vor allem Fremden gegenüber unerträglich sein. Seine Sinnlichkeit ist stark ausgeprägt, manchmal sogar zügellos, was ihn (oder sie) oft flatterhaft macht, eine Schwäche, die allerdings mit der Zeit oder im Falle einer Liebesheirat vollkommen verschwindet. Charakteristik: Ein starker und aufbrausender Drache.

<u>Mit dem Element Erde</u>   Dieser realistische, höfliche, empfängliche und mit einem großen Gerechtigkeitssinn ausgestattete Erd-Drache ist zu großen Taten fähig..., wenn er dazu ermutigt wird. Er braucht in der Tat für seine Motivation die Hilfe und Unterstützung der Seinen. Als würdiger, ernster und hartnäckiger Mensch ist er besonders für die Verwaltung, Personalführung, Diplomatie oder Kommunikation geeignet. Er ist mehr für

das Überlegen und Besprechen und nicht so aufbrausend wie seine Zeichensgenossen. In der Liebe träumt diese muntere Person oft, jemandem einen Streich zu spielen, setzt aber diesen Gedanken selten in die Tat um. Charakteristik: Ein integrer und organisatorischer Drache.

<u>Mit dem Element Metall</u> Dieser erobernde, eigensinnige und vom Glück begünstigte Drache hat einen großen Tätigkeitsdrang, ist hartnäckig, etwas unnachgiebig, fast undiplomatisch und besitzt eine Vorliebe für neue oder spektakuläre Aktivitäten. Er möchte den anderen immer ein Beispiel, immer und unbedingt der Anführer oder der Star sein und besitzt große Charakterstärke. Seine Besessenheit – die manchmal schon an Fanatismus grenzt – und das starke Vertrauen in seine eigenen Fähigkeiten können ihn weit außerhalb der ausgetretenen Wege, aber zu gefährlichen Horizonten führen. In dem brillanten Doktor Jekyll steckt immer auch ein Mister Hyde. Charakteristik: Ein Glück anziehender Drache.

<u>Mit dem Element Wasser</u> Der unter diesem Zeichen geborene Drache ist sehr organisiert, ein geborener Vermittler, außerordentlich begabt für die Kommunikation, demokratisch, von scharfem Verstand, und er kennt seine Grenzen genau. Die Verstandesschärfe und das moralische Bewußtsein sind die Haupteigenschaften dieses selbstlosen und großzügigen Drachen. Er ist ein geduldiger Genosse, der auch Mißerfolge verkraftet. Außerdem ist er sehr umgänglich, Neuerungen gegenüber aufgeschlossen und zieht es vor zuzuhören, als zu reden. Dieser optimistische Drache, der verläßlich ist und mehrere Aktivitäten gleichzeitig ausführen kann, ist zärtlich und liebt seine Familie. Charakteristik: Ein selbstloser Drache.

Auf der Suche nach dem Drache-Mann

Ausgestattet mit Charme und Autorität, begabt für unmögliche Unterfangen, aktiv, mit organisiertem Talent und häufig auch für das öffentliche Wohl arbeitend, ist der Drache wahrhaftig eines der besten Zeichen der chinesischen Astrologie. Der männliche Drache ist alles andere als eine gewöhnliche Persönlichkeit. Mit dem Element Feuer oder Metall in seinem Zeichen, speit er Feuer, bekommt Wutanfälle und verfügt über Energie im Übermaß. Die Untätigkeit langweilt ihn zu Tode, noch nicht einmal im Urlaub legt der Drache sich auf die faule Haut. So wird er, anstatt die Sonne zu genießen, das Land erkunden, die Museen besichtigen, Tauchunterricht nehmen oder sich in seine Lektüre, ein Opernlibretto oder die Beschreibung einer Freske vertiefen. Kurzum, er wird sich unaufhörlich betätigen oder seinen Geist beschäftigen. Sich zu sonnen, ist kein guter Rat für einen Drachen. Einem Drachen zufolge ist das Leben dazu da, gelebt zu werden, das heißt handeln und nicht ausruhen.

In der Tat liebt er das Abenteuer, alle Abenteuer, seien sie intellektueller oder sportlicher Natur. Er wird sich mit Begeisterung auf neue Disziplinen stürzen und versuchen, dabei eine gute Figur abzugeben und Erfolg zu haben. Wenn sein Freiraum begrenzt ist, wird er trotzdem versuchen, immer an erster Stelle zu stehen, da sein Ehrgeiz seiner Tüchtigkeit in nichts nachsteht. Die Politik, diese andere Form von Schauspiel, interessiert ihn, und wenn er sich hineinstürzt, nicht deshalb, um nur eine Nebenrolle zu spielen. Sein Gefallen an glanzvollen Auftritten ist Bestandteil seiner dynamischen Persönlichkeit. Mit einer solchen Mentalität wird es der Drache auf jedem Gebiet zu Berühmtheit bringen.

Er besitzt aber auch negative Eigenschaften. Durch sein explosives Temperament neigt er zu Wutanfällen, die, wenn sie auch häufig auftreten, glücklicherweise doch nur von kurzer Dauer sind, wie ein Sommergewitter. Er ist ewig unzufrieden und neigt daher auch dazu, sich selbst zu kritisieren. Durch diesen kuriosen Charakterzug ist er oft ängstlich. Als zungenfertige Person kann der Drache aber auch mißtrauisch und streng, intolerant und narzißtisch sowie gleichgültig sein und die Meinung der anderen völlig außer acht lassen. Sie müssen auch wissen, daß dieser so furchterregende, so selbstsichere Drache, der bereit ist, die Welt zu revolutionieren, wie Franco, Che Guevara oder Sigmund Freud, gleichfalls schüchtern und sogar ängstlich ist. Er stellt den Wert seiner Arbeit ständig in Frage, die Instabilität unserer Welt beunruhigt ihn, und seine Selbstsicherheit verschwindet, sobald es sich um persönliche oder intime Probleme handelt. Um dies zu untermauern, würde ich sagen, daß der im täglichen Leben so redegewandte männliche Drache sich nicht so leicht der Frau seines Lebens offenbart. In der Liebe ist er häufig prüde und zurückhaltend. Aber keine Panik, meine Damen, diese kleine Hemmung wird den super-organisierten Drachen nicht davon abhalten, Sie zu verführen.

Er ist letztendlich auch ein liebenswerter, treuer und aufrichtiger Freund, der sich wirklich für das Leben seiner Mitmenschen interessiert und der lieber zuhört als redet.

Die Strategie

Es ist schwierig, sich in das meist hyperaktive Leben eines Drache-Mannes einzumischen. Sich mit ihm zu verabreden, ist auch keine gute Lösung. Was dann? Geduldig darauf warten, von diesem Supermann beachtet zu werden? Die Idee ist nicht schlecht, wenn Sie sich ihm in den Weg stellen, haben Sie zwar nicht die Gewißheit, von ihm bemerkt zu werden, aber doch die Chance, ihn wenigstens zu sehen. Man muß ihn also bei seinem Trachten, bewundert zu werden, packen. Erkundigen Sie sich über seine Zeiteinteilung, und Sie werden nützliche Ansatzpunkte entdecken.

Das könnte zum Beispiel die Rede sein, die er im Klub über das ›Lobbying‹, dieses neue Gebiet, hält – das darin besteht, mit Hilfe der Presse, Diplomatie, Politik, dem Gesetz und der Wirtschaft auf die Abgeordneten Druck auszuüben... Übrigens ein sehr typisches Programm für Drachen. Auf dem anschließenden Abschlußcocktail werden Sie Ihr Opfer harpunieren. Vorher noch einige Punkte, die Sie beachten sollten:

– Sie müssen ausgesucht klassisch, schlicht und chic gekleidet sein... von einer Schlichtheit, die leider ein kleines Vermögen kostet, aber um zu verführen, muß man investieren.

– Klassisch, aber nicht nüchtern, Sie sollten wenigstens Ohrringe, eine hübsche lange Halskette und ein paar Ringe, von denen einer einen Stein in der Farbe Ihrer Augen hat, tragen.

– Ihr Make-up muß diskret und ein wenig provozierend sein. Ihr Eau de toilette kann nur ›Poison‹ sein!

So gewappnet, vergessen Sie nicht das letzte Detail, das es Ihnen erlaubt, den Monsieur Drachen an den Haken zu bekommen: Ihr Autogrammbuch. Um diese Falle perfekt zu machen, bedienen Sie sich der Talente eines Ihrer Freunde, um auf den vorherigen Seiten Unterschriften von berühmten Persönlichkeiten zu fälschen. Man muß in der Tat auf seinen Stolz und Hunger nach Bewunderung setzen.

Nun also sind Sie auf dem Cocktail. Wie nähert man sich diesem Teufel von Mann, der so gesucht und anerkannt ist? Bleiben Sie ein wenig abseits, aber so, daß Sie gesehen werden, und rufen Sie dann den Ober. Mit Hilfe eines ansehnlichen Trinkgelds (es sei denn, Ihr Charme ist ausreichend) bitten Sie ihn dann um folgenden Gefallen: dem so beschäftigten Drachen, den Sie von weitem bewundern, Ihr leicht nach ›Poison‹ duftendes Autogrammbuch für eine Unterschrift zu reichen.

Das Rezept ist eigentlich unfehlbar. Monsieur Drache wird überrascht und neugierig sein und höchstpersönlich das berühmte Buch zurückbringen. Da er ohne Unterlaß seinen Charme und seine Anziehungskraft testen und sich vor allem selbst bestätigen muß – wetten, daß er es so einrichtet, daß Sie ihm nicht entkommen...

Die erste Runde

Nun also zappelt Ihr Opfer am Haken, und Sie müssen Ihre Beute sichern, aber Achtung: Es gibt solche und solche Drachen. Ein Feuer-Drache wird Sie belagern, Sie als eine Art Festung, die eingenommen werden muß, betrachten. Von nun an müssen Sie nur noch in der Nähe Ihres Telefons bleiben. Er kann nicht anders, als Sie anzurufen. Wenn ein Erd-Drache sich mit Ihnen verabredet, wird er die Verabredung nicht nur einhalten, sondern Sie auch vorher bestätigen. Wenn es sich aber um einen Wasser-Drachen handeln sollte, hoffe ich, daß Sie seine Adresse und Telefonnummer besitzen, da Sie diesen Drachen, und sei er auch noch so sinnlich und leidenschaftlich, auffischen müssen. Für einen Drachen mit dem Element Wasser ist die Liebe eine wichtige Angelegenheit, sogar das Wichtigste überhaupt in seinem Leben. Wenn dieser ernste und ein wenig schüchterne Drache für Sie nur ein Abenteuer ist, sollten Sie sich auf einige Schwierigkeiten gefaßt machen. Bei einem Metall-Drachen ist Geduld oberstes Gebot. Hier müssen Sie äußerst diskret vorgehen, da Sie diesen dynamischen, arbeitsamen und methodischen Drachen verscheuchen könnten, wenn Sie die Messalina spielen.

So müssen Sie also, je nach Drache-Typ, handeln oder warten, aber alles mit Geduld. Obwohl die Drachen im allgemeinen sinnlich und leidenschaftlich sind, kann jedoch nicht behauptet werden, daß sie romantisch oder gar sentimental sind (außer dem Element Wasser). Er findet Ihre Liebe und Bewunderung logisch, einleuchtend und verdient.

Auf jeden Fall sollten Sie verfügbar sein. Da der Drache-Mann von seiner Arbeit, den vielen Projekten und seinem beruflichen Ehrgeiz voll in Anspruch genommen wird, wird er sich bemühen, Ihre Verabredung zwischen zwei Termine oder aber auf den zweiten Teil des Abends zu legen, wenn er sich bereits mit Hintergedanken trägt (Feuer- oder Erd-Drache).

Ihre Aufgabe bei dieser ersten Runde ist einfach. Er wird Sie um Ihr Einverständnis zu diesem oder jenem bitten, hat aber bereits alles bedacht und arrangiert. Vertrauen Sie ihm, er hat einen sicheren Geschmack, und vergessen Sie nicht, daß er ein augezeichneter Organisator ist. Er wird Sie geschickt über Ihren Geschmack ausfragen, um sicherzugehen, daß ›sein‹ Programm passend ist. Sollten Sie sich in einem Restaurant treffen, wird er ebenso verfahren. Alles wird absolut perfekt sein, bezweifeln Sie es nicht. Da er extrovertiert ist, wird er die Unterhaltung übernehmen – er ist ständig darauf bedacht, alles zu kontrollieren und zu verführen –, was ihn aber wegen seiner großen intellektuellen Neugier nicht davon abhält, auch ein guter Zuhörer zu sein.

Wenn sein Element Holz, Feuer oder Erde ist – das letzte Zeichen spricht gerne über seine Erfahrungen und Eroberungen, ist aber ein ›Aufschneider‹ –, geben Sie nicht nach. Durch einen zu einfachen Sieg könnte der Drache Sie als ›leicht‹ einstufen (wenn Sie jedoch nichts anderes als ein Abenteuer wollen, vergessen Sie den letzten Ratschlag).

Der Umgang mit dem Drache-Mann

<u>Zu Hause</u> Viele Drachen – außer denen mit dem Element Wasser – sind ein wenig besessen. Ihr Perfektionismus ist in allen Dingen sehr ausgeprägt. Ihr Studio, Appartement oder Haus – der Stil interessiert wenig – muß also Ihren guten Geschmack widerspiegeln, und alles muß tadellos in Ordnung sein. Der Großputz ist also vor seinem Besuch unumgänglich. Wenn Sie dort Ihren Drachen endgültig knacken möchten, sollte Ihr Haus idealerweise einen Garten mit großen Bäumen und einen Swimming-Pool haben. Sie müssen wissen, daß der Drache ein Naturfreund ist, nicht immer ein Ökologe, aber ein sportlicher Mensch, der die Weite, das Wandern und Schwimmen liebt.

<u>Die Unterhaltung</u> Der Drache liebt es zu reden. Er ist sogar geschwätzig, aber er ist ebenso – vor allem der Wasser-Drache – ein guter Zuhörer. Im allgemeinen liebt er die Kunst in jeder Form, die Natur – so sehr, daß wir es noch einmal betonen wollen – , duldet aber keinen Widerspruch. Es ist also besser, seiner Meinung zu sein, es sei denn, man hat gute Argumente... Wenn Sie es aber auf keinen Fall erleben möchten, wie er sich in das böse, feuerspeiende Ungeheuer verwandelt, hüten Sie sich davor, recht zu haben!

<u>Die Geschenke</u> Wenn Ihr Drache-Mann ein politischer Mensch ist, zögern Sie nicht und schenken Sie ihm die komplette Sammlung seiner Reden, natürlich schön gebunden. Wenn er mehr künstlerisch und kreativ veranlagt ist, schenken Sie ihm ein ›press-book‹, in dem er all die schönen Dinge (streichen Sie die anderen) finden kann, die über ihn geschrieben worden sind.

Wenn man einen Drachen näher kennenlernt, stellt man oft fest, daß er ein leidenschaftlicher Sammler dieser oder jener Sachen ist. Ich kenne einen, der mehr als 5000 Miniaturautos besitzt. Und wenn ich diesem Freund ein Miniaturauto schenke, das er noch nicht besitzt, ist seine Freude grenzenlos. Das gleiche gilt auch für Bücher über diese Leidenschaft, die oft verborgen bleibt.

Auf daß der Mond blau werde

Die Dynamik, die die Aktivität des Drachen charakterisiert, spiegelt sich natürlich auch im sexuellen Bereich wider. Seien Sie auf einen Sturm, einen Partner mit explosivem Temperament gefaßt, der das Vorspiel auf das Minimum beschränkt. Sonst ergreifen Sie die Flucht. Einige Drachen sind ein wenig wild, ja sogar draufgängerisch, vor allem, wenn Sie Ihren Straps anbehalten. Drachen mit dem Element Holz sind sanft, sinnlich, aber kraftvoll; wohingegen der Metall-Drache ermutigt werden muß. Der majestätische und männliche Drache verliert im allgemeinen im Bett leicht die Würde, die er auf anderen Gebieten an den Tag legt. Er wird abwechselnd Sklave oder Gebieter sein, wird die Initiative ergreifen oder Ihre Phantasie beflügeln. Sie können sich von der Ausdauer eines Drachen keine Vorstellung machen. Er ist wie ein Langstreckenläufer, der Sie restlos befriedigt, bevor er sich niedergekämpft und völlig ermattet zusammenrollt.

Positive und negative Eigenschaften

Der Drache-Mann ist immer auf der Suche nach Herausforderungen und sentimentalen Abenteuern. Die amouröse Eroberung kann eine Gelegenheit sein, seine Verführungskünste zu bestätigen – was für ihn notwendig ist, um sein Ego zu beruhigen –, ist aber auch eine unabdingbare Voraussetzung für seine Entfaltung. Im ersten Fall wird er auf diskrete Weise flatterhaft, aber seiner wahren Liebe, die ihm Sicherheit bietet, treu sein. Im zweiten Fall ist er eines Casanovas würdig, aus lauter Sorge um Bestätigung und Aufmerksamkeit. Wenn er bei Ihnen die für sein Ego so notwendige Bewunderung und ein schönes Heim findet, wird Ihr Drache zuverlässig und ziemlich treu sein, vor allen Dingen, wenn sein Zeichen unter dem Element Metall oder Wasser steht.

Der Narzißmus des Erd-Drachens, sein latenter Egoismus und seine besitzergreifende Neigung können manchmal die Harmonie einer Verbindung beeinträchtigen. Aber seine lebhafte Intelligenz, seine Kreativität, Höflichkeit und sein Bedürfnis nach Anerkennung und Liebe sind groß genug, um seine Fehler zu vertuschen. Seine Frivolität existiert meist nur in Gedanken. Er wäre zu gerne ein Don Juan, bildet sich oft ein, es manchmal gewesen zu sein, aber tut so, als ob es eine Tatsache wäre.

Der Wasser-Drache, der der Liebe eine große Bedeutung beimißt, ist der am wenigsten flatterhafte dieser Kategorie, was wahrscheinlich auf seine Anpassungsfähigkeit und seine Liebe für das Heim und die Kinder zurückzuführen ist.

Die Holz- und Metall-Drachen sind im allgemeinen friedlich, machen aber diesem feuerspeienden Drachen mit ihren manchmal fürchterlichen Wutanfällen alle Ehre, erkennen jedoch glücklicherweise ihre Fehler, während die Feuer-Drachen ein wenig utopisch sind und absolut verblüffend naive Seiten aufweisen. Sie sind im allgemeinen charmant, aber oft sehr unrealistisch.

Obwohl fast alle Drachen bewunderungswürdig und meistens auch aufopferungsvoll und treu sind, sind sie doch auch gleichzeitig besitzergreifend und sogar eifersüchtig.

Der Rückzug

Wenn der Drache-Mann für Sie nur ein Abenteuer ist, gibt es kein Rezept, ihn loszuwerden. Seine Intuition ist so groß, daß er Sie, schon lange bevor Sie merken, daß dieses Verhältnis in die Brüche geht, verlassen hat. Wenn Sie aber an eines dieser seltenen ›hartgesottenen‹ Exemplare geraten sein sollten, denken Sie an sein Verlangen, verführen zu wollen, und stellen Sie ihm eine Freundin vor.

Eine Ehe zu brechen, ist eine andere Sache. Ein Drache haßt Schwierigkeiten in der Liebe wie im Berufsleben. Sie müssen also an seine edelmütige und einsiedlerische Seite appellieren. Gemäß der Legende ist der Drache dazu auserkoren, sein Schicksal selbst zu bestimmen, und nicht dazu, sich zu fügen. Einem Menschen, der ihn nicht bewundert, wird er keine Niederlage eingestehen, aber widerwillig in eine Trennung von dieser Person, die keinen Glauben an ihn hat, einwilligen.

Auf der Suche nach der Drache-Frau

Eine Frau bei uns im Westen als Drache zu bezeichnen, ist gewiß nicht schmeichelhaft. Die so bezeichnete Dame ist im allgemeinen eine wilde, autoritäre Furie. Im Fernen Osten gilt dieses Klischee nicht, und die Drache-Frau genießt einen ausgezeichneten Ruf. Von Shanghai bis Peking werden die Schönheit, der Gang, die Eleganz und der Charme der Drache-Frau besungen. Was noch besser ist, es wird gesagt, daß die unter diesem Zeichen Geborene von den Schicksalsschlägen des Lebens verschont bleibt und länger als die anderen ihre Schönheit behält. Sie bezweifeln es? Halten Sie mal nach älteren Frauen dieses Zeichens Ausschau und vergleichen Sie sie mit den anderen. Oder denken Sie an die

Personen, bei denen das Alter keine Spuren zu hinterlassen scheint, wie Annie Cordy, Julie Christie, Faye Dunaway, Shirley Temple oder Françoise Giroud.

Als lebhafte, dynamische, kritische Person ist die Drache-Frau auch sehr unabhängig, selbstsicher, selbständig und provoziert oft die selbstgefälligen Männer, die nicht für die Gleichberechtigung der Frau eintreten. Die Drache-Frau ist eine Feministin, aber keine Emanze und fühlt sich dem Mann völlig gleichgestellt. Sie kennt aber keine Rachegefühle, und ein gewisser Realismus hält sie von Übertreibungen ab.

Diese erstaunliche Mischung – eine feminine Frau im Körper einer Göttin – ist imstande, all die armen Männer der Schöpfung zu erschrecken. Die Drache-Frau ist kein autoritäres Monster, sie besitzt einen Sinn für Fair play, viel Großmut und ist immer für die Probleme der anderen da.

Sie ist hyperaktiv und kann in 24 Stunden das leisten, wofür normale Sterbliche zwei Tage benötigen würden. Die superorganisierte Drache-Frau ist imstande, ihr berufliches und privates Leben gleichzeitig zu meistern, eine Herausforderung, die nur wenige Frauen mit solcher Virtuosität meistern. Demjenigen, der den Schlüssel zu ihrem Herzen findet, offenbart sie sich als Papier-Drache. Sie hat aber ein großes Bedürfnis, anerkannt und geliebt zu werden. Ihr Drive, den wir bereits erwähnt haben, ist wie ein Motor, der nicht ohne Anerkennung oder Ermutigung, ohne Liebe oder Freundschaft laufen kann. Mit diesem Treibstoff kann die Drache-Frau das Unmögliche möglich machen. In Herzensangelegenheiten heißt es bei ihr alles oder nichts. Die Drache-Frau beansprucht Exklusivität und ist dabei selber besitzergreifend. Ihre Treue ist sicher, aber ein wenig zweideutig. Sie besitzt in der Tat eine leichte Neigung zum Flirt, um ihre Verführungskünste zu bestätigen und sich zu amüsieren, aber nicht mehr.

Die Strategie

Unter den Füßen einer Drache-Frau wächst kein Gras, sie ist immer in Bewegung, meistert das Leben mit Enthusiasmus. Nichts erscheint ihr unmöglich, Schwierigkeiten amüsieren und stimulieren sie. Um sie in die Falle zu locken, müssen Sie sich auf ihr Terrain begeben und im Umfeld ihrer Arbeit eine Stelle finden, in die Sie sich einschleichen können. Sie sollten aber wissen, daß die Drache-Frau sehr umworben ist. Die Anzahl ihrer Verehrer ist oft erstaunlich groß, Sie haben also Konkurrenz.

Bevor Sie sie verführen, müssen Sie noch wissen, daß sie eine gewisse Verachtung empfindet für Individuen, deren Verstand dem ihren unterlegen ist. Ich betone nochmals, der Mann, den sie liebt, muß ihr mindestens ebenbürtig sein. Seien Sie aber nicht erstaunt, wenn Sie sie von Dummköpfen umgeben antreffen... Der Grund ist, daß dieses Frauenzimmer Schmeicheleien liebt, eine Eigenschaft, die oft bei ›Idioten‹ anzutreffen ist.

Die Idee, eine Drache-Frau, die Ihnen vollkommen unbekannt ist, zu verführen, zieht nicht. Die Aufmerksamkeit einer solch schönen Kreatur nur durch Ihre Anwesenheit oder indem Sie sie ansprechen zu erregen, ist ein schöner Traum, aber in der Wirklichkeit kaum durchführbar. Sie muß sich also bereits in Ihrer näheren Umgebung aufhalten. Sie müssen während des ersten Treffens oder Abendessens, an dem sie teilnimmt, reagieren. Bei dieser Gegebenheit sollten Sie brillant und – für einen Augenblick – der Star des Abends sein. Sie könnten Ihren Geburtstag feiern, aber dieser Anlaß ist zu banal – vor allem in den Augen eines Drachen.

Einen Erfolg mit einem oder mehreren Kumpeln zu feiern wäre ideal. Stellen wir uns einmal vor, Sie haben gerade an einer interessanten Regatta teilgenommen. Die ganze Szene spielt sich im Klub in einer positiven und freundlichen Atmosphäre ab. Sie sind gelöst, tragen

einen gutsitzenden Anzug, sind einer der Helden des Abends, aber nicht der einzige, was Ihnen eine nützliche Autonomie läßt. Die Drache-Frau, ihres Rufes würdig, ist natürlich nicht allein gekommen. Wenn es sich bei dem Begleiter um einen dieser Dummköpfe handelt, die wir bereits erwähnt haben, ist die Beseitigung dieses lästigen Wesens zwar durchführbar, aber vergebens. Die Drache-Frau hält viel von Freundschaft und wird ihren Kavalier nicht um Ihrer schönen Augen willen verlassen, selbst wenn Sie ihr gefallen. Umsicht ist also angebracht. Für die erste Kontaktaufnahme beschränken Sie sich darauf
— sich bemerkbar zu machen,
— bemerkt zu werden,
— die Anschrift der Schönen zu bekommen.

Es ist zwecklos, mehr zu erwarten, außer es geschieht ein Wunder. Vergessen Sie niemals, daß die Drache-Frau es haßt, etwas dem Zufall zu überlassen, an den sie überdies auch nicht glaubt. Sie ist diejenige, die über Freundschaft entscheidet, was Sie schnell lernen werden, wenn Sie der Auserwählte sein sollten.

Die erste Runde

Sie haben die Anschrift Ihrer Angebeteten bekommen. Alles, was Sie für eine geplante Eroberung benötigen, wissen Sie bereits. Diese Etappe ist aber für einen positiven Ausgang unerläßlich. Die Drache-Frau verabredet sich niemals mit einem ihr Unbekannten.
  Wie sie für sich interessieren? Was ist zu tun, daß das Rendezvous stattfindet?
  Wenn Ihre persönliche Situation es erlaubt, sie zu einem Abendessen oder einer außerordentlichen Veranstaltung einzuladen, ist das Spiel leicht gewonnen. Die

Drache-Frau wird kommen, um zu sehen, aber vor allem, um gesehen zu werden! Wenn Sie aber weder der Vetter des Prinzen von Wales noch der Neffe des Direktors der Comédie-Française sind, muß Ihr Köder den Anstrich des Außergewöhnlichen haben.

Da die zweite Möglichkeit die wahrscheinlichste ist, bitten Sie sie um Hilfe! Bitten Sie sie, indem Sie an ihren Kunstverstand, ihren guten Geschmack usw. appellieren – geben Sie dabei Ihr Bestes –, sie zu Ihrem Freund Tom, einem exzentrischen, originellen, theatralischen Genie zu begleiten, um ihm dabei zu helfen, seine Werke aufzuhängen, die er bis Mittwoch abend in der Galerie X angebracht haben muß. Nach dieser harten Arbeit wird man dann einen Imbiß in einem eleganten Lokal zu sich nehmen. Für eine Drache-Frau, die die etwas ausgefallene und exzentrische Kunst liebt, Dalí ist übrigens auch ein Drache, ist diese Art von Einladung einfach unwiderstehlich.

Auf diesem Terrain, auf dem sie Ihnen im Gegensatz zu den anderen in Jeans und einem Pulli, der ihre gute Figur betont, begegnet, wird sie natürlich, schlicht, angenehm und vor allem empfänglich sein. Sie bestimmen jetzt das Spiel und sollten hilfsbereit, zuvorkommend, höflich und intelligent sein und sich lobend über sie äußern, aber nicht nur über ihren Körper. Beweisen Sie Ihren Charme ebenfalls mit Phantasie und Kreativität. Erzählen Sie auch ohne Scheu von Ihren Fehlern, und zeigen Sie, daß Sie trotz Ihres guten Willens ein ungeschickter Mensch sind, was beim ›Bilderaufhängen‹ nicht allzu schwer sein dürfte. Außerdem sollten Sie ihr auch klarmachen, daß der Haushalt nicht Ihre starke Seite ist und daß der fast perfekte Mann, der Sie sind, unbedingt Hilfe braucht. Nachher, in dem kleinen Restaurant, lassen Sie sie Blattsalate, ein typisches Gericht und einen guten, leichten Rotwein probieren. Und vergessen Sie vor allem nicht den Nachtisch.

Der Umgang mit der Drache-Frau

<u>Zu Hause</u> Wenn Sie es geschafft haben, sie zu sich nach Hause einzuladen, vergessen Sie nicht, daß Sie hier endgültig beurteilt werden. Die Drache-Frau wird Ihre Umgebung sehr aufmerksam begutachten. Bücher, Platten, Nippes, Souvenirs, Kunstgegenstände und alte Möbelstücke werden genauestens überprüft, bis sie überzeugt ist – und darin geht sie nie fehl, da diese Dinge ihre innerste Persönlichkeit widerspiegeln. Sie wird außerdem überprüfen, ob Sie auch wirklich dieser ein wenig illusionistische Intellektuelle und Arbeiter sind, der sowohl Erfolg hat als auch etwas erschaffen kann. Der Rest wird ebenfalls ihre Aufmerksamkeit auf sich ziehen, das heißt die Küche eines Junggesellen, der von Konserven und Spiegeleiern lebt – wenn er sich überhaupt etwas selbst zubereitet –, das Schlafzimmer und das Badezimmer, in dem sie, die organisierte Frau, entdecken wird, daß der Haushalt wirklich nicht zu Ihren Stärken zählt… was sie vielleicht, eher als Sie glauben, für Sie einnehmen wird.

Bei Ihnen zu Hause sollten also Kunstbücher, klassische Literatur, Geschichtsbücher und Gedichtbände, Platten mit Opernmusik, Jazz und eine Sammlung der schönsten Stimmen dieses Jahrhunderts, ein afrikanischer Fetisch, eine Katze… eine im Badezimmer fallengelassene Socke und in der Küche eine verkohlte Pfanne vorhanden sein. Für all dies wird sie Ihnen eine ›große Auszeichnung‹ verleihen.

<u>Die Unterhaltung</u> Mit ihrer lebhaften Intelligenz und ihrer unermüdlichen intellektuellen Neugier interessiert sich die Drache-Frau für vieles. Es gibt also genügend Themen für eine Unterhaltung. Versuchen Sie, sie zum Sprechen zu bringen, und lassen Sie sie reden. Ihre Kultur sowie die Aufrichtigkeit ihrer Gefühle werden Sie

bezaubern und erstaunen. Sie können auch mit ihr über Mode reden und werden entdecken, daß Ihr Drache sich sehr dafür interessiert. Alle Frauen dieses Zeichens sind gepflegt, da sie Eindruck machen und verführerisch sein möchten. Es bleibt auch noch die kulinarische Kunst. Bei einigen Drache-Frauen steht ihre Redekunst ihrem Können in nichts nach, und das ist nicht gering, glauben Sie mir.

Die Geschenke Vermeiden Sie Kleidungsstücke und Kinkerlitzchen. Auf diesem Gebiet hat die Drache-Frau genaue Vorstellungen, die nicht unbedingt mit den Ihren übereinstimmen müssen. Wenn Sie wirklich darauf bestehen, nehmen Sie sie zu einem Couturier mit! Ohne Scheu und Angst, etwas Falsches zu tun, können Sie ihr ein Bild schenken, eine persische Miniatur oder ein surrealistisches Bild, sie wird hingerissen sein. Bei den Büchern gibt es reiche Auswahl. Wenn Sie sie aber in Erstaunen versetzen wollen, schenken Sie ihr eine schöne Ausgabe von ›Alice im Wunderland‹, ›Märchen aus Tausendundeiner Nacht‹ oder das hervorragende ›Kreuzstichbuch‹ von Régine Deforges und Geneviève Dorman. Von dieser letzten Wahl wird sie nicht nur überrascht, sondern auch überwältigt sein, vor allem weil der Einband dieses Albums mit einer Stickerei ›Mein Herz ist Dein‹ verziert ist.

Auf daß der Mond blau werde

Die außergewöhnliche Drache-Frau liebt das Schmeicheln und ist daher einem Flirt nicht abgeneigt. Hier kann sie ihre Verführungskünste bestätigen und gleichzeitig denjenigen, der ihre Aufmerksamkeit genießt, abschätzen. Sie sind also ausgewählt worden. Die Liebe geht nun in eine aktive Phase über – die sie souverän bestimmen wird und die Sie überraschen wird. Außergewöhnlich ›Yang‹ (männliche Kraft), wird die Drache-Frau die Initiative übernehmen, das Vorspiel verkürzen, und ihre sexuelle Kunst wird Ihre kühnsten Erwartungen übertreffen. Damit ›ihr‹ Mond blau wird, müssen Sie auf der Höhe dieser anspruchsvollen Mätresse sein. Man kann eigentlich dem Glücklichen, der von einer Drache-Frau begünstigt wird, nur zur aufmerksamen Lektüre von ›Tao, die Kunst des Liebens‹ raten.

Positive und negative Eigenschaften

Mit ihrer Schönheit, ihrer Verführungskunst und ihrer ewigen Jugend bleibt die Drache-Frau lange begehrt. Kann sie der Liebe, die sie in anderen außer Ihnen wachruft, widerstehen? Die chinesische Tradition äußert sich nur ungenau zu diesem Thema. Einige sagen jedoch, daß die eheliche Treue der Drache-Frau nicht sicher ist, und raten dem Ehepartner, viel Nachsicht zu üben.

Diese Meinung ist jedoch übertrieben. Es stimmt, daß einige Drachen (vor allem der Feuer-Drache) ein wenig flatterhaft sind, aber hauptsächlich – wie schon erwähnt –, um ihr Können unter Beweis zu stellen und nicht aus Untreue. Diese Drachen kehren jedoch immer in den Schoß der Familie, zu dem Mann ihrer Wahl, zurück, der – wenn er Verständnis zeigt – mit ihrer Toleranz rechnen kann... Im allgemeinen ist die verliebte Drache-Frau, wenn sie eine feste Bindung eingegangen ist, sehr treu. Sie wird aber auch besitzergreifend und manchmal eifersüchtig sein, eine Eigenschaft, die bei einer Frau, die so sehr auf ihre Unabhängigkeit bedacht ist, doch überrascht. Wenn man Komplikationen vermeiden will, sollte man mit der Ambiguität rechnen.

Außerdem auch damit, daß ihre Wutanfälle – die bei Holz- und Metall-Drachen häufiger als bei anderen vorkommen – heftig sein können. Glücklicherweise halten sie nie lange an, und die Drache-Frau ist nicht nachtragend, was eine Versöhnung erleichtert.

Unterschätzen Sie daher niemals diese selbständige Person, diese Perle, die sich um Ihren Haushalt kümmert. Sie ist eine perfekte Köchin (weniger die Frau mit dem Element Erde) und eine Frau, um die man Sie beneiden wird. Sie ist die letzte Vertreterin eines in Vergessenheit geratenen Matriarchats, eine hartnäckige, dickköpfige und stolze Person, die Sie zähmen wird.

Der Rückzug

Wenn die Drache-Frau für Sie nur ein Abenteuer ist, das Sie beenden möchten, müssen Sie wissen, daß es lange dauern wird, bis diese untreue Person Sie gehen lassen wird. Sie wird Sie aus ›Besitzerstolz‹ behalten, zum Vergnügen und um Ihre Reaktionen zu testen! Eine ehrliche und direkte Erklärung ist das beste, sie wird großmütig sein und Ihnen Ihre Freiheit ›zurückgeben‹. Ein Rat: Nehmen Sie sie beim Wort und fliehen Sie!

Eine Ehe zu brechen, scheint unmöglich. Man verläßt eine solch perfekte Frau nicht. Nur einem Verrückten könnte so etwas einfallen. Außer es handelt sich um jemanden, der seinen Ehegatten quält und ohne Unterlaß Liebesbeweise und eine totale Verfügbarkeit verlangt. Der Bruch könnte sich in diesem Fall vollziehen, wird aber stürmisch und schwierig sein. Anders, wenn Sie auf jedem Gebiet eine Enttäuschung sind. Dann wird sie Sie verlassen.

6
Die Schlange

Die Schlange ist ein Yang-Zeichen,
und ihr chinesischer Name ist She

Die Jahre der Schlange	Element
4. 2. 1905 – 24. 1. 1906	Holz
23. 1. 1917 – 10. 2. 1918	Feuer
10. 2. 1929 – 29. 1. 1930	Erde
27. 1. 1941 – 14. 2. 1942	Metall
14. 2. 1953 – 2. 2. 1954	Wasser
2. 2. 1965 – 20. 1. 1966	Holz
18. 2. 1977 – 6. 2. 1978	Feuer
6. 2. 1989 – 26. 1. 1990	Erde

Checkliste der positiven und negativen Eigenschaften

scharfblickend	skeptisch
gesunder Menschenverstand	untreu
durchdringend	mißtrauisch
liebevoll	hartgesotten
taktvoll	egoistisch
fügsam	argwöhnisch
scharfsinnig	schwach
attraktiv	unerbittlich
selbstlos	eingebildet
elegant	eifersüchtig
idealistisch	narzißtisch
intuitiv	unersättlich
kultiviert	träge
umsichtig	unzuverlässig
philosophisch	gleichgültig
begabt	schlechter Verlierer
weise	flatterhaft
verführerisch	rachsüchtig
ruhig	voller Verachtung
zuvorkommend	anmaßend

Die Beziehungen zu anderen Zeichen

Eine Schlange einzufangen, ist eine Sache, sie zu zähmen, eine andere. Je nachdem, ob die anvisierte Beute für den schnellen Verzehr oder als Fang für die ›Ewigkeit‹ vorgesehen ist, bietet die chinesische Tradition folgende Hinweise:

Für eine Liaison (oder Versuchszwecke) sind geeignet:
- ••••• Drache
 - •••• Pferd, Schlange
  - ••• Affe, Schwein, Hund
   - •• Büffel, Ratte
    - • Ziege

Für die Ehe empfehlen sich folgende Zeichen:
- ••••• Hahn
 - •••• Drache, Schwein
  - ••• Pferd
   - •• Büffel, Schlange, Hund, Ratte, Katze
    - • Affe

Einige berühmte Schlangen

Männlich: Casanova, Christian Dior, Bob Dylan, Fats Domino, Henry Fonda, Paul Getty, David Hamilton, Gandhi, J. F. Kennedy, Henri Matisse, Cecil B. de Mille, Robert Mitchum, Sterling Moss, Claude Nougaro, Pablo Picasso, Aristoteles Onassis, Jean-Paul Sartre, Paul Simon, John Travolta, Oliver Todd.
Weiblich: France Bel, Danielle Darrieux, Nathalie Delon, Indira Gandhi, Greta Garbo, Martine Matagne, Gracia von Monaco, Audrey Hepburn, Jacqueline Kennedy, Mary Pickford, Régine, Madelaine Robinson, Dionne Warwick, Mae West.

Die verschiedenen Typen

Mit dem Element Holz Umgänglich, mondän und scharfsinnig, neigt diese Schlange dazu, immer bis ans Äußerste ihrer Möglichkeiten, Unternehmungen oder Projekte zu gehen. Sie ist sehr gewissenhaft und begeistert sich für alles, was sie unternimmt. Sie liebt den Komfort, ja sogar den Luxus, interessiert sich für Kunst und die Schönheiten der Natur. Sie ist treu und beständig in der Liebe und Freundschaft, aber ebenso besitzergreifend und manchmal eifersüchtig. Charakteristik: Eine charmante, aber dominante Schlange.

Mit dem Element Feuer Diese Schlange ist impulsiv, feurig, autoritär, magnetisch, brillant und ehrgeizig. Sie ist vom Glanz und Erfolg besessen und ist selber verführerisch und charmant. Als mißtrauischer Mensch traut sie nur sich selbst. Sie ist hartnäckig – auch wenn ihr Erfolgsdrang manchmal gedämpft ist – und relativ unnachgiebig. In der Liebe ist sie kein Kostverächter, ein Casanova, eine sinnliche Person, die mit Leidenschaft liebt oder haßt und sich als sehr besitzergreifend erweist. Charakteristik: Eine ausschweifende Schlange.

Mit dem Element Erde Als weiser, spontaner, realistischer und sanfter Mensch ist die Erd-Schlange wahrscheinlich die warmherzigste der Schlangen. Sie besitzt Humor und liebt es, Späße zu machen und an gemeinsamen Unternehmungen teilzunehmen. Sie ist loyal, herzlich und ein Philanthrop, ein Künstler, dessen Vorstellungskraft von einem großen Sinn für Ästhetik geleitet wird. Da sie auch geschwätzig und drollig ist, erscheint sie schwach, was aber falsch ist. Sie besitzt ein ruhiges Wesen und läßt sich niemals einschüchtern, und sie ist ein charmanter Geselle. Charakteristik: Eine realistische und warmherzige Schlange.

<u>Mit dem Element Metall</u> Diese Schlange ist hilfsbereit, intelligent, berechnend und vorsichtig, sie hat es faustdick hinter den Ohren und ist heimlichtuerisch. Ihr ungezähmter Erfolgsdrang macht sie ein wenig mißtrauisch und manipulatorisch. Sie erträgt Mißerfolge nur schwer, läßt sich aber nie entmutigen. Sie liebt Diskussionen, ist großzügig und besitzt eine erstaunliche Intuition. Sie ist daher oftmals vom Unbekannten und Irrationalen fasziniert. In der Liebe ist sie nicht leicht zu zähmen und legt mehr Wert auf die wahren Gefühle als auf den sexuellen Aspekt einer Verbindung. Charakteristik: Eine diskrete und intuitive Schlange.

<u>Mit dem Element Wasser</u> Als ernstes, praktisch veranlagtes und philosophisches Wesen, ist diese Schlange sehr geschäftstüchtig. Da sie einen scharfen Verstand besitzt, ruhig, praktisch und sensibel ist, erfaßt sie leicht die Schwierigkeiten einer Aufgabe, handelt sehr wirkungsvoll und mobilisiert die guten wie die schlechten Kräfte. Diese Dinge hindern sie jedoch nicht daran, künstlerisch, sehr kultiviert und wißbegierig zu sein. Diese Schlange ist im allgemeinen ein ehrlicher und direkter Mensch, dem es trotz des kühlen Eindrucks, den er macht, nicht an menschlichen Qualitäten mangelt. Er ist außerdem ein wenig nachtragend. Charakteristik: Eine zuverlässige und leistungsfähige Schlange.

Auf der Suche nach dem Schlange-Mann

Es war eine Schlange – dieses teuflische Tier, dem man schon immer eine große Verführungskraft nachgesagt hat –, die Eva dazu verführt hat, den Apfel zu pflükken. Ohne uns an den Volksglauben zu halten, müssen wir doch sagen, daß die meisten Schlange-Männer sehr verführerisch und außerordentlich anziehend sind. Hier liegt vielleicht auch der Grund dafür, daß der Schlange-Mann, wenn es um die Liebe geht, leicht seinen Scharfsinn und seine Klugheit vergißt. Dieses ist ein Bereich, in dem er glänzt, sich als feurig und unermüdlich erweist. Eigenschaften, die ihn oft anmaßend, eigenwillig, flatterhaft und träge werden lassen... ebensosehr wie er sich dadurch auszeichnet, daß er selbst die schwierigsten Situationen zu seinen Gunsten ändern kann. Ohne verallgemeinern zu wollen, kann man doch sagen, daß das Liebesleben vieler Schlangen sehr hektisch und voller verworrener Affären ist. Sie meistern es aber hervorragend. Sie ignorieren die sitzengelassenen Opfer und sind immer bereit für neue Eroberungen... Es war wahrscheinlich kein Zufall, daß Casanova auch im Zeichen der Schlange geboren ist! Das zeigt, daß die Schlange eine scharfsinnige Intelligenz besitzt und zu genialen Einfällen fähig ist (Kopernikus, Darwin, Braille). Sie kann sich ebenfalls für große humanistische Ziele begeistern und für diese alle Risiken auf sich nehmen. Lincoln, Gandhi und Indira Gandhi sind Beispiele für diese Neigung. Die ehrgeizige und idealistische Schlange, die fähig ist, zu überzeugen und zu mobilisieren, neigt dazu, die Gesellschaft zu verändern (Mao Tse-Tung), die materialistische Art versucht ein Vermögen zu machen (Onassis, Howard Hughes), was ihr im allgemeinen auch gelingt.

Wie bereits erwähnt, sind die Schlange-Menschen scharfsinnig und weise. In der Tat sind viele Schlangen philosophisch, haben eine Tendenz zur Reflexion und Metaphysik sowie zum Abstrakten. Die Schlangen, die diesen Weg einschlagen, erreichen den höchsten Gipfel der Genialität (Montaigne, Montesquieu, Lao-Tse).

Als Philosophen, Politiker und Finanziers lassen die Schlangen keinen gleichgültig, da sie – Sie werden sich erinnern – der Inbegriff des Charmes sind. Die Schlange-Menschen besitzen auch Humor, was sie zu einem angenehmen Partner, einem großzügigen und aufrichtigen Freund macht; zu einem hilfsbereiten Kumpel, der auch zuhören kann. Sie bezweifeln gleichwohl das Urteilsvermögen der anderen und sind oftmals fremden Argumenten gegenüber taub.

Da der Schlange-Mensch so intuitiv, scharfsinnig und sogar realistisch ist, wird er selten von Zweifeln geplagt. Als besitzergreifendes Wesen kann er nicht verstehen – das gilt besonders für die Liebe –, wie man ohne ihn glücklich sein kann und daß man ihn nicht unwiderstehlich findet. Dieser eigensinnige Mensch nimmt sich Freiheiten heraus, die er anderen abspricht, um zu sehen, ob woanders das Gras grüner ist. Vor allem, wenn er eine feste Verbindung hat. Und das nicht nur, um seine Verführungskünste zu bestätigen, sondern auch um des Abenteuers willen. Der Schlange-Mann liebt es, in der Liebe mit dem Feuer zu spielen; es befriedigt ihn, und er verbrennt sich selten dabei.

Die Strategie

Nichts ist leichter, als einen Schlange-Mann zu verführen. Selbst die seriösesten unter ihnen (J. F. Kennedy) halten sich für einen Verführer. Wenn Sie also eine solche Persönlichkeit fesseln wollen, spielen Sie die Femme fatale, die mysteriöse, zurückhaltende und unwiderstehliche Frau. Seien Sie wie eine Mischung aus Greta Garbo und Marylin Monroe, eine üppige und explosive Mischung, um selbst die Schwierigsten dieses Zeichens zu ›knacken‹. Aber wenn Sie weder den Stil der einen noch die Rundungen der anderen besitzen, biete ich Ihnen hier die Waffen für Ihre Offensive: der Schlange-Mann ist sehr empfänglich für zwei Farben, Rot und Grün. Wenn Sie abends angreifen, wählen Sie erstere und für den Tag die zweite.

Wenn Sie kein Kleid in diesen Farben besitzen, wählen Sie Schwarz oder ein elegantes Perlgrau, das wird genauso wirken. Es spielt keine Rolle, ob das Kleid von einem großen Modemacher ist. Wichtig ist, daß es Ihre Vorzüge betont. Ideal wäre ein enganliegendes, an der Seite geschlitztes Kleid, das die Beine nicht verbirgt und ein leicht ausgeschnittenes Oberteil hat.

Für das Mysteriöse ziehen Sie einen von diesen kleinen Hüten mit Schleier an. Tragen Sie leichte Schuhe, eine Kette mit einem Smaragd (Achat oder Ähnlichem). Ihr Nagellack sollte feuerrot und das Eau de toilette ›Coco‹ von Chanel sein! So gewappnet, bleibt nur noch, das Terrain auszusuchen, was nicht weiter schwierig ist. Er hat eine Lieblingsbar, und Sie müssen sich dort – natürlich allein – zwei Hocker von ihm entfernt niederlassen und warten. Es kann sich dabei um eine Wahlversammlung seines Freundes XYZ, der einen Sitz im Bundestag anstrebt, handeln, um den Verkaufsraum, den er jeden Dienstag aufsucht, oder den Markt, auf dem er nach Büchern sucht usw. An diesen Orten wird die Taktik nicht so leicht anzuwenden sein wie im ersten Fall. Greifen Sie also zum ältesten Trick der Welt, und lassen Sie einen Handschuh oder andere Kleinigkeiten zu seinen Füßen fallen... und lassen Sie dem Schicksal seinen Lauf. Der Schlange-Mann stellt keine Fragen und liebt braune, blonde, dünne, rundliche, intelligente und auch charmante dumme Frauen.

Die erste Runde

Nun also haben Sie Ihr Opfer am Haken und müssen die Beute sichern. Was haben Sie mit dem Schlange-Mann vor? Wenn Sie nur auf ein Abenteuer aus sind, ist die Taktik einfach, und Sie müssen sich selbst um ein zweites Treffen bemühen. Wenn Sie ihn aber einfangen, zähmen und vielleicht sogar heiraten wollen, ist der einzuschlagende Weg ganz anders und sehr delikat.

Erster Fall: das Abenteuer. Er hat Sie bemerkt, Sie haben ihre Adressen ausgetauscht, und wenn er – seltsamerweise – noch nicht angerufen hat, tun Sie es! Wetten, daß Sie innerhalb von drei Minuten zu Ihrem Rendezvous kommen, und das in einer behaglichen Gastwirtschaft... Anderenfalls bitten Sie ihn zu sich nach der Vorführung oder dem Essen, zu dem er Sie eingeladen hat. Er wird sich nicht lange bitten lassen.

Zweiter Fall: die ernsthafte Verbindung. Gleiche Ausgangssituation. Er hat Sie bemerkt. Sie haben ihre Adressen ausgetauscht, und dieser Kerl hat noch immer nicht angerufen. Übernehmen Sie auf keinen Fall die Initiative. Er schätzt Sie ab. Er hat Sie nicht vergessen, sein Gedächtnis ist auf diesem Gebiet außerordentlich – er träumt aber im Moment nur von einem Abenteuer und erwartet Ihren Anruf. Lassen Sie sich hierbei Zeit. Wiederholen Sie zum Teil die anfängliche Taktik, d. h., laufen Sie ihm über den Weg und seien Sie leicht, fast unmerklich reserviert. Nur so viel, wie es nötig ist, damit er Ihr Interesse an ihm bemerkt, aber nicht so stark, daß er meinen könnte, die Partie bereits gewonnen zu haben. Der Schlange-Mann (vor allem mit dem Element Feuer) betrachtet die Liebe als ein Spiel, und es liegt an Ihnen, ihm die Partie so schwer wie möglich zu machen. Gehen Sie also nicht zu dem Rendezvous, das er Ihnen soeben anberaumt hat. Es geht nicht darum, ihn zu versetzen, was er nicht ertragen würde, sondern sagen Sie ihm telefonisch ab. Geben Sie ihm einen guten, vernünftigen Grund an, und schlagen Sie ihm einen neuen Zeitpunkt vor. Aber geben Sie ihm noch nicht nach. Bremsen Sie diplomatisch seinen Enthusiasmus, und erwähnen Sie geschickt, daß Sie bald ein freies Wochenende haben werden. Dann nämlich, im Laufe dieses verlängerten Aufenthalts, werden Sie die Gelegenheit haben, ihn zu verführen. Damit dies geschieht und um Ihr Verhältnis zu stärken, müssen Sie unbedingt die Frau all seiner Träume, immer liebevoll und sehr treu, aber nicht fügsam, unterwürfig und bereit sein, auf den ersten Wink hin anzutanzen. Der Schlange-Mann braucht, mehr als die anderen, eine gewisse Unsicherheit, um ein dauerhaftes Verhältnis oder eine Ehe einzugehen und seine Freiheit zu opfern. Gehen Sie aber nicht zu weit, da der Schlange-Mann gegen die Liebe immun ist. Spielen Sie die zerbrechliche Person, seien Sie aber innerlich hart wie ein Fels, und zeigen Sie ihm vor allem, daß Ihre Liebe nur Zärtlichkeit ist.

Der Umgang mit dem Schlange-Mann

<u>Zu Hause</u> Wenn Sie es geschafft haben, ihn dorthin zu locken, wird ihn Ihre Umgebung sehr interessieren. Dieses Abschätzen Ihres kulturellen Niveaus, Ihres guten Geschmacks oder Ihres Reichtums wird aber keine große Rolle spielen. Er schätzt Sie wegen Ihrer Weiblichkeit, Ihre intellektuellen oder künstlerischen Fähigkeiten interessieren ihn nur mäßig und auch nur in dem Sinne, daß Sie vielleicht einmal seine Partnerin werden. Es gibt viele Schlangen, die die Liebe lieben, aber auch viele, die die kulinarischen Genüsse schätzen. Ihre Küche – der Ort selbst und Ihre Talente – wird also seine ganze Aufmerksamkeit in Anspruch nehmen. Sie müssen wissen, daß viele Schlangen das ›große Fressen‹ lieben, das heißt Qualität und Quantität!

<u>Die Unterhaltung</u> Um auf das oben Erwähnte zurückzukommen, sprechen Sie mit ihm über Küche, Rezepte, Restaurants, er wird Ihnen interessiert zuhören und Ihnen seine kleinen Geheimnisse und exotischen Vorlieben usw. beichten. Mit einem Schlange-Mann läßt sich

über vieles reden. Sie können ihn aber auch – nach einem Mittagessen bei Ihnen – in einen Sessel setzen und ihn ein Mittagsschläfchen halten lassen... Dieser Faulpelz wird es zu schätzen wissen.

<u>Die Geschenke</u>   Zögern Sie nicht, und schenken Sie ihm die ›Chinesischen Genüsse‹, ein hervorragendes und kostbares Album. Mit diesem Geschenk schmeicheln Sie seiner Schlemmerei und Neugier. Sie können ihm ebenfalls seltene Liköre, Krawatten, eine Weste, einen Pullover, usw. schenken (nicht alle Schlangen haben einen perfekten Geschmack in bezug auf Kleidung, was besonders für diejenigen mit dem Element Erde oder Metall zutrifft). Er wird auch kleine nützliche elektronische Spielereien für das Büro oder die Küche schätzen. Ebenso einen Jogginganzug, um in Form zu bleiben.

Auf daß der Mond blau werde

Hier gibt es kein Rezept, da es für den Schlange-Mann ganz natürlich ist, von der Zärtlichkeit auf die Liebe überzugehen. Und wenn Sie dabei empfänglich und liebevoll sind, kann die Fähigkeit dieses geheimnisvollen Wesens spektakulär sein und sich bis zu einem Taifun, ja sogar Zyklon auswachsen. Sie werden ›es lebe die Liebe‹ rufen, und der Mond wird blau, intensiv blau werden... Die chinesische Tradition bestätigt, daß die im Zeichen der Schlange geborenen Männer unermüdliche, phantasievolle und unersättliche Liebhaber sind. Er wird aber nicht bis zur ›Hemmungslosigkeit‹ gehen, es sei denn... sei es wie es sei, die Chinesen drücken sich diesbezüglich sehr präzise aus, und wer einmal die Freuden der Liebe mit einem solchen Mann geteilt hat, wird die anderen mickrig finden! Und damit ist alles gesagt.

Positive und negative Eigenschaften

Der Schlange-Mann mit dem Element Holz oder Wasser ist meistens treu und oft anspruchsvoll. Einige Spezimen dieser Klasse – vor allem der ersten – sind von Grund auf eifersüchtig, müssen alles überprüfen und bedienen sich sogar manchmal der Erpressung, um das Monopol nicht nur Ihrer Zuneigung, sondern auch Ihrer Anwesenheit zu erzwingen. Diese Mentalität eines besorgten Kalifen, der seine Frau hinter Schloß und Riegel wissen möchte, ist heutzutage glücklicherweise nicht mehr oft anzutreffen, aber seien Sie wachsam. Bezüglich der anderen Schlange-Typen, der Perfektionisten, Peniblen, Zärtlichen, Philosophen, Scharfsinnigen, Kultivierten und Raffinierten... alle, aber fast alle geben unweigerlich eines Tages diesem Drang, der sie dazu führt, den Verführer zu spielen, nach. Um mit André Roussin zu sprechen, kann man sagen, daß die im Zeichen der Schlange geborenen Männer nie das Gefühl haben, jemanden zu hintergehen. Außerdem sehen sie nicht ein, daß sie, weil sie jemanden lieben (ihre Partnerin), alles Neue, was in ihr Leben treten könnte, ignorieren sollen. Die Schlangen lieben die Liebe, viele von ihnen aber auch die Tafelfreuden, und einige unter ihnen gehören zu der Sorte, die man als ›großer Esser‹ bezeichnen könnte (Feuer-Schlange). Sie verachten weder die Speisen noch die Weine oder das Bier.

Zum Schluß noch ein kleiner Fehler, der besonders bei den Schlange-Männern auftritt: Sie schnarchen.

Der Rückzug

Wenn der Schlange-Mann für Sie nur ein Abenteuer... Berichtigung: wenn Sie das ›Abenteuer‹ dieses Herren sind (jedenfalls wird er sicherlich die Sache so betrachten) und Sie aufgehört haben, ihn zu lieben, bevor er daran denkt, Sie zu verlassen, wird er ohne zu klagen und zu lamentieren (außer sein Element ist das Holz oder Wasser) Ihren Abschied hinnehmen und Sie vergessen.

Wie bereits erwähnt, ist der Schlange-Mann immun gegen Liebeskummer. Dieses gilt sowohl für das Ende einer langjährigen Liaison als auch für die Auflösung einer Ehe. Er wird der Form halber protestieren (außer sein Element ist das Holz oder Wasser) und sich schnell ins Unvermeidliche fügen. Er ist sogar imstande, die Scheidung aus seinem Verschulden auf sich zu nehmen! Sie werden ihn also problemlos verlassen können... aber ohne den Hund oder die Bücher mitzunehmen! Und rechnen Sie nicht mit Unterhaltszahlungen.

Auf der Suche nach der Schlange-Frau

Unwiderstehlich! Sehr schön! Man könnte eine lange Liste von den Reizen der Schlange-Dame aufzählen, da die weiblichen Vertreterinnen dieses Zeichens zu den verführerischsten und bezauberndsten Wesen gehörten, die es gibt. Ihre Schönheit ist mehr das Ergebnis des Gesamteindrucks als das der Details, und es scheint schwierig, dem Charme ihrer Stimme, ihrem geschmeidigen Körperbau und, wie schon Musset sagt, »dieser teuflischen Ausstrahlung, die uns durch ein Lächeln in einen Sinnesrausch und Verzweiflung stürzen kann«, zu widerstehen. Es ist vielleicht besser, keine weiteren Lobgesänge auf die Schlange-Frau anzustimmen, um sie nicht zu nachdenklich zu stimmen. Ihre Ausstrahlung liegt nicht nur an ihrer Verführungskunst. Sie ist resolut, intuitiv, klug, eigenwillig und diskret. Ihr scharfer Verstand ist das wesentlichste Merkmal dieses Zeichens. Sie mag ernst und sogar gesetzt erscheinen, ist aber eine enthusiastische Person, der es nicht an Humor fehlt. Sie gehört zu der Sorte Mensch, die ihre Vorstellungen in die Praxis umsetzen, vor ihrem Ehrgeiz nicht zurückschrecken und alle ihre Kräfte und Mittel einsetzen, um zum Ziel zu kommen – was zuweilen dazu führt, daß sie unaufrichtig ist.

Die Schlange-Frau ist sich selbst gegenüber sehr kritisch, interessiert sich lebhaft für das Leben, liebt es, sich zu zeigen und mitzuteilen, zu diskutieren und zu lachen. Sie ist ebenfalls sehr kampflustig, mittelmäßig organisiert, manchmal aggressiv, eher stolz, und aufgrund ihres Perfektionsdrangs ein wenig lästig. Sie ist umgänglich, da ihr die Welt Gelegenheit gibt, zu glänzen. Sie liebt die Innovation, Experimente und möchte alles wenigstens einmal ausprobieren, um ihre Leistungsfähigkeit unter Beweis zu stellen. Sie liebt es zu bestimmen, eher noch zu herrschen, und sucht mehr den Wettbewerb der Kräfte als die Zusammenarbeit. Sie ist nicht immer empfänglich für die Ideen anderer, sie kann besitzergreifend, anspruchsvoll und sogar halsstarrig sein und ist dabei überzeugt, daß ihr Despotismus freisinnig ist, was nicht immer falsch ist. Dieses Raubtier ist dennoch sensibel, manchmal sogar unruhig, und verkraftet Niederlagen nur sehr schwer. Aber Dank ihres Stolzes reagiert sie energisch und schafft es oft, eine Situation zu ihren Gunsten zu verändern. Sie ist außerdem eine treue, kostbare und hilfsbereite Freundin, die zuhören und aufheitern kann. Ihre Liebenswürdigkeit und ihr Charme gleichen ihre Launenhaftigkeit und die Zornausbrüche aus.

Die Strategie

Sie applaudieren stürmisch und sehen dann zusammen mit Ihren Freunden im Foyer des Theaters die ganze Truppe, die Sie soeben bewundert haben. Sie feiern dort die hundertste Aufführung von ›Cyrano de Bergerac‹, und Roxanne ist auch dort, imposant, majestätisch und umschmeichelt... Keine Frage, es handelt sich hier um eine Schlange-Frau. Sie könnten sich die gleiche Szene in tausend verschiedenen Situationen vorstellen. Sie werden immer auf diese Person, die in jedem Alter so unglaublich jung aussieht, von Bewunderern umlagert ist und vergöttert wird, treffen.

Wie kommt man an so eine Göttin heran? Zumal sie ja niemals ein charmantes hirnloses Dummchen, sondern eine skeptische, scharfsinnige und intelligente Frau ist, die sich ihres Charismas bewußt ist.

Die Mittel, um ihre Aufmerksamkeit auf sich zu lenken, sind kostspielig. Hier gilt es raffiniert, kultiviert und intelligent zu sein. Die Schönheit spielt kaum eine Rolle. Sie sollten aber auch niemanden imitieren. Der Traum der Schlange-Frau? Einfach: Ihr ritterlicher Diener sollte bemerkenswert sein. Es wäre ideal, wenn er folgendes wäre: ein bekannter Schriftsteller, ein reicher Baron, ein Major (das Prestige der Uniform) oder der Kabinettschef des Kultusministers.

Keine Angst. Alle jungen Frauen träumen von einem charmanten Prinzen, die Schlange-Frau bringt aber bessere Voraussetzungen mit. Wenn sie den Mann, der um ihre Gunst buhlt, bewundern kann, sind die Chancen, sie zu verführen, besser. Da sie aber einen gesunden Menschenverstand besitzt und weiß, daß es nur wenige Prinzen gibt, kann man auf ihre Verstandesschärfe und Intuition setzen. Auch auf ihre Schwächen. Seien Sie also ein brillanter, beständiger, eleganter, nonkonformistischer Mann, der eine glänzende Zukunft vor sich hat. Wenn Sie Schauspieler, Künstler, Schriftsteller, im audiovisuellen Bereich tätig oder Journalist, Psychologe oder junger leitender Angestellter... sind, erhöhen sich Ihre Chancen. Wenn Ihnen aber der Ruf eines Don Juan vorauseilt oder eine der Freundinnen der Dame

Ihre erotischen Heldentaten überschwenglich gelobt hat, wird die Schlange-Dame Sie sehr interessant und sogar unwiderstehlich finden. Wenn Sie ihr in Arbeitskleidung begegnen, achten Sie darauf, daß Ihre Kleidung von Dior ist! Sie liebt alles, was elegant und authentisch ist. Ein künstlerischer Touch wird ihr nicht mißfallen, aber ein lascher Anzug sowie ein Drei-Tage-Bart wird Ihnen nur Verachtung einbringen – es sei denn, Sie sind Gainsbourg.

Unter Berücksichtigung des oben Erwähnten befinden Sie sich also im Foyer des Theaters, wo Roxanne inmitten ihrer Verehrer thront. Zeigen Sie Unternehmungsgeist, stellen Sie sich ohne Scham wie die Kadetten von Casteljaloux vor, indem Sie sagen: »Ich heiße Roland und diene im Regiment Ihres Vetters...« Ein solcher Angriff kann sie nur zum Lachen bringen, und die feinfühlige Schlange-Frau wird Ihre Botschaft perfekt verstanden haben. Zögern Sie nicht, Ihren Vorteil auszunutzen. Ihre Reaktion wird Ihnen zeigen, ob Sie sofort die Flucht ergreifen müssen oder fortfahren können. Diese Dame hat den Vorteil, sehr direkt zu sein.

Die erste Runde

Wenn wir uns noch im Jahrhundert des Cyrano de Bergerac befinden würden, wäre hier die Balkonszene leicht abgeändert anzuwenden. So würden Sie mit viel Elan die Entfernung zwischen der finsteren Gasse und den Sternen überbrücken. Da Sie für Ihre Schöne außergewöhnlich sein müssen, stellen Sie Ihre Phantasie unter Beweis. Das Feuer, das in Ihnen brennt, sollte überspringen. Wählen Sie den Ort der Handlung sorgfältig aus, so daß Ihre Auserwählte hingerissen ist. Bei diesem zweiten Treffen sollte Ihr gesamtes Auftreten unwiderstehlich und ein wenig verrückt sein.

Nachfolgend zwei Beispiele, die Ihnen eine Idee geben können:
Lösung 1 (sehr kostspielig): Laden Sie sie zum Abendessen ein. Auf den ersten Blick nichts Besonderes, außer, daß Sie Ihren schönen Wagen anstatt Richtung Stadtmitte zum örtlichen Flughafen lenken. Dort erwartet Sie eine Mystère 20, in die Sie einsteigen. Während des Fluges, bei dem Sie die einzigen Passagiere sind, serviert eine Stewardeß Champagner und Toast mit Kaviar und verschwindet dann endgültig. Es spielt Musik, in der Kabine gibt es einen Salon, und die Nacht ist mild... Wenn Sie aufwachen, das heißt bei der Landung, befinden Sie sich in Deauville, Venedig oder Florenz. Sie als der Zauberer haben die Wahl.
Lösung 2 (für jeden geeignet): Sie haben den Hausmeister des Stadions, das Sitz eines der brillantesten europäischen Klubs ist, beschwatzt. Es gibt dort über der Haupttribüne Räume, die das ganze Jahr über vermietet werden. Dort werden Sie sie empfangen. Verkleiden Sie sich als Chauffeur Ihres Meisters, setzen Sie sich an das Steuer eines (gemieteten) Mercedes, holen Sie sie ab, fahren Sie zum Stadion und begleiten Sie sie zu dem Raum. Er ist einfach und funktionell. Aber auf dem Tisch neben dem Sofa, auf das sie sich setzt, stehen Champagner und Kaviar, und eine süße Musik erfüllt den Raum. Der Chauffeur zieht seine Mütze wirkungsvoll aus und reißt sich die Uniform vom Leib... Dies alles erwähne ich nur, um Ihnen zu zeigen, daß Sie, um eine Schlange-Frau zu umgarnen, mehr als nur Verführungskünste brauchen. Außergewöhnlich zu sein ist ein Muß, diese Forderung kann aber verschiedene Formen annehmen. Es ist aber zwingend, daß dieses erste Rendezvous eine bleibende Erinnerung in dem Gedächtnis der Schönen hinterläßt. Um sie dauerhaft an sich zu binden, müssen Sie ihr, wie Scheherazade der Tausendundeinen Nächte, ständig Ihre Phantasie beweisen.

Der Umgang mit der Schlange-Frau

<u>Zu Hause</u> Wenn Sie es geschafft haben, die Schlange-Frau zu sich nach Hause zu bringen, müssen Sie wissen, daß sie sich hier endgültig ein Urteil über Sie bilden wird. Wenn Sie für die Dame nur ein Abenteuer sind, wird die Prüfung oberflächlich sein, sie wird nur auf die Behaglichkeit achten. Wenn sie aber ihre Liaison ernst nimmt, wird die Wohnung ihr aufschlußreich erscheinen. Sie wird die Echtheit Ihrer Möbel und Ihren guten Geschmack überprüfen, kurzum, sie wird kontrollieren, ob Ihre Umgebung Ihrem Image entspricht.

<u>Die Unterhaltung</u> Auch hier spielen Ihr Nonkonformismus, Ihr Humor und Ihre Bildung eine Schlüsselrolle. Wenn Ihre Absichten ›rein‹ sind, wäre es gut, wenn Sie ihr mit Nachdruck und Anerkennung versichern würden, wie sehr Sie von ihrem Charme eingenommen sind. Aber auch, daß Sie davon überzeugt sind, daß eine feste Bindung Ihre Projekte oder Ihren Erfolg unterstützen, verstärken oder explodieren lassen. Diese Sprache gefällt ihr nicht nur, sie wird vor allem dazu führen, daß Sie ernstgenommen werden.

<u>Die Geschenke</u> Alle exotischen Parfums eignen sich für ihre außergewöhnliche Persönlichkeit, außerdem noch Juwelen oder alter Schmuck. Schenken Sie niemals Imitationen oder Phantasieschmuck. Es ist besser, ein wenig zu investieren und ihr etwas Echtes zu schenken.

Auf daß der Mond blau werde

Die Schlange-Frau ist selten die Unschuld vom Lande. Nicht alle von ihnen erinnern sich an ihren Vorfahren, den berühmten Marquis de Montespan (Schlange,

1641), aber ihre Kenntnisse des menschlichen Wesens im allgemeinen und des Mannes im besonderen weisen fast keine Lücken auf.

Wenn die Schlange-Frau bei Ihnen ist, wird sie anspruchsvoll, sinnlich und gefräßig sein und sich ebenso vom Vorspiel als auch von den Umarmungen, die zur Ekstase führen, ernähren. Bei der Metall-Schlange wird die Qualität der Beziehung Vorrang haben. Die Schlange mit dem Element Wasser wird sehr sensibel und aufrichtig sein und nach Perfektion streben. Mit dem Element Holz heißt es Liebe um der Liebe willen. Ihr Programm sollte außer den Taten, zu denen Sie fähig sind, auch viel Zärtlichkeit, so wenig Egoismus wie möglich – der wäre unverzeihlich – sowie Phantasie und Humor einschließen.

Positive und negative Eigenschaften

Die Schlange-Frau ist wie eine seltene Orchidee. Sie benötigt Aufmerksamkeit und Beachtung. Wenn Sie diese Forderungen erfüllen, werden Sie dafür reich belohnt werden. Erinnern Sie sich, daß zu ihren hervorragendsten Eigenschaften die Weisheit und Verstandesschärfe zählen. Als Ehefrau wird sie wertvoll und sogar unersetzlich sein. Sie ist eine umsichtige Gastgeberin, eine perfekte Hausfrau, eine bewundernswerte Mutter und wird auch die intelligente Stütze Ihrer Ambitionen sein. Als intuitive Person kann sie Sie geschickt im beruflichen Bereich unterstützen, Ihren Erfolg vergrößern und sogar – wer weiß – Ihr Kapital verdoppeln, wenn sie sich der Verwaltung annimmt. Sie kann aber auch anspruchsvoll und besitzergreifend sein, und Sie, Ihre Kinder und Verwandten werden ihrer Wachsamkeit und Autorität nicht entfliehen können. Diese Kraft kann sie mit Eifersucht oder aber großem Scharfsinn ausüben.

Da sie sich ihrer Schönheit und ihrer Anziehungskraft sehr bewußt ist, ist die Treue nicht eine der starken Seiten einer Schlange-Frau. Selbst die vernünftigste dieser Reptilienart überkommt manchmal die Lust auf junge Beute, sowohl um des Vergnügens willen als auch um den Einfluß ihres Charmes zu bestätigen. Sobald ihre Gelüste befriedigt sind, wird diese Hexe zu ihrem guten Freund zurückkehren.

Der Rückzug

Im Falle eines Abenteuers stellt sich die Frage der Trennung gar nicht. Über Ihre Abtrünnigkeit oder vielmehr Ihren Verrat wird die Schlange-Frau sich lustig machen, da man etwas, was nicht existiert, auch nicht verraten kann! Und unter den armen Männern, die ihre Gunst genossen haben, gibt es keinen, der sich das Recht dazu nehmen dürfte.

Der Fall einer echten Beziehung oder einer Ehe ist delikater. In den meisten Fällen ist nicht die Untreue der Grund für eine Trennung, sondern Eifersucht, besitzergreifendes Verhalten, übertriebene Autorität oder ein bißchen von allem. Diese negativen Eigenschaften können selbst für den unselbständigsten Mann mit der Zeit unerträglich werden. Die Beziehung bekommt Risse. Die Schlange-Frau verliert ihren ganzen Sinn für Humor und kann erbarmungslos, rachsüchtig und boshaft reagieren. Zu einer Einigung zu kommen, ist kein leichtes Unterfangen, und Sie riskieren es, hier Federn oder Geld zu lassen.

Aber die Affäre wird schnell beigelegt sein, alles nur eine Frage des Stolzes. Sie wären übrigens einer der wenigen, das muß einmal gesagt werden, der eine Schlange-Frau verlassen würde, denn normalerweise ist es umgekehrt.

7
Das Pferd

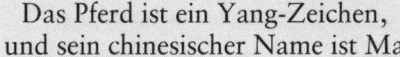

Das Pferd ist ein Yang-Zeichen,
und sein chinesischer Name ist Ma

Die Jahre des Pferdes	Element
25. 1. 1906 – 12. 2. 1907	Feuer
11. 2. 1918 – 31. 1. 1919	Erde
30. 1. 1930 – 16. 1. 1931	Metall
15. 2. 1942 – 4. 2. 1943	Wasser
3. 2. 1954 – 23. 1. 1955	Holz
21. 1. 1966 – 8. 2. 1967	Feuer
7. 2. 1978 – 27. 1. 1979	Erde
27. 1. 1990 – 14. 2. 1991	Metall

Checkliste der positiven und negativen Eigenschaften

liebenswürdig	egoistisch
feurig	habgierig
beredsam	labil
lebhaft	dreist
gewandt	geschwätzig
umgänglich	ängstlich
charmant	aufsässig
sinnlich	aufbrausend
offen	ungeduldig
unbeschwert	taktlos
arbeitsam	träge
unabhängig	nervös
fröhlich	hitzköpfig
offenherzig	unschlüssig
leidenschaftlich	rastlos
sentimental	sorglos
sportlich	unberechenbar
aufgeweckt	verschwenderisch
liebenswürdig	gefühllos
praktisch	streitsüchtig

Die Beziehungen zu anderen Zeichen

Ein Pferd einzufangen, ist eine Sache, es zu zähmen, eine andere. Je nachdem, ob die anvisierte Beute für den schnellen Verzehr oder als Fang für die ›Ewigkeit‹ vorgesehen ist, bietet die chinesische Tradition folgende Hinweise:

Für eine Liaison (oder Versuchszwecke) sind geeignet:
- ••••• Pferd, Ziege, Hund
- •••• Tiger, Katze, Schlange
- ••• Drache
- • Ratte, Büffel

Für die Ehe empfehlen sich folgende Zeichen:
- ••••• Ziege
- •••• Katze, Pferd
- ••• Hund, Schlange
- •• Tiger, Schwein
- • Drache

Einige berühmte Pferde

Männlich: Claude Barzotti, Ray Charles, Frederic Chopin, Sean Connery, Clint Eastwood, Pierre Delanoe, Bernard Decoster, Philippe Geluck, Jimmy Hendrix, Lenin, Guy Lemaire, Guy Lukowski, Paul McCartney, Puccini, Rembrandt, Roba, Lord Snowdon.

Weiblich: Blanche Delacroix, Denise Fabre, Leonrod Fini, Patty Hearst, Marthe Keller, Chris Evert, Isabelle Lacamp, Prinzessin Margaret von England, Sophie Marceau, Agnes Moorehead, Françoise Mallet-Joris, Rita Hayworth, Barbra Streisand, Françoise Xenakis, Raquel Welsh.

Die verschiedenen Typen

<u>Mit dem Element Holz</u> Dieses Pferd ist leidenschaftlich und kreativ, aufgeweckt, oft überdurchschnittlich begabt, besitzt eine große Neugier, aber verschwendet oft seine Energien. Es ist vernünftiger und vor allem weniger egoistisch als seine Zeichensbrüder, ihm fehlt es aber an Geduld, es läßt sich leicht ablenken und vergißt – manchmal aus lauter Leichtfertigkeit – seine Ziele. Glücklicherweise mangelt es diesem Pferd nicht an Mut, und auf diese Weise trägt es brillante Siege davon. Dieser Pferd-Mensch besitzt außerdem einen Sinn für Spektakuläres und Überraschendes. In der Liebe träumt er mehr vom Nehmen als vom Geben, und er kann etwas neidisch sein. Charakteristik: Ein überdurchschnittlich begabtes Pferd.

<u>Mit dem Element Feuer</u> Als leidenschaftliche, energische, magnetische, individualistische, nonkonformistische, eigensinnige, aufbrausende, ehrgeizige Person ist das Feuer-Pferd der Prototyp dieses Zeichens, bei dem alle guten und alle schlechten Eigenschaften besonders ausgeprägt sind. Es ist sehr entschlußfreudig, schnell begeisterungsfähig, und keiner ist imstande, es zu halten. Es steuert, ohne die geringsten Vorsichtsmaßnahmen zu treffen oder abzuwägen, direkt auf sein Ziel zu... und meistens funktioniert das gut. Charakteristik: Ein explosives Pferd.

<u>Mit dem Element Erde</u> Dieses Pferd steht mit den vier Hufen fest auf dem Boden. Es ist also umsichtiger und vernünftiger als seine Artgenossen. Es ist umgänglich, freundlich und unbeschwert und wäre eine bemerkenswerte und geachtete Persönlichkeit, wenn es nicht zu vorsichtig, penibel und zögernd wäre. Wenn dieser Pferd-Mensch auch viele Möglichkeiten verpaßt, reicht

sein Flair doch aus, um ihm ein Minimum an Erfolg zu sichern. Er ist also relativ glücklich, da er trotz seines zögernden Verhaltens meist mehrere Eisen im Feuer hat, was ihm gefällt. Charakteristik: Ein vorsichtiges Pferd.

Mit dem Element Metall Erst kommt der Ehrgeiz, dann noch mal der Ehrgeiz, und diese Sucht führt dazu, daß dieses Pferd immer ein Höllentempo drauf hat, um allen Spuren folgen zu können. Man könnte meinen, daß ein Pferd mit dieser Neigung sich oft vergeblich abmüht, aber das Gegenteil ist der Fall. Seine Intelligenz ist ebenso groß wie seine Ausdauer, es hat mehr Erfolg und Anerkennung als seine Artgenossen. Bei ihm gibt es dank seiner Hartnäckigkeit und Sturheit nichts, was unmöglich wäre. Charakteristik: Ein vom Glück begünstigtes Pferd.

Mit dem Element Wasser Als gewissenhafter und motivierter Mensch kennt er seine Grenzen und ist weniger ehrgeizig als seine Zeichensgenossen. Dieser Pferd-Mensch ist extrem anpassungsfähig, manchmal ängstlich, aber immer sehr charmant, hilfsbereit und umgänglich. Er haßt die Einsamkeit, liebt es, sich mit Freunden zu umgeben, reist gerne, und es fehlt ihm nicht an Humor. Dieser Pferd-Mensch ist ein wenig oberflächlich, in manchen Fällen auch geschwätzig. Er hat eine Nomadenseele und ist flatterhaft. Charakteristik: Ein unbeständiges Pferd.

Auf der Suche nach dem Pferd-Mann

Der Pferd-Mann kleidet sich flott und elegant, und es mangelt ihm weder an Verführungskunst noch an Charme. Er ist ehrgeizig, ein Träumer und ein stolzer

Mann, der dem Erfolg entgegengaloppiert. Er hat eine künstlerische Ader und Sinn für Action; er haßt die Routine, feste Pläne und eingefahrene Strukturen. Er ist im allgemeinen eine ausdauernde Person, die Hindernisse selten abschreckt. In der Tat steigern Schwierigkeiten seine Begeisterung. Er geht alle seine Unternehmungen mit Leidenschaft an. Er liebt die Herausforderung, das Neue und das Gesellschaftsspiel. Im Falle einer Niederlage wird er danach trachten, sie zu seinen Gunsten zu wenden, nicht aus Opportunismus, sondern hauptsächlich, um wieder auf den Weg zurückzukommen, der ihm am meisten Erfolg verspricht, indem er sich die notwendige Unterstützung beschafft. Er ist oft rebellisch, besessen, ungeduldig und immer ein Individualist. Im beruflichen Bereich ist er selbständig, gewissenhaft, durchschnittlich motiviert und außergewöhnlich hartnäckig. Sein wacher Verstand und Humor erlauben es ihm, vor allem die Schwierigkeiten zu bewältigen, und meist profitiert er dabei von Beziehungen, die er geknüpft hat.

Wie bereits erwähnt, haßt er die Routine, aber paradoxerweise mag er auch nicht das Unvorhergesehene. Es stört seinen Pragmatismus. Aber lassen Sie sich nicht täuschen, er zieht die Phantasie und Kreativität der Disziplin vor. Er kleidet sich erlesen, selbst seine Freizeitbekleidung spiegelt seinen guten Geschmack und den Lebensstil, den er sich ausgesucht hat, wider. Er könnte ein lässiges Äußeres haben, um seine künstlerische Seite zu betonen, oder aber wie einer Modezeitschrift entsprungen oder wie ein Nachrichtensprecher aussehen, da er Wert darauf legt, elegant, sauber und seriös zu wirken. In der Tat sind alle Pferde der Meinung, daß das Äußere ein Trumpf ist und man sein Image betonen muß, um zu gefallen und Erfolg zu haben. Es ist höchst unwahrscheinlich, daß Sie jemals einem nachlässigen, struppigen oder schlampigen Pferd begegnen werden.

Da der Pferd-Mann manchmal wankelmütig und launisch ist, ist er oft unberechenbar. Dieses macht einen Teil seines Charmes aus, es kann aber auch ein Nachteil sein. In Herzensangelegenheiten heißt es bei ihm, herumtummeln nein, lieben ja! Er ist aber nicht bereit, für die Liebe einer hübschen Frau alles aufzugeben. Da er von Natur aus egozentrisch, ein wenig Macho und frauenfeindlich ist, ist er der Meinung, daß die Frauen (oder ›seine‹ Frau) seinem Rhythmus zu folgen haben... Das stolze, sprunghafte, wilde, fröhliche, lebhafte und leidenschaftliche Wesen dieses Tierchens läßt keinen gleichgültig.

Die Strategie

Ohne wirklich frauenfeindlich zu sein, kümmert sich der Pferd-Mann kaum um die Frauen, da er so mit ›seinen‹ Problemen oder ›seinem‹ Erfolg beschäftigt ist. Und wenn er sich doch einmal für sie interessiert, tut er es auf herablassende Weise. Man kann sich keine schlechtere Beute vorstellen, und doch sagt die chinesische Tradition, daß die Damen den Charme des Pferd-Mannes *unwiderstehlich* finden und ihm geradezu nachlaufen.

Die Sache lohnt sich, wenn man warten kann. Was macht ihn so attraktiv? Seine Rätselhaftigkeit?

Bestimmt nicht. Er ist durchschaubar, der arme Liebling. Oft überfallen ihn die Depression und Angst des Kreativen. Wenn ihn diese Stimmung packt, blockieren seine Moleküle... sein Ego ist auf Null, er ruft ›Mama, aua‹, versteckt sich in den Armen seiner älteren Schwester, verbringt einen langen Abend mit seinem besten Freund, um sich zu beruhigen, oder tröstet sich mit der großartigen Lulu..., die dann in Lobeshymnen über ihren Freund ausbrechen wird. Er ist wirklich phantastisch im Bett. Und das wird natürlich weitererzählt.

Der Pferd-Mann ist also schon lange zur Legende geworden und ein Teil der Wunschträume vieler Frauen. Wie bringt man es aber fertig, in den Genuß seiner Gunst zu kommen, wie kann man ihn anlocken? Man kann doch nicht dezent auf seine nächste Krise warten. Außerdem muß das Opfer aus seiner Höhle gelockt werden.

Er kann sich schnell für ein Projekt begeistern, ist immer auf ein Abenteuer aus und auch äußerst hilfsbereit. Verwandeln Sie sich also in eine Schauspielschülerin, eine Sängerin auf der Suche nach einem Komponisten, in einen Piloten, dem ein Navigator fehlt! Oder schwindeln Sie ihm vor, daß Sie über einer Lateinübersetzung hocken, daß Ihr Klavier verstimmt ist, kurz gesagt, daß Sie Hilfe brauchen... rufen Sie SOS, Mayday oder Hilfe, und der Pferd-Mann wird zur Verfügung stehen.

Die Affäre kann sehr subtile Formen annehmen, und ich setze auf Ihren Ideenreichtum, um einen zuverlässigen Plan zu entwerfen. Der Pferd-Mann mit seinem Pfadfinderspruch ›allzeit bereit‹ wird also zu Ihrer Verfügung stehen, und wenn die Situation ihm erfolgversprechend erscheint...

Die erste Runde

Damit die erste Runde nicht auch gleich die letzte wird, ist größte Vorsicht geboten. Auf gar keinen Fall darf der Pferd-Mann den Eindruck haben, daß dieses zweite Wiedersehen ihn verpflichtet. Das Pferd ist wirklich das Enfant terrible und das wechselhafteste, unabhängigste, selbstgefälligste und wildeste Tier der chinesischen Tierzeichen. Der Pferd-Mann träumt immer von etwas Großem und davon, daß man ihm applaudiert, ihn besingt und verehrt. Sie werden sich also, wenn auch nicht in seine erste, so doch in seine glühendste Verehrerin verwandeln.

Wenn er Künstler ist, laden Sie ihn ein, um einen Abend lang seinen Werken, die Sie alle besitzen, zu lauschen. Wenn er Schriftsteller ist, bitten Sie ihn zu kommen, da unter den Büchern, die Sie schätzen, eines ist, dessen Feinheiten Sie nicht alle begriffen haben. Es könnte auch sein, daß Sie jemanden kennen, der ihn tatkräftig unterstützen könnte. In diesem Fall ist eine private Unterredung über seine Projekte unerläßlich, um den besten Weg zu finden. Ich erzähle Ihnen all dies, um Sie davon zu überzeugen, daß schon mehr als Ihre Weiblichkeit dazugehört, um dieses hervorragende Exemplar anzulocken.

Nun also ist er bei Ihnen. Ihr Zuhause ist das beste Terrain, um einen Pferd-Mann zu ›knacken‹. Hier stellt sich natürlich die Frage Ihrer Absichten. Was bedeutet er für Sie? Ein Abenteuer? Die Hoffnung auf eine feste Beziehung? Sie haben die Wahl. Wenn Sie sich für das Abenteuer entscheiden, seien Sie einschmeichelnd, empfänglich und etwas ›Vamp‹! Sie werden überglücklich sein, es wird wie ein Feuerwerk werden, da er phantasievoll und interessant ist. Aber wundern Sie sich nicht, wenn er sich morgen in ein neues Abenteuer stürzt. Dies ist natürlich nur bildlich gemeint, aber es zeigt die Unbeständigkeit des Pferd-Mannes, bei dem Sentimentalität nicht sehr ausgeprägt ist.

Wenn Sie aber den Pferd-Mann ernst nehmen, ist eine ganz andere Vorgehensweise erforderlich. An diesem Abend müssen Sie ihm sagen, daß Sie sich ehrlich für ihn interessieren. Obwohl er immer sehr um seine eigenen Interessen besorgt ist, sich bei ihm alles um sein Weiterkommen dreht und er unter dem Streß des Kreativen steht, weiß er doch, daß die Einsamkeit nicht das Ideale ist. Ein Pferd-Mann hat ein großes Bedürfnis nach einem Gefährten, einer verständnisvollen Freundin, die in der Lage ist, ihn beim Erstürmen des Gipfels zu helfen. Kurz gesagt, er benötigt eine tüchtige Bewunderin, die nach seinem Rhythmus lebt, uneigennützig, erreichbar, ergeben und folgsam ist. Folgsam, aber nicht unterwürfig, sie – das heißt Sie – muß liebevoll und sinnlich sein, Charakter haben, treu sein und Verständnis dafür aufbringen, daß die Harmonie der Beziehung vom Erfolg ihres Mannes abhängt. Es gibt keinen Zweifel, der Pferd-Mann hat leichte ›Macho‹-Allüren, ist erfrischend anachronistisch und was für ein Liebhaber!!!

Der Umgang mit dem Pferd-Mann

<u>Zu Hause</u> Der Pferd-Mann ist sehr empfänglich für Komfort. Er liebt eine schöne und *behagliche* Umgebung. Die Einrichtung sollte geschmackvoll und ein wenig konservativ sein. Er findet schlechten Geschmack bedauerlich und schätzt die Errungenschaften der Zivilisation, alles – einschließlich der Wasserleitungen – muß also in einwandfreiem Zustand sein. Er sorgt sich wirklich um diese Details, die sind aber nicht das Wichtigste. Eine hervorragend ausgestattete Küche und Ihre kulinarischen Talente zählen mehr. Hier berühren wir einen der Fehler dieses Zeichens: Er ernährt sich schlecht. Er weiß und bedauert es, unternimmt aber keine Anstrengungen, dem Abhilfe zu schaffen... wenn er in Ihnen aber eine verwandte Seele entdeckt, die sich ›auch‹ um diesen Aspekt kümmert, haben Sie schon gewonnen.

<u>Die Unterhaltung</u> Da er sich für alles interessiert, gibt es viele Themen. Der Pferd-Mann interessiert sich sehr für das Kino, Theater und Chansons. Er liebt Diskussionen, da er recht geschwätzig ist. Zwingen Sie ihn nicht zu lange zum Schweigen, sonst wird er ärgerlich.

Er liebt Spaß. Erzählen Sie ihm also von einer lustigen Begebenheit oder einem Streich, und er wird Ihnen seine erzählen. Und da er wirklich viel Humor hat, wird es sehr angenehm sein.

<u>Die Geschenke</u> Monsieur Pferd ist ein extravaganter, poetischer, begeisterungsfähiger Mann, der modische Spielereien, Komfort und Phantasie schätzt. Kaufen Sie ihm ein Mini-Diktiergerät, eine Fliege mit Blinklichtern (er wird sie eines Abends anziehen, um seine Kameraden zum Lachen zu bringen), ein tragbares Telefon, eine Wendeweste, einen Stockschirm, die gesammelten Werke von Alphonse Allais, ein Paar rote Boxhandschuhe, Werkzeug für den Heimwerker (er hat geschickte Hände), ein Teleskop oder ein Trivial Pursuit, die Texte der Chansons von Brel und ›Sky my teacher‹ von Jean-Loup Chiflet.

Auf daß der Mond blau werde

Wie wir bereits erwähnt haben, ist der Pferd-Mann ein guter Liebesdiener. Und da er glaubt, daß er Sie auserwählt hat und Sie für den Mondschein gesorgt haben – was ihn lächeln lassen wird – und Sie ihn wie einen Halbgott behandeln, wird er Sie zu den Sternen führen. In diesem Stadium Ihrer Beziehung müssen Sie nicht die geringste Taktik entwickeln. Selbst der Schüchternste dieses Zeichens – und es gibt sie – ist entschlossen, zur Tat zu schreiten. Wahrscheinlich wird er all diese charmanten Frivolitäten, die Vorspiel genannt werden, auslassen. Nach einigen Umarmungen bleibt nicht der geringste Zweifel über den weiteren Verlauf der Ereignisse. Er wird ins Badezimmer gehen – er ist ein Hygienefanatiker – von dort aus ins Schlafzimmer und direkt ins Bett. Dort wird er die leibhaftige Sanftmut sein und eine bemerkenswerte Kreativität an den Tag legen. Lassen Sie sich treiben, und seien Sie auf alles vorbereitet, da es eine lebhafte Nacht werden wird.

Positive und negative Eigenschaften

Sein Charme, seine Bosheit und seine Spontaneität machen den Pferd-Mann zu einem mehr als angenehmen Gefährten. Da er im Berufsleben superaktiv und unerschrocken ist, gewinnt er oft, so daß es ihm normal scheint, Erfolg zu haben. Er ist ein harter Arbeiter, der vor allen Dingen zuerst für sich und dann für die Seinen sorgt. Deutlich gesagt, auch wenn er um die Bedürfnisse seiner Partnerin und der Familie besorgt ist, ist er doch im allgemeinen egozentrisch, interessiert sich für seinen Ruhm und versteht es bestens, seine Freiheit zu schützen. Er ist jedoch auch zu großer Ergebenheit fähig, solange man nur seinen Stolz ›kitzelt‹.

Er betrachtet das Leben – manchmal übrigens sehr freundlich – nur von seinem Standpunkt aus. Er kann seinen Pflichten nachkommen, der Beschützer sein, wird aber im Haus seinen Geschmack und seine Gewohnheiten durchsetzen. Das Wort Kompromiß gehört nicht zu seinem Wortschatz, und dem Wort Treue mißt er eine sehr persönliche Bedeutung bei. Er liebt Sie ewig, er hat es Ihnen mit größter Aufrichtigkeit... und einer unausgesprochenen Einschränkung bestätigt. Er wird nie, nie einem Abenteuer, das ihm begegnet, widerstehen können. Er wird Feuer und Flamme sein, vielleicht sogar verschwinden – vor allem, wenn die Gelegenheit günstig ist –, wird aber wiederkehren, als ob nichts geschehen wäre. Er liebt Sie immer noch, er kommt aber gerade von einem leidenschaftlichen Höhenflug zurück.

Beruhigen Sie sich, nicht alle Pferde sind so flatterhaft, es kommt stets auch auf den Einfluß ihres Aszendenten an. In der chinesischen Astrologie mäßigen die Aszendenten oder Weggefährten dieses sinnliche Temperament.

Der Pferd-Mann mit seinem manchmal theatralischen Gehabe und seiner Ansicht, daß die Welt sich um ihn dreht, kann auch Wutanfälle bekommen. Vor allem, wenn man ihm widerspricht oder wenn eine Unternehmung nicht zu dem gewünschten Erfolg führt. Dann gerät das Pferd in eine Krise. Manche von ihnen werden richtig depressiv, und Sie müssen viel arbeiten, um sein Ego wieder aufzurichten. Andere geraten in eine gewaltige Krise, die aber nicht lange anhält. Das Pferd ist so sehr um seinen Erfolg und die Arbeit besorgt, daß es seine Gesundheit vernachlässigt. Seine Partnerin muß sowohl seine Diätassistentin – er ernährt sich schlecht – als auch seine Krankenschwester sein, ihm ist schnell kalt. Seine Krankenschwester zu sein, ist auch eine Methode, ihn an sich zu binden.

Der Rückzug

Wenn der Pferd-Mann für Sie nur ein Experiment ist, ist das Rezept, ihn loszuwerden, einfach: Binden Sie ihn an sich, beschneiden Sie seine Freiheit, üben Sie Zwang aus, und machen Sie sich über seinen Ehrgeiz lustig... Er wird schnell aus Ihrer Umgebung verschwinden. Wenn Sie ihm ernst erklären, daß Sie sein Verschwinden wünschen, wird er lächelnd zur Tür schreiten und Ihnen die Adresse Ihrer Freundin geben, damit Sie über seine Affären auf dem laufenden bleiben... natürlich auf Ihre Kosten.

Eine Ehe zu trennen, ist nicht sehr kompliziert. Das Pferd gründet im Laufe seines Lebens normalerweise mehrere Familien. Sie können die Bedingungen seines Abzugs in aller Ruhe mit ihm erörtern, und er wird der charmante Freund bleiben, den Sie immer um Hilfe bitten können. Dieses ist die allgemeine Regel, bei der es natürlich auch seltene Ausnahmen gibt.

Auf der Suche nach der Pferd-Frau

Die Pferd-Frau ist sehr weiblich oder hat die Allüren einer Junggesellin, ihre Physis kann viele Formen annehmen, aber sie hat immer einen Sinn für Eleganz, Gepflegtheit und besitzt Klasse. Sie ist aufgeweckt, dynamisch, humorvoll und ist immer für Abenteuer zu haben. Ich will mal präzisieren. Bei ihr handelt es sich immer um das große Abenteuer, sei es die berufliche Karriere, bei der ihre Kultur, Redekunst und ihr Feuer Wunder wirken werden, oder im sportlichen Bereich, in dem sie eine außerordentliche Energie entwickeln wird, um an die erste Stelle zu kommen, selbst wenn man ihr vorschlägt, den Orinoko flußabwärts zu befahren, den Kilimandscharo zu besteigen oder die Wüste Gobi zu durchqueren... in all diesen Fällen wird sie teilnehmen und kämpfen. Sie besitzt einen festen Willen und Urteilsvermögen, haßt Frivolität und Abhängigkeit. In ihrem Leben dreht sich alles um den Wunsch, Erfolg zu haben, und sie erweckt oft den Eindruck, stets in einem Wettstreit zu stehen, übrigens oft mit sich selbst. Sie strebt in allen Dingen nach Selbständigkeit, nicht um der Unabhängigkeit willen, sondern weil sie von niemandem abhängig sein möchte, vor allem nicht von einem Mann, dem sie sich ebenbürtig fühlt. Um dahin zu gelangen, geht sie äußerst hartnäckig vor, führt ihre Arbeit schnell aus und ist anpassungsfähig, was ihr die Bewunderung selbst der schlimmsten Machos einträgt. Glauben Sie aber bitte nicht, daß die Pferd-Frau eine Anhängerin der Frauenbewegung ist, obwohl sie deren Vorstellungen zustimmt, aber dennoch wird sie ihre

Genossinnen gegen die vorgebliche Überlegenheit der Männer verteidigen.

Ihr berufliches Leben ist also äußerst wichtig, hier kann sie glänzen, verführen und überzeugen. Wie bereits oben erwähnt, können die Herausforderungen, denen sie sich stellt, die unterschiedlichsten Formen annehmen. Diese Aktivitäten hindern sie jedoch nicht daran, extrem gesellig zu sein, viele Freunde zu haben und die wahre Freundschaft zu schätzen. Da es ihr nicht an Urteilsvermögen mangelt, sucht sie sich treue Freunde aus, die wiederum in den Genuß ihrer Loyalität, Offenheit und Hilfsbereitschaft kommen. Sie besitzt – vor allem mit dem Element Feuer – eine offensichtlich wilde, unbezähmbare Seite und ist zu Wutanfällen, die diejenigen des schlimmsten Tigers blaß aussehen lassen, fähig. Sie ist etwas egoistisch, vielleicht auf charmante Art, aber sie ist es. In Herzensangelegenheiten ist sie sinnlich, leidenschaftlich und wird, bevor sie sich festlegt, die verschiedenen Freuden des Lebens auskosten.

Die Strategie

Wo anders als an Wettkampfstätten sollte man diese Person, die ihr Leben so intensiv lebt, antreffen? Der Nachteil ist, daß jede Pferd-Frau ihre persönliche Vorstellung von Herausforderung hat. Sie werden nicht an der nächsten Expedition, die an der Nordseite der Großen Jorassen entlangführt, mit der Begründung teilnehmen, daß die junge Frau, die Sie aufs Korn genommen haben, die erste der Seilschaft ist... oder sich unter die Apostrophen mischen, weil sie zu den wenigen Leuten gehört, die vom Schriftsteller Bernard Pivot eine Einladung erhalten haben. Außer Sie sind dem Charme von Chris Evert oder Françoise Xenakis erlegen... eine Lage, die hoffnungslos ist.

Kommen wir auf die Erde zurück. Ihre hochmütige, dynamische und charmante Pferd-Frau ist ebenfalls Mitglied in Ihrem Tennis-Club. Es gibt nichts, was leichter wäre, als sich dieser Rebellin zu nähern und sie an den Haken zu bekommen, vorausgesetzt, Ihr Return ist exzellent und Ihr Aufschlag hervorragend. Gegen einen schwächeren Gegner zu spielen – in einem Club kennt jeder die Spielstärke der anderen – ist uninteressant. Diese Person, die sich den Männern ebenbürtig fühlt, hat nicht das geringste Interesse daran, sich mit einem mittelmäßigen Spieler zu messen. Wenn Sie ihr aber sagen, daß Sie, wenn Sie nicht gewinnen, aufhören werden, Tennis zu spielen, wird sie nicht widerstehen können. Ein Tip: Wenn Sie ein erstklassiger Spieler sind, nutzen Sie Ihre Stärke nicht aus, um sie vernichtend zu schlagen. Spielen Sie ein faires Spiel, machen Sie sich nicht über Ihre charmante Gegnerin lustig, es sei denn, Sie wünschen, daß sie niemals wieder ein Wort an Sie richtet. Die Pferd-Frau ist wild, aber vor allem auch stolz.

Dieses ansprechende, aber umkämpfte Match wird in der Cafeteria seinen Abschluß finden. Hier ist es wichtig, sofort Punkte zu sammeln, indem Sie ihr Spiel loben, sie fragen, wie lange sie schon spielt, wer ihr Lehrer war, und das alles in einem ehrlich bewundernden Tonfall. Die Pferd-Frau ist sehr um das Image besorgt, das sie anderen vermittelt, und wird wissen wollen, was Sie von ihr denken. Aber Ihre Unterhaltung sollte nicht rein ›technischer‹ Natur sein, Sie müssen ihr auch glaubhaft versichern, daß Sie nicht nur von ihrem Spiel begeistert sind. Beobachten Sie dann genau ihre Reaktion, da sie – wie alle anderen unter diesem Zeichen Geborenen – äußere Anzeichen ihres Interesses an Ihrer Person zeigen muß. Das kann soweit gehen, daß sie sagt: »Einverstanden. Sie gefallen mir auch«, bis hin zu der Hand, die sich auf die Ihre legt. Die Pferd-Frau ist sehr impulsiv, und das Hinauszögern ist nicht ihre starke Seite. Sie hat Sie auf dem Platz beurteilt, und da sie sich rasch begeistert, wird sie es Sie wissen lassen. Kommen Sie danach auf die ernsthafteren Dinge zu sprechen, zeigen Sie sich ihren Erwartungen gewachsen. Sie haben jetzt halb bestanden, bemühen Sie sich, brillant zu sein.

Die erste Runde

Nun also zappelt Ihr Opfer am Haken, und Sie müssen Ihre Beute sichern. Oberstes Prinzip: Legen Sie die Kühnheit der Pferd-Frau nicht als Leichtfertigkeit aus. Nur weil sie auf Ihre Avancen so schnell eingegangen ist, heißt das noch lange nicht, daß sie ein amoralischer Mensch ist, sie ist einfach impulsiv. Sie hat Ihre Einladung ohne den geringsten Hintergedanken mit Interesse und Neugier angenommen. Sie wird von der Liebe träumen – ja, viele Pferd-Frauen glauben an die Liebe auf den ersten Blick –, die sie intensiv, leidenschaftlich und verrückt erleben wird.

Sie haben sich wahrscheinlich schon ein Programm zurechtgelegt, aber ich bitte Sie, hüten Sie sich davor, sie zu enttäuschen. Wenn Sie geplant haben, sie in die Oper, anschließend in ein chinesisches Restaurant, und, bevor Sie sie zu fortgeschrittener Nachtstunde in Ihr Penthouse mitnehmen, in einen Nightclub zu führen, müssen Sie Ihre Schulaufgaben nochmals machen.

Die Pferd-Frau als romantische, sexy, charmante, kulturbegeisterte und unternehmungslustige Person liebt die Kreativität, die Phantasie, aber vor allem auch das Konkrete. Laden Sie sie zu sich nach Hause auf einen kleinen Imbiß ein, bevor Sie mit ihr zum Jahrmarkt gehen, um alles auszuprobieren, angefangen vom Riesenrad, vorbei am Schießstand, den Spielbuden, usw. bis zur Geisterbahn. Sie wird ein solches Programm lieben, der Jahrmarkt stimuliert sie, und dieser Abend in Form einer Achterbahn wird sie verführen.

Servieren Sie ihr nicht ein Soufflé oder warmes Essen, setzen Sie auf Einfaches und Kaltes (sie wird zu spät kommen!), bieten Sie ihr einen angenehmen Aperitif und einen stärkenden Wein an! Tragen Sie dafür Sorge, daß es in Ihrem Appartement behaglich warm ist. Ein kaltes Zimmer hat eine abschreckende Wirkung auf das Pferd, und der ganze Aufwand wäre somit vergebens gewesen. Sie würde dies als ein Zeichen von Taktlosigkeit ansehen, und es würde Ihnen leid tun.

Als Hintergrundmusik sollten Sie Walzer oder Blues auflegen, kleiden Sie sich lässig und sportlich, Ihr Eau de toilette sollte von Lacoste sein.

Der Umgang mit der Pferd-Frau

<u>Zu Hause</u> Wenn Sie es geschafft haben, die Pferd-Frau zu sich nach Hause zu bringen, müssen Sie wissen, daß sie eine bequeme Umgebung liebt, aber nicht den Überfluß oder Luxus sucht. Sie schätzt die praktischen Seiten eines Hauses, die Sauberkeit, die Ordnung und eine Ausstattung, bei der die fröhlichen Farben dominieren. Sie wird sich auch für Ihr Arbeitszimmer interessieren, um mehr über Ihre Persönlichkeit zu erfahren. Sie können sich ein paar Punkte gutschreiben, wenn das Arbeitszimmer funktionell eingerichtet ist, aber Sie brauchen sich keine Punkte abziehen, wenn dort eine fröhliche Unordnung herrscht. Die Pferd-Frau mag ordentlich sein, sie ist aber nicht penibel.

Im Wohnzimmer, in dem Teppiche, Sessel und ein Sofa vorhanden sind, wird ihr der schöne Farn unter der Glasglocke sowie der Wassergarten, der einen Teil Ihrer Terrasse einnimmt, am besten gefallen. Sie liebt die Natur, und Ihre Pflanzen werden sie entzücken.

<u>Die Unterhaltung</u> Sie liebt es zu reden und macht das brillant. Sie ist es gewohnt zu diskutieren, die Schlagfertigkeit ist ihre zweite Natur, Sie können also über ihre sportlichen Erfolge oder die Schwierigkeiten in ihrem Beruf sprechen. Auch schätzt sie Märchen ebenso wie verrückte Geschichten und wird absolut hingerissen sein, wenn Sie ihr einen Taschenspielertrick, den sie noch nicht kennt, vorführen. Es ist nutzlos, über Ihre Weinkenntnisse oder Kochkünste zu sprechen, diese Gebiete interessieren sie im allgemeinen kaum. Die Musik dagegen läßt sie niemals gleichgültig. Man ist oft überrascht zu erfahren, daß sie in ihrer Kindheit Klavier spielen gelernt hat und daß sie es noch ab und zu tut.

<u>Die Geschenke</u> Da sie Musik liebt und Sport treibt, haben Sie hier schon Anhaltspunkte. Sie können ihr aber ebenso einen Bonsai, eine Rose aus Gipskristallen aus der Sahara oder die Serie ›Die acht chinesischen Pferde‹, die die verschiedenen Aspekte des Glücks darstellen, schenken. Um ihrer Abenteuerlust zu schmeicheln, können Sie ihr Abenteuerbücher, einen alten Kompaß, ein Sternlabor, das Programm des Club Mediterrané, in dem exotische und weit entfernte Ziele rot umkreist sind, schenken und sagen: »Wir werden diesen Sommer Wasserski fahren.«

Da Ihre Pferd-Frau auch eine Spielernatur ist, würde ihr ebenfalls ein elektrisches Billard, eine Armbrust, ein Spielautomat (die berühmten einarmigen Banditen von Las Vegas) oder ein Roulette mit Chips gefallen.

Auf daß der Mond blau werde

In dieser warmen, schönen und vor allem behaglichen Umgebung, in die Sie Ihre phantastische und wunderbare Pferd-Frau geführt haben, müssen Sie sie nun erheitern. Wenn Sie sie zum Lachen bringen, ist schon viel gewonnen. Zwischen den Laken werden Sie aber ein ganz anderes, sexy, sensibles, zärtliches Wesen entdecken, das verwirrt sein wird, wenn Sie das Vorspiel verlängern. Ja, sie war immer sehr eingenommen von Ihren ersten Zusammentreffen und vor allem von den flüchtigen Küssen, die sie ins Schwärmen gebracht haben. Im Bett hingegen neigt sie eher zu starken Emotionen, zu einer glühenden und verzehrenden Leidenschaft. Es liegt nun an Ihnen, sich selbst zu übertreffen, wenn Sie nicht eines Morgens auf dem Kopfkissen neben Ihnen einen Zettel ›Könnte besser sein‹ finden möchten.

Sie müssen also geschickt und phantasievoll vorgehen, um nicht unangenehm aufzufallen. Aber keine Panik, die Pferd-Frau wird Sie nicht verschlingen, sie ist ganz einfach eine weibliche Frau, die Action schätzt und im allgemeinen bereits Erfahrungen gesammelt hat. Sie könnte ein wenig ärgerlich sein, wenn Sie dem Bild, das sie sich von Ihnen erträumt hat, nicht entsprechen.

Positive und negative Eigenschaften

Da sie sich ihrer Verführungskünste bewußt und dem Abenteuer zugeneigt ist, alles Neue und das Umschmeicheltwerden schätzt, könnte Sie auf den Gedanken kommen, sich woanders umzusehen, sie wird jedoch immer zu ihrer Stütze zurückkehren.

Die chinesische Tradition geht mit der Feuer-Pferd-Frau äußerst streng um. Hauptsächlich deshalb, weil es einem solchen Pferd an Familiensinn mangelt, was in China als Verbrechen betrachtet wird, da die Familie dort die Stütze der Gesellschaft ist. Die Legende verurteilt das Feuer-Pferd aber auch, weil es alles, was sich ihm in den Weg stellt, in Brand setzt und überrennt, und weil es Verlockungen nicht widerstehen kann. Es betrügt nicht nur seinen Partner... sondern verläßt ihn. In China wurden früher die Feuer-Pferd-Mädchen sofort geopfert, um Enttäuschungen und Unglück zu vermeiden.

Die Legende übertreibt offensichtlich. Der einzige Charakterzug, den man der Pferd-Frau, und besonders der in einem Feuerjahr geborenen, vorwerfen könnte, ist die Unbeständigkeit. Aber glauben Sie nicht, daß sie die Liebe als Kavaliersdelikt auffaßt und sich bei dem geringsten Anlaß Hals über Kopf in die Arme des Objekts ihrer Begierde stürzt. Sie erträgt nur schwer die Abgedroschenheit einer Beziehung, die Routine, die der Leidenschaft Platz macht, Verdächtigungen oder Eifersucht. Und unter ähnlichen Bedingungen könnte sie das Opfer eines akuten Liebesfieberanfalls werden. Wenn Sie sie lieben, zeigen Sie sich ihren Träumen gewachsen, binden Sie sie nicht zu fest, zeigen Sie Phantasie, bewahren Sie sich die Reinheit Ihrer Seele. Sie werden eine phantastische und ewig haltende Liebe erleben.

Als aktive, dynamische Person wird sie nicht gern auf ihren Beruf verzichten, um Hausfrau zu werden. Sie wird – oft mit Erfolg – versuchen, beides miteinander zu verbinden. Das könnte sich auf ihre Gesundheit auswirken. Das Pferd mit seinem legendären Feuer ist in der Tat immer aktiv, vergißt sich auszuruhen, überspringt die Mahlzeiten, ernährt sich von fast food oder gibt sich mit einem kümmerlichen Sandwich zufrieden, anstatt etwas Stärkendes zu sich zu nehmen. Die Konsequenz: einige nachlässige Pferde haben Magenbeschwerden, Migräne oder leiden unter Schlaflosigkeit. Diese Krankheiten könnten durch ein geregeltes Leben, Diät und Schlaf vermieden werden. Nun also wissen Sie es und können ihr helfen.

Trotz ihres egoistischen Wesens interessiert sich die Pferd-Frau nicht für finanzielle oder materielle Gewinne. Sie mißt dem Geld kaum Wert bei. Sie kann, wenn es sein muß, praktisch und sogar sparsam sein. Diese Art von Zeitvertreib – der Haushalt und der alltägliche Trott – amüsiert sie allerdings überhaupt nicht. Wenn sie gezwungen wird, sich der Hausarbeiten anzunehmen oder sich um einen schwachen Mann zu kümmern, wird sie schnell aus der Fassung geraten, verunsichert werden und... verschwinden.

Einem Mann, auf den sie sich verlassen kann, der ihre Unabhängigkeit respektiert, einem Mann, der sie liebt und für sie eine ständige Herausforderung darstellt, wird die Pferd-Frau eine perfekte, loyale und sogar unbedingt treue Partnerin sein.

Der Rückzug

Wenn die Pferd-Frau für Sie nur ein Abenteuer ist, seien Sie knauserig, geizig, mißtrauisch, teilen Sie ihre Zeit ein, schließen Sie sie in den vier Wänden ein, verkaufen Sie ihre Plattensammlung, machen Sie ihren Tennisschläger kaputt... In diesem Fall wird die Trennung brutal, aber unvermeidlich sein.

Eine Ehe zu brechen bringt keine größeren Schwierigkeiten mit sich, da die Pferd-Frau sich nicht vorstellen kann, ihr Leben mit einem Mann, der sie nicht mehr liebt, zu teilen. Die unter diesem Zeichen Geborenen sind so charakterstark, selbstlos und bar jeder Heuchelei, daß sie vielleicht die einzigen unter den chinesischen Tierzeichen sind, die sowohl einer Ehe als auch einer Scheidung zustimmen.

8
Die Ziege

Die Ziege ist ein Yin-Zeichen,
und ihr chinesischer Name ist Yang

Die Jahre der Ziege	Element
13. 2. 1907 – 1. 2. 1908	Feuer
1. 2. 1919 – 19. 2. 1920	Erde
17. 2. 1931 – 5. 2. 1932	Metall
5. 2. 1943 – 24. 1. 1944	Wasser
24. 1. 1955 – 11. 2. 1956	Holz
9. 2. 1967 – 29. 1. 1968	Feuer
28. 1. 1979 – 15. 1. 1980	Erde
15. 1. 1991 – 3. 2. 1992	Metall

Checkliste der positiven und negativen Eigenschaften

friedliebend	unselbständig
natürlich	leichtfertig
freundlich	pessimistisch
intuitiv	unentschlossen
liebevoll	kapriziös
stilvoll	skeptisch
hilfsbereit	verschwenderisch
hartnäckig	verantwortungslos
künstlerisch begabt	extravagant
rücksichtsvoll	abergläubisch
ökologisch	frivol
originell	grausam
sanft	schwach
selbstlos	unreif
kreativ	sorglos
ungezwungen	spröde
sentimental	launenhaft
feinfühlig	unzufrieden
sensibel	zerstreut
höflich	impulsiv

Die Beziehungen zu anderen Zeichen

Eine Ziege in die Falle zu locken, ist eine Sache, sie zu zähmen, eine andere. Je nachdem, ob die anvisierte Beute für den schnellen Verzehr oder als Fang für die ›Ewigkeit‹ vorgesehen ist, bietet die chinesische Tradition folgende Hinweise:

Für eine Liaison (oder Versuchszwecke) sind geeignet:
- ••••• Pferd
- •••• Katze, Drache
- ••• Tiger, Affe
- •• Schwein
- • Schlange, Ziege

Für die Ehe empfehlen sich die nachfolgenden Zeichen:
- ••••• Pferd
- •••• Katze, Affe, Schwein
- ••• Drache, Schlange, Büffel
- •• Tiger, Ziege
- • Ratte

Einige berühmte Ziegen

Männlich: Adamo, Balzac, Michel Déon, Jacques Dutronc, James Dean, Jean-Claude Killy, Jean Cacharel, George Harrison, Mick Jagger, Louis Féraud, Johnny Hallyday, Robert Hersant, Guy Lux, Robert Lamoureux, Dominique Lapierre, Laurence Olivier, Robert de Niro, John Wayne, Rudolph Valentino, Tino Rossi, Pierre Trudeau, Eric Tabarly, Lino Ventura, Lech Walesa.

Weiblich: Isabelle Adjani, Joséphine de Beauharnais, Simone de Beauvoir, Leslie Caron, Catherine Deneuve, Diane de Poitiers, Virginia McKenna, Margot Fonteyn,

Edwige Feuillère, Ménie Grégoire, Annie Giradot, Isabelle Huppert, Nancy Holloway, Jo Lemaire, die Gräfin von Ségur, die chinesische Kaiserin Tzu-Hsi.

Die verschiedenen Typen

<u>Mit dem Element Holz</u>   Diese Ziege ist charmant, sentimental, selbstsicher und hofft immer, daß die Dinge sich von selber regeln. Sie hat einen Horror vor Druck, Autorität und der Routine. Dieser Ziege-Mensch ist kreativ und besitzt eine fruchtbare Phantasie, die ihm größte Erfolge einbringt. Diese Ziege ist umgänglich, großzügig und immer bereit, anderen zu helfen. Charakteristik: Eine großzügige Ziege.

<u>Mit dem Element Feuer</u>   Diese emotionale und sensible Ziege neigt oft dazu, ihre Probleme zu dramatisieren, trotz ihrer Intuition und ihrer Fähigkeit, sich selbst zu helfen. Wenn man ihr widerspricht, kann sie aggressiv und mitunter sogar brutal reagieren. Sie kann streng, starrköpfig und unvernünftig sein. Sie ist sehr gastfreundlich und lebt manchmal unter ihren Möglichkeiten, glaubt aber auch an ihre Chance, womit sie nicht unrecht hat. Charakteristik: Eine emotionale und unberechenbare Ziege.

<u>Mit dem Element Erde</u>   Diese Ziege ist selbständiger, treuer als die anderen und ein wenig konservativ. Trotz ihres (berechtigten) Selbstvertrauens ist sie schüchtern, zuvorkommend und sogar ein wenig naiv, was ihr Enttäuschungen eintragen könnte. Sie ist hilfsbereit, nimmt ihre Pflichten ernst, zeigt ihre Emotionen nicht und ist – unter bestimmten Umständen – zu explosiven Wutanfällen fähig. Charakteristik: Eine hilfsbereite und selbständige Ziege.

<u>Mit dem Element Metall</u> Diese Ziege ist eine Kämpfernatur, sie ist sensibel, selbstsicher, verletzlich und extrem empfindlich... die beiden letzten Eigenschaften sind eng miteinander verbunden. Sie ist sehr künstlerisch veranlagt und immer auf der Suche nach Stabilität und Harmonie, Zustände, die für ihre Kreativität unerläßlich sind. Da sie eine emotionale Person ist, gibt es bei ihr auch Zeiten der Depressionen und Entmutigungen. Außerdem ist sie gern besitzergreifend und häufig sogar autoritär, und wenn sie nicht aufpaßt, kann sie durch ihre große Eifersucht sehr niedergeschlagen sein. Charakteristik: Eine künstlerische und besitzergreifende Ziege.

<u>Mit dem Element Wasser</u> Diese charmante, künstlerische und diplomatische Ziege ist sehr von anderen abhängig. Diese egozentrische Person, mit der schwierig auszukommen ist, kann im nächsten Moment wieder absolut freundlich und sympathisch sein. Sie liebt es, bemuttert zu werden. Sie wird alles dafür tun, daß sich jemand um ihren Haushalt kümmert und ihr die kleinen, unangenehmen Probleme des Alltags abnimmt. Sie hat einen Horror vor Veränderungen und kann sehr unglücklich sein, wenn man ihr widerspricht. Charakteristik: Eine charmante und unselbständige Ziege.

Auf der Suche nach dem Ziege-Mann

Der Ziege-Mann ist künstlerisch veranlagt, sensibel und begabt... kurz gesagt, er ist kreativ, und unter den in einem Ziege-Jahr geborenen Menschen gibt es mehr berühmte Persönlichkeiten und Stars (siehe Liste der berühmten Ziegen) als in anderen Zeichen. Daher gibt es unter den Ziege-Menschen auch kapriziöse und wunderliche, launische und zuweilen unvernünftige Wesen.

Diese ehrgeizigen und hartnäckigen Personen besitzen aber einen solchen Charme, daß man leicht über ihren Egoismus, ihre Launenhaftigkeit und ihr besitzergreifendes Wesen hinwegsieht. Der Ziege-Mann ist im allgemeinen ausgeglichen und besitzt genügend Selbstvertrauen, um andere zu überzeugen und mitzureißen. Er ist für Einzel- oder Teamarbeit geeignet. Er ist bei der Arbeit besonnen, hartnäckig und dickköpfig, obwohl er sonst ein Träumer – der nicht immer mit beiden Füßen auf der Erde steht – und ein manchmal ultrasensibler Mensch ist. Als eher ehrgeizige und detailversessene Person setzt er seine Energie für greifbare Ziele ein. Eine Aufgabe, die ihn viel Anstrengung kostet, da er es im allgemeinen vorzieht, zu improvisieren und die Dinge auf sich zukommen zu lassen. Sein Traum wäre es, vorwärtszukommen und bewundert zu werden, ohne sich für den gewünschten Erfolg abmühen zu müssen. Er ist aber klug genug, sich nicht gehen zu lassen. Er setzt sich also Ziele und erreicht sie, oft mit Erfolg. Er arbeitet am besten, wenn seine Talente anerkannt und geschätzt werden.

Idealerweise sollte der Ziege-Mann eine Partnerin haben, die sich um den Haushalt kümmert, die Organisation desselben und die ihn mit dem nötigen Beifall unterstützt.

Die Routine und feste Zeiteinteilung liegt dem Ziege-Mann mit all diesen Eigenschaften nicht, er muß sich frei entfalten können. Er besitzt die Begabung, eine Situation sofort zu erfassen, was es ihm ermöglicht, mit Vorbedacht zu handeln. Eine andere gute Eigenschaft: die Geduld. Dieser rebellische Mann versteht es, auf seine Chance zu warten und so Streitigkeiten und Wortgefechte zu vermeiden, was ihn aber nicht daran hindert, diejenigen, die ihm Knüppel zwischen die Beine werfen, zu kritisieren und zu bestrafen. Er wird es ihnen mit gleicher Münze heimzahlen.

Als höflicher und umgänglicher Mensch trachtet er nach Harmonie und Zusammenhalt. Es mangelt ihm ein wenig an praktischem Verstand. Er kann sorglos, nörglerisch, pessimistisch und zerstreut sein. Er kann sich die größten Gaunereien ausdenken, um sich vor undankbarer Arbeit und den kleinen Sorgen des Alltags zu drücken. In Herzensangelegenheiten ist er aber nicht so unbeständig und unzuverlässig, wie man meinen könnte. Er liebt das Leben und die Liebe ebenso wie sentimentale Experimente. Er würde aber liebend gern seine Flatterhaftigkeit für die große Liebe und Sicherheit eintauschen. Und auch, um eine richtige Familie zu gründen. Es ist doch wirklich verrückt, daß diese Vatergefühle beim Ziege-Mann so ausgeprägt sind.

Die Strategie

Mit seinem von Haus aus künstlerischen Temperament ist der Ziege-Mann bei den unterschiedlichsten kulturellen und künstlerischen Veranstaltungen anzutreffen. Das könnte in einem Fernsehstudio, im Olympia, beim Festival von Cannes oder der Zweihundert-Jahr-Feier der Französischen Revolution sein. Aber da der gefühlsbetonte Ziege-Mann weder die Vergangenheit noch seine Freunde vergißt, könnte er auch an einem Fest in seiner Geburtsstadt, dem Tag der offenen Tür seines Gymnasiums oder am Jahrestreffen der Pfadfinder, zu denen er einst gehörte, teilnehmen. Es gibt also viele Gelegenheiten, den Weg dieser Persönlichkeit zu kreuzen. Aufgrund der vielen Möglichkeiten sollten Sie wählerisch sein und einen Ort aussuchen, an dem die Konkurrenz nicht zu stark ist, damit dieser Rudolph Valentino (er war eine Holz-Ziege) durch Ihre charmante Anwesenheit überrascht, neugierig und in Versuchung geführt wird. Reiten wir nicht weiter auf diesem Detail herum. Es ist offensichtlich, daß Ihre Verführungskünste so groß sind, daß er Sie überall bemerken muß. Vor allem, wenn Sie folgende Vorbereitungen treffen: Kommen Sie allein, sonst riskieren Sie es, daß er meint, Sie seien in ›festen Händen‹, und sich nicht weiter um Sie kümmert – einige von ihnen sind schüchtern (mit dem Element Erde). Zeigen Sie, daß Sie verfügbar sind, aber übertreiben Sie nicht. Spielen Sie nicht die Frau in Not, es würde ihn augenblicklich in die Flucht schlagen, da er Unannehmlichkeiten und Komplikationen fürchtet. In bezug auf Ihre Kleidung gibt es, je nach Ihrer Absicht, zwei Möglichkeiten:

1. Sie sind auf ›ernst‹ und ›langfristig‹ aus: Netzstrümpfe, ein gerader Rock – nicht zu kurz, nicht zu lang – eine klassische Hemdbluse, Trotteurs. Seien Sie wie ein junges, kluges Mädchen, tragen Sie ein leichtes Make-up, um frisch auszusehen. Ihr Aussehen, die Netzstrümpfe, das zinnoberrote Rouge und die betonten Augen sind ein Cocktail, der ihn wieder jung macht und ihn an die Zeit, in der er den Mädchen der Abschlußklassen hinterhergestiegen ist, erinnert.

2. Sie haben sich entschieden, ihn zu verführen, ihn zu einem Leckerbissen für den sofortigen Verzehr zu bestimmen, nachdem Sie ihn beunruhigt haben. Hier die Formel: Lange, duftige Haare, ein sorgfältiges Make-up, ein kurzer (Leder-)Rock und farbige (aschgraue) Strümpfe, ein fleckenloses T-Shirt oder einen Pullover, und wenn er Sie dann für eine dieser tanzenden Sängerinnen der Gruppe Hollywood Bananas hält, um so besser.

Benutzen Sie auf jeden Fall ein geheimnisvolles Eau de parfum wie ›Byzance‹ von Rochas oder ein Eau de toilette wie ›Ysatis‹ von Givenchy. Wenn er Ihre Witterung aufgenommen hat, nachdem Sie an ihm vorbeigegangen sind – es ist schon seltsam, daß er so empfindlich auf Düfte reagiert –, wird er Ihnen sofort folgen, Sie mit Blicken durchbohren, Ihre Aufmerksamkeit auf sich lenken und auf mehr warten. Aber bleiben wir mit den Beinen auf der Erde. Er hat tatsächlich Ihre Anwesenheit ›gerochen‹, jetzt liegt es an Ihnen, sich in den kleinen Kreis einzuschmuggeln, den er mit seinen Plaudereien unterhält.

Die erste Runde

Wetten, daß es nicht lange dauern wird, bis er wieder Kontakt mit Ihnen aufnehmen wird, dieser geborene Jäger, der die weise Voraussicht hatte, Ihre Telefonnummer aufzuschreiben. Er wird also derjenige sein, der Sie schnell einlädt – es sei denn, er befindet sich auf einer dieser Reisen, die er so schätzt.

Wenn Sie sich für die Option ›ich will ihn sofort‹ entschieden haben, richten Sie es so ein, daß er zu Ihnen kommt. Wenn Sie ihm gefallen, wird er nicht widerstehen können, glauben Sie mir.

Die Verführerin, die ihn einlädt, sollte aber auch bedenken, daß bei einem Ziege-Mann in der Liebe vor allem die Abwechslung eine Rolle spielt, wie wir später sehen werden.

Im anderen Fall nehmen Sie seine Einladung an. Es kann sich um ein Abendessen, eine Aufführung, den Besuch eines Nachtclubs usw. handeln. Vermitteln Sie aber nie den Eindruck, den Kopf verloren zu haben, seien Sie charmant, aber nicht verwegen. Geben Sie ihm das Gefühl, daß Sie, obwohl Sie verführerisch sind, eine solide Frau, ein starker Fels sind. Dieses Verhalten wird sich auszahlen, denn er wird Sie nicht nur begehren, sondern anfangen, Sie zu lieben, vor allem, wenn er den Eindruck hat, daß Sie geeignet sind, ihm die alltäglichen Arbeiten abzunehmen, seine Probleme zu verstehen, ihm zuzuhören und seinem Ego zu schmeicheln. Seien Sie vor allem ehrlich, denn der Ziege-Mann kennt sich in der Psyche der Frau bestens aus. Sie sind also kein unergründliches Geheimnis für diesen Kenner und werden es auch nie sein. Seien Sie aufmerksam, empfänglich und erreichbar für seine Probleme, überlassen Sie sich aber nicht seiner Willkür, er würde Sie sonst nicht ernst nehmen und eher auf sein Verlangen als auf sein Herz hören. Wenn der Abend ein Erfolg war, er Sie nach Hause begleitet hat und Sie ihm glaubhaft versichert haben, daß er Eindruck auf Sie gemacht hat, wird er von Ihrer Absage, noch ein letztes Glas in Ihrer Wohnung zu trinken – in Anbetracht der fortgeschrittenen Stunde –, nicht enttäuscht sein. Vor allem, wenn Ihre Ablehnung sanft und ein wenig lasziv ist... Schon am nächsten Morgen wird er Sie anrufen, um Ihnen seine Leidenschaft zu gestehen. Ein Anruf, der der erste einer langen Serie sein wird. Mit ein wenig Glück schreibt er Ihnen vielleicht auch Gedichte.

Der Umgang mit dem Ziege-Mann

<u>Zu Hause</u> Wenn es Ihnen gelungen ist, ihn anzulocken und er bereits eine ernsthafte Zuneigung zu Ihnen gefaßt hat, müssen Sie wissen, daß dieser Besuch wichtig ist. Er wird diskret überprüfen, ob Sie auch diejenige sind, für die er Sie hält. Aber glauben Sie nicht, daß er Ihre Bibliothek unter die Lupe nehmen wird, um zu sehen, zu welcher Art von Intellektueller Sie gehören, nein, darüber macht er sich keine Gedanken. Er schätzt eine helle und saubere Wohnung, das Spiegelbild einer ordentlichen Frau – er selbst ist es im Privatleben überhaupt nicht. Eine Küche, die Ihre Kochkünste bezeugt, ist ihm nicht gleichgültig. Wenn er aber entdeckt, daß Ihr in der Ecke eingerichtetes Büro Ihr Organisationsta-

lent widerspiegelt, wird er erobert sein. Sie sind im privaten Bereich genau das unverzichtbare Gegenstück, nach dem er immer gesucht hat.

Die Unterhaltung   Verstricken Sie ihn niemals in politische Themen, es sei denn, um sich darüber lustig zu machen. Kommen Sie ihm nicht mit Prinzipien, sprechen Sie nicht über die Lage der Frau, die Abschaffung der Todesstrafe, die letzte Aussage von Bernard Pivot über den neuen Roman, seien Sie vor allem keine Ich-weiß-alles-Frau! Diese schweren Probleme sind ihm lästig, der Alltag mit seinen Sorgen ist schon schlimm genug. Dagegen werden ihn Indiskretionen, lustige Geschichten, Seichtheiten, Belanglosigkeiten, Reiseberichte, der letzte Film von Mel Brooks oder Ihre Vorliebe für Humor oder die Poesie (er ist zuweilen Poet) bezaubern. Ohne daß er es sagt, interessiert er sich auch für Ihr Berufsleben, und die Tatsache, daß Sie vollkommen selbständig sind, ist in seinen Augen sehr wichtig. Ansonsten hören Sie ihm zu. Er ist ein brillanter Plauderer, seine herben Kommentare über Pierre, Paul oder Jacques werden Sie amüsieren, ebenso seine Wortspiele oder Imitationen. Er ist wirklich ein sehr charmanter Partner.

Die Geschenke   Der Schlüssel Ihrer Wohnung in einem mit Seide ausgeschlagenen Kästchen. Wenn Sie diese Persönlichkeit wirklich verführt haben, wird er bereits am nächsten Tag mit seinen Koffern zu Ihnen ziehen. Einen Schlüsselanhänger mit Uhr (schlicht), um ihn an die Parkuhr zu erinnern. Es ist schon ungerecht, daß er für seine Zerstreutheit bestraft werden könnte. Eine Gedichtesammlung, die er noch nicht kennt. Einen Mini-Rechner, eine Cartier-Uhr, ein Lederetui für seine Wagenpapiere, ein Eau de toilette wie ›Eau Savage‹ von Christian Dior, einen hübschen handgestrickten Pullover aus Irland, ›Das Wörterbuch der Schimpfwörter‹ (Sand), ein kleiner Giacometti, ein schöner alter Stich oder Platten mit brasilianischer Musik.

Auf daß der Mond blau werde

Ein Abendessen bei Kerzenlicht, das mit einem Liebessturm endet, ist genau das Programm, das Sie einem Ziege-Mann anbieten sollten, wenn Ihre Beziehungen ernsthaft sind. Er ist sensibel und zärtlich und kein Raufbold, der seine Schöne packt und sie auf der Stelle vergewaltigt.

Er wird Sie extrem sanft behandeln. Er schätzt das Vorspiel, er liebt dieses laszive Seite-an-Seite-Spiel, das zunehmend in den siebten Himmel führt, in dem der Mond immer blau ist.

Er hat einen Horror vor lauten und heftigen Gefühlsausbrüchen, ein derartiger Beweis wird ihn in die Flucht treiben; umgekehrt aber wird er bis zum Morgen in Ihren Armen bleiben und wird mit Freuden mit Ihnen das Frühstück einnehmen, das Sie (ohne Zweifel) zubereitet haben.

Seine Liebesfähigkeit, seine Sanftheit und auch seine Leistungen werden Sie bezaubern. Der Ziege-Mann besitzt die Fähigkeit, Ihre geheimsten Wünsche zu erfüllen... Er ist ein perfekter Liebhaber.

Positive und negative Eigenschaften

Da der Ziege-Mann so begabt für die Liebe, unleugbar charmant und verführerisch ist, könnte man sich fragen, ob es denn möglich sei, sich seiner Treue sicher zu sein. Im Falle eines Abenteuers lautet die Antwort immer nein.

Wenn diese Persönlichkeit dagegen aber verheiratet ist – oder eine feste Beziehung eingegangen ist –, verwandelt sie sich total. Die Flatterhaftigkeit wird sich in Luft auflösen, der Schürzenjäger verschwindet, und der Herzensbrecher fliegt davon. Er ist dann nur noch der treue, sanfte Ehemann oder Freund. Er wird ein gewissenhafter Vater sein, der sich um die Schulaufgaben der Kinder, die Gesundheit der Katze oder diesen (verdammt) unruhigen Hund, den er jeden Abend und Morgen ausführen muß, kümmern.

Das Geld ist nicht das Wichtigste in seinem Leben, er paßt sich an das Leben, das seine Mittel ihm gestatten, an und verläßt sich im übrigen bezüglich des Papierkrams und des Haushalts vollständig auf seine Gefährtin. Er überläßt seiner Partnerin ohne Komplexe die gemeinsamen Verwaltungsaufgaben, aber bei dem leisesten Hilfeschrei (oder Ordnungsruf) ist er zur Stelle. Als Gegenleistung für diese außerordentliche Sicherheit wird er für das Glück eines jeden sorgen, kreativ, ausdauernd und erreichbar sein. Sicher ist er manchmal Depressionen unterworfen, die die Folge einer langen pessimistischen Phase oder der geheimen Angst des Kreativen sind, aber er wird doch meistens ein angenehmer und solider Partner sein.

Wenn der Ziege-Mann bei Ihnen aber nicht die Qualitäten, die ihm so am Herzen liegen, findet, wenn die Phantasie der Routine Platz macht, wenn Gleichgültigkeit an die Stelle von Bewunderung tritt, wenn der Haushalt vernachlässigt wird, wenn sich schlechte Laune und Streitereien breitmachen..., wird sich der Schürzenjäger rar machen.

Der Ziege-Mann wird sich in der ersten Zeit woanders trösten und dann den Mut fassen, zu fliehen. Er wird sich zwar aus dieser enttäuschenden Verbindung zurückziehen, sich dabei aber nicht vor seiner Verantwortung drücken.

Der Rückzug

Wenn der Ziege-Mann für Sie nur ein Abenteuer ist, ist das Rezept, ihn loszuwerden, einfach: Kümmern Sie sich nicht um ihn, schalten Sie den Anrufbeantworter ein, oder sagen Sie ihm einfach: »Es ist aus!« Er wird Ihnen nicht im geringsten böse sein und seine Jagdgründe verlegen, wenn er es nicht schon getan hat. Wenn er unglücklicherweise bei Ihnen lebt, gilt das gleiche Spiel. Das heißt, eine Erklärung, und Sie werden zwangsweise Ihren Schlüssel zurückbekommen. Er wird Ihre Abendessen und Ihre Organisation vermissen, sich aber dem Unvermeidlichen fügen.

Eine Ehe zu trennen ist etwas komplizierter, außer Sie sind ein kinderloses Paar. In diesem Fall wird er ganz Gentleman sein, eine Güterteilung verlangen, Ihnen aber wahrscheinlich das Haus oder die Wohnung überlassen. Er wird sich ohne die geringsten Schwierigkeiten woanders niederlassen. Mit Kindern wird sein Pflichtgefühl überwiegen. Er ist, wie bereits erwähnt, ein verantwortungsvoller Vater. In seiner Seele steckt etwas von Kramer, und im Falle einer einseitigen Trennung riskieren Sie mehr, als einen Ehemann zu verlieren.

Auf der Suche nach der Ziege-Frau

Die Ziege-Frau ist von Natur aus künstlerisch, vital, dynamisch, kreativ und im allgemeinen eine verführerische Person. Sie besitzt sicherlich nicht die Klasse einer Schlange-Frau oder die unvergängliche Schönheit der Drache-Frau, aber sie hat einen Gang wie Catherine Deneuve, ein ›Funkeln‹ wie Isabelle Adjani, Anmut wie Margot Fonteyn und oft eine warme und fesselnde Stimme wie Nancy Holloway. Sie ist also wie ihr männliches Gegenstück eine Verführerin.

Eine solche Frau kann, wenn sie abgesichert ist, ihre natürlichen Begabungen voll ausschöpfen und die höchste Stufe auf der Erfolgsleiter in ihrem Beruf erreichen. Dieses ist nicht nur das Ergebnis einer Umgebung, die günstig sein muß – vielleicht wäre unterstützend ein besseres Wort –, sondern auch ihrer Ausdauer. Eine Ausdauer, die von einem unermüdlichen Enthusiasmus begleitet wird, der auch dann nicht nachläßt, wenn sie 60 Stunden hintereinander gearbeitet hat oder für eine Tournee, Show, Modeschau usw. von einem Kontinent zum nächsten gejagt ist. Sie legt sich dann 48 Stunden schlafen, um die Batterien wieder aufzuladen. Sie ist nervös, lebhaft, unermüdlich, kann aber auch kapriziös, impertinent, emotional, verschwenderisch und böswillig sein. Sie hat auch ihre Krisen, die in schlimmste Dummheiten und unüberlegte Streiche ausarten. Sie könnte auch die ganze Welt versetzen oder einen ›Nervenzusammenbruch‹ erleiden. Sie ist aber auch eine kostbare Freundin, die harmonische Beziehungen schätzt, Streit vermeidet und außerordentlich hilfsbereit ist. In Herzensangelegenheiten ist sie leidenschaftlich, ein sentimentaler Tornado, der alles gibt, aber noch mehr verlangt. In der Liebe hat sie nichts dagegen, unterdrückt zu werden; in ihrem Privatleben träumt sie – wie ihr Zeichensbruder – von Sicherheit und davon, sich nicht um den Haushalt kümmern zu müssen. Wenn sie einen Gott als Liebhaber, eine Hausdame für die Hausarbeiten und einen Diener hätte, wäre diese Schöne der Nacht und des Tages die glücklichste aller Frauen.

Die Strategie

Die Ziege-Frau ist spontan, umgänglich und liebt die Kunst und die Schönheit und wird unweigerlich an einem der Kultur geweihten Plätze zu finden sein, die Sie regelmäßig aufsuchen, denn sonst hätten Sie sie ja nicht bemerkt. Wetten, daß sich ein Freund finden wird, der Ihnen erzählt, wie sehr er sie verehrt und bewundert. Er wird nicht zögern, Ihnen diesen Vamp vorzustellen, in der Erwartung, daß Sie verschlungen werden. Er wird Ihnen auf diese Weise einen Dienst erweisen, aber auch zeigen, daß er nichts von dem tiefgründigen Naturell dieser außergewöhnlichen Person verstanden hat. Aber seien Sie gewarnt, diese so unabhängige Frau ist nicht verrückt, und Sie werden nicht der erste Wolf sein, der versucht, sie zu überraschen. Sie müssen schon eine Strategie entwickeln, um nicht für einen dieser Schönlinge, mit denen sich die Schöne manchmal abgibt, gehalten zu werden.

Eine erste und wichtige Investition ist ein Dior-Anzug, geschmückt mit einem Einstecktuch und im Kontrast dazu eine Krawatte mit leuchtenden Farben. Dies nur um zu zeigen, daß die Dame männliche Eleganz liebt, die Marke spielt keine Rolle. Eau de toilette: ›Aqua Brava‹ von Puig, Sie werden es benötigen. Wenn Sie einen kleinen Bauch haben, älter als 40 Jahre sind – sie bevorzugt Männer, die jung geblieben sind –, kleiden Sie sich jugendlich, strahlen Sie Frische und Glaubwürdigkeit aus. Sie müssen wissen, daß sie nicht unempfänglich für Luxus ist. Sie ist oft verschwenderisch, macht sich über Geld lustig. Eine zweideutige Situation, wenn Ihr Einkommen mittelmäßig ist. Aber die Ziege-Frau ist eine liebevolle und mehr als anpassungsfähige Frau. Sie besitzt die seltene Gabe, selbst die bescheidenste Hütte in einen strahlenden Palast zu verwandeln. Nicht nur durch ihre Anwesenheit, sondern durch ihren Einfallsreichtum bezüglich der Einrichtung. Wir nehmen einmal an, daß Sie kein Dockarbeiter sind, Sie sich im besten Einkaufszentrum der Stadt aufhalten und Ihr Freund, der Ihnen wohlgesonnen ist, Sie vorgestellt hat.

Oberstes Prinzip: Lassen Sie sie nicht ziehen. Haken Sie sich ein, seien Sie brillant, ein wenig autoritär, lustig (wenn möglich). Sagen Sie ihr, daß Sie sie unwiderstehlich finden, schmeicheln Sie ihr, behalten Sie aber die Initiative. Stellen Sie sie vor allem nicht vor die Wahl, machen Sie ihr klar, daß Sie sich um sie kümmern werden, und schlagen Sie ihr ein Programm vor. Das kann die Oper sein oder ein Zigeuner-Restaurant. Wenn sie zufälligerweise nein sagen sollte, drohen Sie ihr (sanft), sie zu entführen. Wenn sie aber darauf besteht, brechen Sie nicht auf, ohne die Telefonnummer und ein Rendezvous bekommen zu haben.

Die erste Runde

Seit ihren ersten Flirts hofft die sensible und sanfte, sinnliche und leidenschaftliche Ziege-Frau jedesmal, eine verwandte Seele zu finden. Ihr zukünftiger Herr und Gebieter muß in gewisser Weise autoritär sein, ihr Sicherheit und Schutz, materiellen Komfort, sexuelle Befriedigung und Vertrauen bieten. Im Klartext bedeutet dies: Ihr den Hof machen, aber nicht zu höflich, kulturelle Veranstaltungen, Liebesschwüre, Blumen...

Diese ungewöhnliche Frau ist also romantisch. Haben Sie nicht zu viele Hintergedanken bei der ersten Runde. Ihr Ziel ist es, zu verführen, und es wird von Ihnen erwartet, daß Sie Phantasie zeigen und sich etwas Neues einfallen lassen. Und passen Sie auf, sie wird Ihre Vorschläge kritisch und aufmerksam prüfen. Um sie zu verführen, setzen Sie auf Ihre kindlich-frauliche Seite, verzaubern Sie sie, indem Sie sie einladen, mit dem Orient-Expreß nach Venedig zu fahren. Sagen Sie ihr, daß sie sich so wie in den Büchern von Agatha Christie kleiden soll. Der Krimi, der sich abspielen wird, wird sein, zu sehen, wie der eine den anderen verschlingt...

Wenn Ihre Mittel eine solche phantastische Reise nicht zulassen, suchen Sie eine andere Lösung, bei der sich das Wasser mit dem Feuer, die Romantik mit dem sanften Wahnsinn vermischen. Führen Sie sie also nach Brügge, dem Venedig des Nordens. Besuchen Sie die Betschwestern, das Museum, und beenden Sie den Nachmittag mit einer Bootsrundfahrt auf den Kanälen der Stadt. Danach Richtung Chateau Ter Heyde, einem neugotischen Bürgerhaus, das früher Giebel und spitze Türmchen hatte. Heute ist es ein stattliches und behagliches Hotel, umgeben von einem Teich, jahrhundertealten Bäumen und grünem Rasen. Dort lassen Sie sich in den Samtmöbeln des kleinen Salons nieder, in dessen Kamin ein lustiges Holzfeuer brennt, unterhalten Sie sich fröhlich, nehmen einen Aperitif bei sanfter Hintergrundmusik und warten, bis das Essen – fein und erlesen – serviert wird. Sie werden den Abend in einem der warmen und behaglichen Zimmer mit solidem und rustikalem flämischen Mobiliar beenden.

Ihre Ziege-Frau wird charmant und unwahrscheinlich weiblich sein, Sie originell und wunderbar finden, und Sie werden es ihr beweisen. Am nächsten Tag begleiten Sie sie zu einem Schaufensterbummel. Sie wird außer sich vor Freude sein, sowohl darüber, daß sie einen Mann gefunden hat, dem das gefällt, als auch, weil sie ein Kleid gefunden hat, das sie schön findet, oder ein seltenes Parfum, das ihr fehlt. Vergessen Sie nicht, eine Kreditkarte mitzunehmen, sie wird verteufelt nützlich sein.

Der Umgang mit der Ziege-Frau

<u>Zu Hause</u> Ein mit Geschmack eingerichtetes Haus oder Appartement beruhigt die Ziege-Frau, vor allem wenn dort eine Art intellektueller Unordnung herrscht. Außerdem sollten vorhanden sein: Alte mit Leder bezo-

gene Sessel, Kunstzeitschriften auf einem niedrigen Tisch verstreut, schwere Wandbehänge an den Fenstern sowie eine indirekte Beleuchtung, die die Möbel betont, und dicke Teppiche. Wenn es sich um eine alte Familienvilla handelt, die Sie geerbt haben, wird dieser Wohnsitz in ihren Augen den Charakter eines Refugiums haben, das die Sicherheit und den Komfort, den sie sich immer ersehnt hat, ausstrahlt. Eine solche oder ähnliche Dekoration garantiert Ihnen den Erfolg. In solchem Rahmen war sie schon immer glücklich, daß heißt, es ist das, wovon sie schon immer geträumt hat.

Die Unterhaltung   Unergiebige und ernsthafte Diskussionen liebt sie nicht besonders, sie ist nicht daran interessiert, die Welt täglich aufs neue zu verbessern. Sie schätzt vielmehr eine charmante Unterhaltung, und wenn Sie eine leichte, geistreiche und witzige Konversation mit ihr führen, wird sie voller Wohlgefühl aufatmen. Halten Sie sie jedoch auf keinen Fall für ein charmantes Dummchen, denn was Kulturelles anbelangt, wird Sie Ihnen nichts schuldig bleiben. Sie müssen nur einmal versuchen, Sie in ›Trivial Pursuit‹ zu schlagen, dann werden Sie es schon merken.

Die Geschenke   Schmuck, Parfum, Kleider, Pullover, Taschen, leichte Schuhe, alles, was in der Zeitschrift ›Marie-Claire‹ erwähnt wird, interessiert, begeistert und verführt sie. Wenn Sie ein gutes Augenmaß haben und ihre Maße auswendig kennen, zögern Sie nicht. Gehen Sie in die Boutiquen und suchen Sie eine Überraschung aus. Es ist schon verrückt, daß ein Stück Stoff mit einem bekannten Namenszug sie so glücklich macht. Da sie aber sehr modebewußt ist, gehen Sie auch gewisse Risiken ein, wenn Sie auf eigene Faust handeln. Gehen Sie entweder mit ihr in die Boutiquen oder zum Floh- oder Antiquitätenmarkt. Schauen Sie sich alten

Schmuck an, kaufen Sie zum Beispiel eine schöne Kamee, und Sie werden ihre Begeisterung sehen. Sie können sie aber ebenso mit einem riesigen Blumenstrauß angenehm überraschen.

Auf daß der Mond blau werde

Das Wort Sinnlichkeit ist im Zeichen der Ziege-Frau mit Feuerbuchstaben geschrieben. Die Liebe ist ihre geheime Leidenschaft, und hier gibt sie alles. Sie gibt alles, Sie brauchen nicht zu heucheln oder Köder auszulegen, um sie vom Wohnzimmer ins Schlafzimmer zu locken. Vergessen Sie aber einige wichtige Stationen dieses leidenschaftlichen Abenteuers, das explosiv sein wird, nicht. Vernachlässigen Sie das Vorspiel nicht, seien Sie nicht draufgängerisch, lassen Sie den Dingen freien Lauf. Sie wird erst lasziv sein und sich dann in eine Tigerin verwandeln, aber niemals zu dominieren versuchen. In der Liebe wie im Leben braucht sie einen Gebieter. Es kommt sogar vor, das gewisse Ziege-Frauen eine masochistische Neigung haben. Dies ist jedoch ein Extremfall, der die Leidenschaft dieser erstaunlich weiblichen Frau widerspiegelt, die nichts mit einer dieser zarten Puppen gemein hat, die man sich fast nicht traut zu umarmen. Mit ihr gibt es keine Ausflüchte. Sie möchte geliebt und nicht nur bewundert werden.

Positive und negative Eigenschaften

Eine dieser verführerischen, sinnlichen und ein wenig kapriziösen Frauen zu lieben, ist nicht nur Erholung. Sie muß erst Zutrauen zu Ihnen fassen, bevor sie sich mit Ihnen einläßt. Es sei denn, Sie sind auf ein Abenteuer aus. In diesem Fall wird die Liaison von kurzer Dauer sein. Eine Ziege-Frau bindet sich nicht an einen Liebhaber für einen oder mehrere Tage. Sie werden eine ihrer Trophäen sein, ein Name in ihrem Notizbuch, vielleicht sogar mit einer Bewertung...

Wenn Ihre Absichten aber ernsthafter Natur sind, was sie bemerken wird, wird sie alles tun, um Sie dauerhaft an sich zu binden. Es liegt nun an Ihnen, diese Partnerin zu formen. Sie wird es gerne mit sich geschehen lassen, da Sie ihr Liebe und Sicherheit bieten und zu ihrem Enthusiasmus, ihrem Glück und ihrer Sinnlichkeit beitragen. Wird sie auf den Schwarm von Verehrern verzichten, wird sie sich von ihrem Notizbuch trennen? Diese Frage ist es wert, gestellt zu werden, vor allem, wenn es sich um eine Feuer-Ziege handelt. Die Tradition sagt über sie, daß sie unbeständig ist und die Quantität der Qualität vorzieht...

Sie möchte in der Tat niemals ihren Partner hintergehen, aber Gelegenheit macht Diebe, und sie widersteht nicht immer! Der Seitensprung wird immer bedeutungslos und diskret sein – vor allem, wenn sie an Ihnen hängt – und wird immer die seltene Ausnahme bleiben, da sie nicht nur Ihre Liebe und Ihre Loyalität (!) erwartet, sondern auch Ihren Respekt! Wenn sie dagegen einmal untreu wird, ist es nur, weil sie von Ihrem Verhalten tief enttäuscht ist.

Das Leben mit einer (abgesicherten) Ziege-Frau ist die reinste Wonne. Sie versteht es mit ihrem guten und sicheren Geschmack, das Haus in einen Palast zu verwandeln. Sie würde es vorziehen, eine Köchin, ein Zimmermädchen und einen Gärtner zu haben, aber sie ist nicht auf sie angewiesen. Sie ist eine talentierte und geduldige Mutter. Um den Papierkram (Rechnungen usw.) müssen Sie sich kümmern. Auf diese Art und Weise können Sie auch die manchmal verschwenderische Ader Ihrer charmanten Partnerin begrenzen. Denken Sie daran, daß sie die Mode liebt und einem Schaufensterbummel kaum widerstehen kann, ein oftmals teurer Zeitvertreib.

Der Rückzug

Wenn die Ziege-Frau für Sie nur ein Abenteuer ist, wird es nur so lange wie die geteilten Freuden dauern. Deutlich gesagt, beim ersten Zeichen der Ermüdung wird einer den anderen verlassen – und sie wird wahrscheinlich schneller als Sie sein, da Sie ihr keine Sicherheit geboten haben.

Eine Ehe zu trennen, ist eine andere Sache. Wir sprechen hier wohl von einer Initiative, die von Ihnen ausgehen wird. Sie müssen wissen, daß Sie sie damit aus dem Gleichgewicht bringen werden und in kürzester Zeit das Vertrauen, das sie in Sie gesetzt hat, zerstören. Dieser Verrat kann bei einer Metall-Ziege zu einer tiefen, sogar ernsthaften Depression führen. Das sollten Sie wissen. Und diese so verstoßene und verachtete stolze Ziege-Frau wird ihre verflossenen Lieben wieder aufsuchen. Und es könnte sein, daß Sie es schon sehr schnell bereuen!

9
Der Affe

Der Affe ist ein Yang-Zeichen,
und sein chinesischer Name ist Hou

Die Jahre des Affen	Element
2. 2. 1908 – 21. 1. 1909	Erde
20. 2. 1920 – 7. 2. 1921	Metall
6. 1. 1932 – 25. 1. 1933	Wasser
25. 1. 1944 – 12. 2. 1945	Holz
12. 2. 1956 – 30. 1. 1957	Feuer
30. 1. 1968 – 16. 2. 1969	Erde
16. 2. 1980 – 4. 2. 1981	Metall
4. 2. 1992 – 22. 2. 1993	Wasser

Checkliste der positiven und negativen Eigenschaften

schelmisch	eitel
egozentrisch	flatterhaft
mutig	heuchlerisch
schlau	manipulierend
intelligent	treulos
kindlich	sarkastisch
geistreich	geschwätzig
praktisch	ungeduldig
unabhängig	berechnend
begabt	engstirnig
enthusiastisch	spitzbübisch
intuitiv	empfindlich
jugendlich	narzißtisch
erfinderisch	reizbar
klarsichtig	herablassend
scharfsinnig	anspruchsvoll
leidenschaftlich	extravagant
überzeugend	launenhaft
gewandt	opportunistisch
behaglich	spöttisch

Die Beziehungen zu anderen Zeichen

Einen Affen in die Falle zu locken, ist eine Sache, ihn zu zähmen, eine andere. Je nachdem, ob die anvisierte Beute für den schnellen Verzehr oder als Fang für die ›Ewigkeit‹ vorgesehen ist, bietet die chinesische Tradition folgende Hinweise:

Für eine Liaison (oder Versuchszwecke) sind geeignet:
- ••••• Drache, Affe
- •••• Ratte, Schwein, Pferd
- ••• Tiger, Schlange, Ratte
- •• Ziege
- • Hahn

Für die Ehe empfehlen sich folgende Zeichen:
- ••••• Drache, Affe
- •••• Pferd
- ••• Ratte, Hahn, Hund
- •• Tiger, Ziege, Büffel
- • Schwein

Einige berühmte Affen

Männlich: Michel Audiard, Ray Bradbury, Björn Borg, Cartier Bresson, Dave Brubeck, Yul Brynner, Michael Caine, Cacharel, Jacques Chirac, Descartes, Dupa, Jean Dutourd, James Ensor, Scott Fitzgerald, Ian Fleming, Fellini, Mick Jagger, Claude Koener, Paul Gaugin, Rex Harrison, Modigliani, Robert Morley, Peter O'Toole, Michel Polnareff, James Steward, Omar Shariff, Sempé, Vasarely, Boris Vian.
Weiblich: Anouk Aimée, Marie-Christine Barrault, Tilde Barboni, Jacqueline Bisset, Jill Clayburgh, Joan Crawford, Edmonde Carles-Roux, Bette Davis, Angela

Davis, Françoise Hardy, Michèle Morgan, Christine Ockrent, Elvire Popesco, Diana Ross, Eleanor Roosevelt, Königin Sirikit von Thailand, Elisabeth Taylor, Sylvie Vartan, die Herzogin von Windsor.

Die verschiedenen Typen

<u>Mit dem Element Holz</u>   Der Holz-Affe ist intuitiv wie viele Affen, und es fehlt ihm nicht an Optimismus in dem Sinne, daß er selbst in schwierigsten Situationen immer eine gute Seite findet. Er ist organisiert, weiß seine Trümpfe mit Bedacht einzusetzen, haßt es aber zu verlieren, was manchmal durch sein überstürztes Handeln geschieht. Er besitzt großen intellektuellen Wissensdurst, ist Neuerungen gegenüber aufgeschlossen und bewundert die Tüchtigkeit. Charakteristik: Ein methodischer und enthusiastischer Affe.

<u>Mit dem Element Feuer</u>   Dieser Affe ist energisch, enthusiastisch, leidenschaftlich und abenteuerlustig, besitzt aber genug Vorsicht und praktische Veranlagung, was für große Erfolge unerläßlich ist. Sein Opportunismus – er sucht sich seine Freunde und Bekannten sorgfältig aus – schließt einen verzehrenden Ehrgeiz ein, sein Mut und seine Entschlossenheit erlauben es ihm, allen Herausforderungen zu begegnen und den Hindernissen aus dem Weg zu gehen oder sie niederzureißen – je nachdem. Charakteristik: Ein hilfsbereiter und vom Glück begünstigter Affe.

<u>Mit dem Element Erde</u>   Dieser Affe ist praktisch veranlagt, intelligent, treu und der liebenswürdigste von allen. Es mangelt ihm nicht an Großzügigkeit. Seine Fähigkeit, die kompliziertesten Probleme auf einen einfachen Nenner zu bringen, sein intellektueller Wissens-

durst, seine Unerbittlichkeit, sein Motto ›Wer suchet, der findet‹ führen manchmal zu einer ›Schupo‹-Mentalität oder einem gewissen Mangel an Feinsinnigkeit. Manchmal ist er auf diskrete Weise flatterhaft, aber im allgemeinen doch treu. Charakteristik: Ein verantwortungsbewußter Affe.

<u>Mit dem Element Metall</u> Mit seinem unerschütterlichen Willen und der eisernen Faust, die nicht immer in einem Samthandschuh steckt, ist dieser Affe sehr geschäftstüchtig. Seine Überzeugungskraft und sein Erfolgswille sind ebenso groß wie sein Stolz und erlauben es ihm, den zähesten Gegnern die Stirn zu bieten. Er ist ein wenig manipulatorisch, besitzt aber in der Arbeit auch Umsetzungsvermögen und ist so energisch bei der Sache, daß er sogar manchmal alles andere vergißt. Charakteristik: Ein schlauer Affe.

<u>Mit dem Element Wasser</u> Dieser Affe ist intuitiv, freundlich und liebenswürdig, er weiß, was er will, fügt sich aber den Umständen, geht den Schwierigkeiten aus dem Weg, erklärt, handelt, überzeugt und erreicht, was er will. Er ist ein bißchen egoistisch, ihm mangelt es aber nicht an Großzügigkeit, und er ist vom Glück begünstigt. Andererseits kann er aber äußerst mürrisch sein, Zwietracht säen und im nächsten Augenblick heiter, angenehm und ein guter Kamerad sein. Charakteristik: Ein unbeständiger und magnetischer Affe.

Auf der Suche nach dem Affe-Mann

Mit ein bißchen Glück – und daran mangelt es dem Affe-Mann nicht – oder dem richtigen Zeitpunkt, den er herbeiführen kann, muß er einfach berühmt werden. Ein Star, um den sich die Produzenten reißen oder aber ein wichtiger Politiker. Einige Berühmtheiten, die in einem Affe-Jahr geboren wurden wie z. B. Peter O'Toole, James Steward und Rex Harrison oder Männer wie Tschou En-lai, Poincaré, Herriot, Truman, usw. bezeugen dieses.

Es wäre übertrieben zu behaupten, die Affen seien automatisch ein Genie, aber ihre Geschicklichkeit, ihr Taktgefühl, ihre Art zu gefallen oder den Charme einzusetzen, sind äußerst wirkungsvoll, und sie verstehen es, immer Sympathie oder Bewunderung hervorzurufen. Der Affe-Mann ist ebenfalls ein schlauer Geschäftsmann, der geborene Improvisator, ein feinfühliger Schlauer, ein unvergleichlicher Diplomat und manchmal sogar ein Manipulator. Er beherrscht auch die Kunst, selbst aus seinen Fehlern Nutzen zu ziehen, wie z. B. Michael Caine mit seiner Kurzsichtigkeit oder der unbeständige Edgard Faure, der nicht zögert, den Wählern folgenden Ratschlag zu erteilen: »Es ist besser, die Partei als die Meinung zu wechseln.«

Die Fähigkeiten des Affe-Mannes, zu verhandeln, zu überzeugen, alles vorauszusehen und vor allem für schwierige Probleme praktische Lösungen zu finden, machen aus ihm einen schlauen Geschäftsmann oder einen mit allen Wassern gewaschenen Kaufmann.

Da die Glaubwürdigkeit die Grundlage für seinen Erfolg ist, ist der Affe-Mann im allgemeinen gesellig, gastfreundlich, freundschaftlich und lustig. Sein einziger offensichtlicher Fehler ist der Spott, gepaart mit starker Skepsis, die er nicht vertuschen kann. Da er ein Spaßvogel ist, wird er sich über Ideologien, seinen Chef, sein Vaterland, über Sie, die anderen und sich selbst lustig machen, weshalb man ihm nicht böse sein kann. Aber wenn er auch anscheinend das Leben nicht ernst nimmt, gilt dies nicht für seinen Beruf oder sein Privatleben. In beiden Fällen wird er seine Talente voll entfalten und den einfachsten Weg wählen, koste es was es wolle! Die

Malaien sagen, daß der Affe zu intelligent sei, um zu sprechen, was ihn davor schützt, arbeiten zu müssen. Dieses Bild spiegelt wahrscheinlich die Tatsache wider, daß der unter diesem Zeichen geborene Mann nicht sehr fleißig ist; er ist kein Akkordarbeiter oder Arbeitswütiger, der 24 Stunden am Tag, einschließlich Wochenenden und Feiertagen, arbeitet. Es gelingt ihm ganz einfach, in ein paar Stunden die Arbeit eines Tages zu erledigen, wodurch er dann Zeit zum Lachen, sich zu amüsieren und für andere Dinge hat. Diese Haltung vermittelt oft den Eindruck, der Affe-Mann sei dilettantisch. Das ist falsch. Er ist schnell, pfiffig und lebt intensiver und fröhlicher als die anderen.

Er scheint sich niemals zu beunruhigen. Sicherlich bekommt er, wie alle, auch Panik und sogar Angst, es hält aber nicht lange an. In der Tat gibt es nur wenig, was den Affe-Mann wirklich aus der Ruhe bringt. Er scheint im Leben nichts ernst zu nehmen, wie wir bereits erwähnt haben. Mit seinem Lächeln und seiner Entschlossenheit, immer nur die Sonnenseite des Lebens zu sehen, dramatisiert er nichts und schützt sich so vor Enttäuschungen, Depressionen oder Entmutigungen. Er ist sich seiner Fehler bewußt – das ist seine Stärke –, er weiß, daß er ungeduldig, egoistisch, manchmal rücksichtslos, ein wenig unsensibel und unbeständig ist. Aber die Liebe und die Freundschaft nehmen einen wichtigen Platz in seinem Leben ein, was diese Fehler wieder ausgleicht.

Die Strategie

Pannenhelfer! Das ist in der Tat die Berufung der Affen, unabhängig von dem Beruf, den sie ausüben. Der Pannenhelfer ist derjenige, der eine Maschine, die nach einem Defekt stillsteht, wieder in Gang bringt. Diese

Maschine kann sowohl eine Staatskarosse als auch Ihr Computer, das Unternehmen, in dem Sie arbeiten, oder eine Handelsmission sein, für die eine dreisprachige Person gesucht wird. In jedem der Fälle wird er zur Stelle sein. Er wird nicht nur das gesuchte Sprachtalent sein, sondern auch ein unerwarteter Verhandlungspartner, der Staatsmann, der Zwistigkeiten schlichtet, der Spezialist, der herausfindet, warum der Cashflow des Unternehmens negativ ist...

Da Sie weder der Präsident der Republik noch der Generaldirektor eines Unternehmens sind, müssen Sie sich eine Herausforderung ausdenken, derer sich dieses kleine Genie annehmen kann. Wenden Sie den Trick mit der Panne an, dabei spielt es keine Rolle, um welche Panne es sich handelt. Selbst wenn er nicht auf Ihren Hilfeschrei hereinfällt, wird er Ihnen trotzdem helfen.

Der Affe-Mann hat sich um seine impulsive Seele einen soliden Panzer zugelegt. Er ist, wie bereits erwähnt, ein Skeptiker, der nichts ernst nimmt. Weder die Wichtigkeit Ihrer Absicht noch Ihre gesellschaftliche Stellung können diese Persönlichkeit verführen. Aber, erinnern Sie sich, die Liebe – und so die Frauen – nehmen einen bedeutenden Platz in seinem Leben ein. Ihre Lage als Frau in Not wird ihn amüsieren und den gewünschten Aufhänger bieten.

Polieren Sie also Ihre natürlichen Waffen.

Sie müssen wissen, daß dieser Gierschlund oder Sammler bei ›seinen‹ Eroberungen den größten Eklektizismus an den Tag legt. Er ist jedoch für einen gewissen exotischen Touch sehr empfänglich. Eurasierinnen, Brasilianerinnen und Inderinnen besitzen für ihn den größten Charme, aber ebenso eine feurige Russin, grüne Augen oder eine barocke Figur. Sie werden also je nach Wert Ihrer Attribute in eine ausgeschnittene Hemdbluse, die eine aufregende Aussicht zuläßt, oder in einen enganliegenden Pullover, der die Brüste mehr betont als verbirgt, gekleidet sein. Er liebt die Farbe Blau, die Phantasie, aber nicht die Provokation, sowie diskreten Schmuck, ein leichtes Make-up und die Frische, die Jugend. Verwenden Sie das Eau de toilette ›Silences‹ von Jacomo. Dieses Parfum ist nicht nur zart und einnehmend, sondern trägt auch einen passenden Namen... für einen Affe-Mann, der Frauen schätzt, die gut zuhören können. Bei Ihnen selbst darf es keine ›Pannen‹ geben. Er wird Sie aufmerksam beobachten. Seien Sie natürlich, und zeigen Sie Ihre Dankbarkeit erst schüchtern und dann enthusiastisch. Er liebt Komplimente über seine Intelligenz und Geschicklichkeit. Fragen Sie ihn nicht über seinen Beruf aus – selbst wenn Sie ihn schon kennen –, schmeicheln Sie lieber seiner Phantasie, indem Sie sich vage an ein Rendezvous erinnern, einen Abend mit Freunden aus Feuerland, eine sehr private Vorstellung, usw. Er wird neugierig werden. Diese Kontaktaufnahme wird mit Sicherheit so enden, wie Sie es sich gewünscht haben: Sie werden sich nicht von ihm trennen, ohne ein Wiedersehen verabredet zu haben.

Die erste Runde

Nun also zappelt Ihr Opfer am Haken, und Sie müssen Ihre Beute sichern. Sicherlich haben Sie für das Rendezvous, das Sie soeben akzeptiert haben, andere absagen müssen. Das kurze Treffen neulich hat Sie anscheinend davon überzeugt, daß er eine ›außergewöhnliche Persönlichkeit‹ ist. Wenn er Ihnen vorgeschlagen hat, still und leise zu verschwinden, müssen Sie wissen, daß es eine Spezialität von ihm ist, wenn er sich zu jemandem hingezogen fühlt. Wenn Ihre Absichten rein sind, kurz gesagt, wenn Sie entschlossen sind, ihn mit Beschlag zu belegen, wird Ihre Aufgabe schwieriger sein, da Sie eine Rivalin aus dem Weg räumen müssen. Wenn das Rendezvous aber offen ist, ist der Weg frei und gibt Anlaß zu den schönsten Hoffnungen, angefangen bei einem feurigen Abenteuer bis hin zu einer festen Beziehung. In letzterem Fall indessen, lesen Sie das Kapitel ›negative Eigenschaften‹ noch einmal durch.

Obwohl er nicht wirklich autoritär ist und nicht versucht, Ihnen dies oder jenes einzureden – besonders nicht beim ersten Treffen –, drücken Sie sich etwas verschwommen aus, etwa, daß das Essen festlich und die Vorstellung nicht zu kulturell sein sollte. Der Affe ist bekannt für seinen soliden Appetit, seine Vorliebe für gutes Essen und seinen intellektuellen Wissensdurst, was nicht dazu führt, daß er die Orte, die von den fanatischen ›jungen Literaten‹ frequentiert werden, aufsucht. Die ›Nouvelle cuisine‹ macht ihn eher mürrisch, und bei einer Opernpremiere könnte er einschlafen.

Er ist indessen immer für Überraschungen gut. Er ist imstande, Sie zur Vernissage einer Kandinsy-Retrospektive einzuladen und anschließend – beim Abendessen – Ihnen von seiner Reise nach China zu erzählen, von der er phantastische Kunstwerke mitgebracht hat, und das alles bei folgenden Speisen:
- gebratenes Filet von schottischem Wildlachs, Kresse- und Charlottencreme,
- Lammkeule aus Pauillac mit wildem Thymian,
- Apfelküchlein,

und alles begossen mit Pauillac (natürlich), Margaux und einem gereiften Côte-Rotie...

Dieses zeigt, daß der Affe keineswegs schwerfällig ist und immer eine Überraschung in petto hat, trotz seiner Neigung für 007 oder Western.

Hoffen wir, daß Sie einen soliden Magen haben. Wenn Sie jedoch den Appetit eines Vogels haben, wird er Sie nicht zum Essen zwingen. Der Abend hat aber doch erst angefangen, der Affe ist ein Nachtschwärmer.

Er wird Sie in eine Disco führen oder ein anderes zufällig ausgewähltes Lokal nach der Devise ›Fluctuat nec mergitur‹*). Es liegt an Ihnen, nicht unterzugehen und auch einen Epilog zu finden, da die Nächte des Affen ebenso hektisch sind wie die Tage.

Der Umgang mit dem Affe-Mann

<u>Zu Hause</u> Wenn Sie es geschafft haben, ihn zu sich nach Hause zu locken, wird er alles genauestens betrachten und seine Schlüsse ziehen. Übertriebene Ordnung, der Louis-XVI-Stil und ein glänzender Parkettboden beunruhigen ihn sehr. Wenn Sie ihn zwingen, Pantoffeln anzuziehen, wird er die Flucht ergreifen. Alle Details, die darauf schließen lassen, daß die gegenwärtige Dame seiner Wahl etwa eine perfekte Hausfrau und ein Drachen, ein Gewohnheitsmensch und eine Besessene sein könnte, sind in seinen Augen negativ und könnten die Freiheit, die er so schätzt, bedrohen. Wenn Ihre Wohnung dagegen fröhlich, praktisch und angemessen ist, an den Wänden Urlaubssouvenirs hängen, auf den Möbeln exotische Gegenstände zu finden sind und im Gang ein Koffer steht, der Ihre Reiselust beweist (dies ist nur ein Bild), können Sie sich ein paar Punkte gutschreiben. Dem Affen ist ein eleganter Lebensstil gleichgültig. Er legt mehr Wert auf das Funktionelle als auf die ererbten Möbel. Er hat eine Abneigung gegen alles, was auf einen Gewohnheitsmenschen hinweist.

<u>Die Unterhaltung</u> Er hat es niemals wirklich gelernt zuzuhören. Es könnte aber sein, daß er bei Ihnen eine Ausnahme macht. Er gehört nicht zu den Leuten, die

---

*) Anmerkung des Übersetzers: Inschrift im Wappen von Paris, zu übersetzen etwa ›Schwimmen, ohne unterzugehen‹.

meinen, daß eine Frau schön und still zu sein habe, aber in Ihrer Beziehung wird er zweifellos derjenige sein, der am meisten redet. Da ihn die Monologe aber auch nicht reizen, werden Sie auch Gelegenheit bekommen, sich zu äußern. Sprechen Sie von Reisen, die ihn immer faszinieren, vor allem wenn es sich um weite Reisen handelt; aber auch von Poesie – einige mir bekannte Affen sind ganz verrückt nach Saint-John Perse – oder von Musik. Er würde es indessen vorziehen, wenn Sie lustig, spritzig, phantasievoll und eine gute Zuhörerin sind.

Die Geschenke   Sie könnten ihn zu einem Sauerkrautabend einladen, aber das ist wohl nicht ein richtiges Geschenk, nicht wahr? Schenken Sie ihm einen 1976er Champagner König François I. von Maison Bernard Ivernel. Er hat eine Schwäche für Champagner, und eine solche Flasche wird ihn vor Freude beben lassen. Eine Sammlung der Werke von Patrice de la Tour du Pin, eine alte Platte von ›Price‹ oder besser noch ›La Madragore‹ von Niccolò Machiavelli machen ihn ebenfalls glücklich. Sie können sich auch auf seine Garderobe verlegen, um seinen ›Look‹ zu verbessern. In diesem Fall wird er nicht nur glücklich, sondern auch dankbar sein.

Auf daß der Mond blau werde

Bei einem Affen muß man der List mit List begegnen und weder romantische Reden noch Predigten halten, aber auch nicht zu nachgiebig sein. Wenn Sie aber an einer ›Instant-Suppe‹ interessiert sind, überlassen Sie ihm die Initiative. Sie werden sich blitzschnell im Schlafzimmer wiederfinden, und Ihre Kleider werden zwischen Wohnzimmer und Bett verstreut sein. Er wird leidenschaftlich sein, aber es könnte passieren, daß Sie am nächsten Morgen allein aufwachen.

Wenn Sie ihn herausfordern, wird sich die Sache anders abspielen. Es fängt an mit zärtlichem Vorspiel, das sich steigert, und Sie werden dann – bei Ihnen oder bei ihm – das größte Glück erfahren. Der Affe wird Sie nicht enttäuschen. Er ist ein ›großartiger Liebhaber‹, der unter idealen Bedingungen höchst romantisch, extrem charmant, aber auch unersättlich sein kann.

Positive und negative Eigenschaften

Alle Affen, außer die mit dem Element Feuer, sind unbeständig. Der Feuer-Affe ist oft entwaffnend, sogar ein wenig naiv und läßt sich leicht und für lange Zeit in die Falle locken. Manchmal versucht er, wie alle Affen, seine Freiheit wiederzuerlangen, was ihm auch gelingt. Das bedeutet aber Schmerzen oder einen Bruch, woran sich dieser feurige Intellektuelle verbrennt. Die anderen Affen haben weniger Komplexe. Bei ihnen reimt sich Liebe auf Vergnügen, Vergnügen auf Abenteuer und Abenteuer auf Abwechslung. Dies gilt für die Impulsiven, die nicht auf die Jagd gehen oder verletzlich sind. Die ersten sind bei Frauen beunruhigt, und die zweiten sind immer für ein Schäferstündchen zu haben.

Wenn der Affe-Mann indessen sehr an seiner ›Jane‹ hängt, wird er sie niemals verlassen, und seine Eskapaden werden sehr diskret sein. Aber nicht alle Affen sind professionelle Schürzenjäger oder Männer, die einer sexuellen Verlockung nicht widerstehen können. Wenn ihr Familienleben ihnen ihre Selbständigkeit läßt, wenn ihre Partnerin freundlich und fröhlich ist, es liebt auszugehen und die Welt zu sehen, und wenn die Feuer der Leidenschaft immer geschürt werden, wird er vergessen, daß es noch andere Weiden gibt. Schließen Sie ihn vor allem nicht in Ihrer Festung ein, und zwingen Sie ihn niemals zu unmöglichen Zugeständnissen. In beiden

Fällen wird er Sie verlassen oder sein Heim als eine Art bequemes Hotel für seine Zwischenaufenthalte ansehen.

Dieser egozentrische Affe kann sich aber mit der Zeit bessern und seine Geister vertreiben. Er könnte es sogar lernen, Pfeife zu rauchen und seine Zeitung am Kamin zu lesen und – wenn es soweit kommt – ein phantastischer, amüsanter und wachsamer Vater zu sein, der sich gänzlich seiner Familie widmet. Ich kenne sogar einen Holz-Affen (Schauspieler), der für die Küche zuständig, ein genialer Heimwerker und vor allem ein aufmerksamer und treuer Vater ist. Als seine Kinder noch Babys waren, hat er ihnen sogar die Windeln gewechselt und die Tränen getrocknet.

Der Rückzug

Wenn der Affe-Mann für Sie nur ein Abenteuer ist und dieser Partner sich zufällig festgebissen hat, ist das Rezept, ihn loszuwerden, einfach: Verwandeln Sie sich in eine zänkische und wilde Furie. Er wird unverzüglich aus Ihrem Horizont verschwinden, wird Ihnen aber mit Vergnügen und Genuß die Rechnungen und die schmutzige Wäsche hinterlassen, aber seine Katze mitnehmen.

Eine Ehe zu trennen, ist etwas anderes. Doch der Affe-Mann wird die Flucht ergreifen, wenn Sie versuchen, seine Freiheit einzuschränken, ihn zu unannehmbaren Dingen zu zwingen (Hausschuhe anzuziehen, damit er das Parkett nicht beschmutzt) und ihn schlecht verpflegen. Der Haushalt ist also nicht mehr in Ordnung, er findet keinen Gefallen an Ihrer Gesellschaft, der Pakt ist gebrochen, und er wird Sie verlassen. Bei ihm müssen Sie nicht kompliziert vorgehen. Eine gute Erklärung genügt, und Sie können die Details der Trennung klären.

Auf der Suche nach der Affe-Frau

Die Affe-Frau besitzt einen vielseitigen Charme, Schönheit und Verführungskraft, die auch aus ihrem Humor und ihrer Vitalität besteht. Sie legt Leidenschaft in alles, was sie tut, und ist eine der großen Liebhaberinnen der chinesischen Tierzeichen.

Für sie ist das Leben eine Art Sportarena, in der man etwas leisten und sich den Herausforderungen stellen muß und dafür den Applaus der Menge bekommt. Mit einer solchen Moral gibt es nur wenige Dinge, die für die dynamische, hartnäckige und wettkämpferische Affe-Frau unerreichbar sind. Sie ist energisch, superaktiv und vor allem unabhängig. Sie vermeidet im Berufsleben die eintönigen Aufgaben, die genaue Zeiteinteilung oder eine sitzende Beschäftigung. Wenn aber eine bestimmte Arbeit ihr Befriedigung und vor allem finanzielle Unabhängigkeit bietet, kann sie sich auch eingliedern und sich an eine Hierarchie anpassen.

Sie ist kultiviert, oft künstlerisch veranlagt und sehr feurig. Deshalb ist der Umgang mit ihr nicht immer einfach. Elisabeth Taylor ist ein gutes Beispiel für den talentierten ›Affen‹ und seine vielfältigen Facetten.

Die Affe-Frau ist umgänglich, manchmal sogar mondän, aber immer voller Ideen und Aktivitäten. In der Rolle einer Hausfrau wird sie die perfekte, diplomatische und charmante Gastgeberin sein. Bei einem Gesellschaftsabend ist ihre Unterhaltung immer angenehm und mit Anekdoten geschmückt. Sie ist in der Tat eine außergewöhnliche, redegewandte ›Erzählerin‹, der die Themen niemals ausgehen. Niemals, so daß ihre Schwatzhaftigkeit manchmal lästig ist. Aber niemand ist perfekt, noch nicht einmal diese leidenschaftliche und erregende Persönlichkeit.

Ihren Nächsten und guten Freunden gegenüber ist sie hilfsbereit und großzügig. Sie besitzt Zusammengehörigkeitsgefühl, was dazu führt, daß sie anfängt, zu beißen und um sich zu schlagen, wenn einer der Ihren angegriffen wird. Diese Reaktionen sowie ihre Wutanfälle sind selten. Für sie ist Gewaltanwendung niemals das richtige Mittel, und wenn ein Gegner bestraft werden muß, zieht sie die Kraft des Wortes, die Satire oder Ironie vor. Diese Dinge beherrscht sie bis zur Vollendung.

In Herzensangelegenheiten würde ich sagen, daß derjenige, auf den sie ihr Auge geworfen hat, sich niemals langweilen oder in den Alltagstrott verfallen wird. Er riskiert durch die Verführungskraft seiner Partnerin unruhige Momente, da sie die Blicke, die ihr die anderen Männer zuwerfen, und die Tatsache, daß sie bewundert wird, genießt. Auf ihre natürliche Treue zu vertrauen, könnte illusorisch sein, außerdem ist es nicht angebracht, sie zu enttäuschen.

Die Strategie

Es gibt keinen anderen Ort als die Stadt, um eine Affe-Frau zu verführen. Sie liebt die Theaterfoyers, Vorträge mit anschließender Diskussion, die Vernissagen und Premieren. Ihr intellektueller Wissensdurst ist groß, und sie frequentiert regelmäßig die Orte, die diese Neigung befriedigen, an denen man interessante Leute kennenlernen oder sich mit Freunden treffen kann. Auf dem Land oder im Urlaub wird sie sich anders geben. Eher sportlich, da sie ebenso gut reitet wie surft oder mit dem Drachen fliegt; Sie können sie auch am Meer antreffen, wo sie zwischen den Felsen nach Krebsen sucht.

Sie ist eine ungewöhnliche Person, die immer erreichbar zu sein scheint. Sie besitzt einen Mund mit schönen Konturen und hübsche ›Beißerchen‹, um die Männer zu verschlingen! Dabei spielt es keine Rolle, um welchen Mann es sich handelt.

Bei ihr können Sie nicht auf die alten Annäherungstricks zurückgreifen, sie kennt sie alle. Es gibt kein Rezept, um sie ins Wanken zu bringen, aber eine Menge Dinge, die Sie vermeiden sollten. Sie wird einen Schönling oder charmanten Prinzen schnell verwerfen, wenn sie keine richtige Persönlichkeit besitzen. Primaner, Primaten, Rambos, Besserwisser, Moralprediger, Uniformträger und Polizisten sollten sich besser fernhalten. Obwohl sie das Lässige, Jeans und Turnschuhe liebt, hat sie aber auch nichts gegen Männer mit einer diskreten Eleganz oder gegen eine – ein wenig zerbrechliche – Persönlichkeit à la Peter O'Toole in ›Lord Jim‹. Ein gehemmter Intellektueller oder eine offensichtlich erfahrene Persönlichkeit machen sie neugierig, aber sie zieht vor allem Nonkonformisten, Kreative, Poeten, Musiker, Künstler und Schriftsteller vor. Wenn sie aber im Urlaub ist, könnte sogar ein schöner, romantischer Student in den Genuß ihrer Gunst kommen.

Wie also kann man sie unter diesen Bedingungen verführen? Erste Lösung: Berühmt sein. Diese Eigenschaft wird in ihr den Wunsch wecken, Sie zu verführen. Aber wir wollen nicht übertreiben, die Affe-Frau ist nicht wirklich ein Faß ohne Boden.

Zweite Lösung, um diese verführerische Person, die Ihnen der Zufall über den Weg geführt hat, zu zähmen: Seien Sie einfach, ehrlich und direkt. Fordern Sie sie intellektuell heraus, erklären Sie ihr nicht gleich Ihre Absichten, sie hat sie sowieso schon erraten, aber erzählen Sie ihr von Ihren leidenschaftlichen Aktivitäten. So können Sie sie ködern und sie einladen, die Probe aufs Exempel zu machen. Ein ›Ja‹ bedeutet grünes Licht fürs Abenteuer, aber vergessen Sie nicht, sich anzuschnallen, es wird keineswegs traurig werden. Apropos, sie mag ›Habit rouge‹, ein Eau de toilette von Guerlain, das das I-Tüpfelchen Ihrer sauberen und reinen Persönlichkeit ist.

Die erste Runde

Nun also zappelt Ihr Opfer am Haken, und Sie müssen Ihre Beute sichern, auch wenn Sie sie bei Dupont-Dupont oder bei einer Vernissage von Karl wiedergetroffen haben und sie Ihnen gezeigt hat, daß Sie ihr nicht gleichgültig sind. Oberstes Prinzip: Seien Sie nonkonformistisch und sogar ein wenig verrückt. Organisieren Sie keinen gewöhnlichen Abend, setzen Sie auf etwas Großartiges, denn sie ist für das Ambiente empfänglicher als für das Essen. Sie haben Sie also zu einem Nicht-Abflug nach Roissy in Frankreich eingeladen. Diese alberne Idee wird sie verführen und amüsieren, vor allem, weil Sie ihr geraten haben, leichtes Gepäck für eine Nacht mitzunehmen. Sie sind am ›Treffpunkt‹ im Flughafen Charles de Gaulle verabredet, wo Sie geduldig auf sie warten werden. Auf dem Programm für diesen Vormittag steht ein Brunch im ›Maxims‹ des Flughafens. Sie wird das Ambiente lieben. Anschließend Abfahrt im Wagen nach Ermenonville – es liegt nur einen Steinwurf entfernt –, Besuch der wilden Tiere, Spaziergang in den Sanddünen... Ein verrückt-fröhlicher und überraschender Nachmittag. Danach fahren Sie als Touristen zum Flughafen zurück, um in den Boutiquen von Roissy einen Schaufensterbummel zu machen, dann Richtung Luxushotel des Flughafens, ein hervorragendes, schalldichtes Hotel für Zwischenlandungen. Wetten, daß es Ihrer Schönen gefallen wird, das Programm auf diese Weise in Ihrer Gesellschaft zu beenden, ein Champagner-Dinner zu sich zu nehmen und dann mit Ihnen zu träumen und die Flugzeuge, die auf den beleuchteten Pisten unbekannten Zielen entgegenfliegen, zu beobachten.

Diese Roissy-Lösung kann leicht verlagert werden. Schlagen Sie ihr einen Besuch der ›ägyptischen‹ Abteilung des Louvre vor, danach Notre-Dame de Paris und zum Schluß einen Bummel entlang der Seine-Uferanlagen, um dann in die Saint-André-des-Arts-Straße zu gehen, in der Ihnen ein Kumpel seine winzige Studentenbude zu Verfügung gestellt hat. Sie wird das ebenso lustig finden wie eine Suite in einem Luxushotel.

Der Umgang mit der Affe-Frau

<u>Zu Hause</u> Wenn Sie es geschafft haben, sie zu sich nach Hause einzuladen, wird sie Ihre Umgebung in sich aufnehmen. Sie wird die Bestätigung für Ihre Persönlichkeit in den Büchern, mit denen Ihre Bibliothek vollgepfropft ist, den Schallplatten, den Gemälden an der Wand und den Papieren auf Ihrem Schreibtisch suchen, sich aber königlich über Ihre Küche amüsieren. Sie liebt die Schönheit, aber nicht den Luxus, die Originalität und nicht die funktionelle Kühle. Sie läßt sich weder von alten Möbeln noch von dem Portrait Ihrer Ahnen beeindrucken, wird aber entzückt sein, wenn eines der Bücher Ihre Unterschrift trägt, eines der Gemälde von Ihnen signiert ist oder ein Presseausschnitt, der auf Ihrem Schreibtisch liegt, über Sie berichtet. Sie liebt diese Zeichen von Kreativität, eine Bestätigung für ›seinen‹ guten Geschmack.

<u>Die Unterhaltung</u> Für eine Affe-Frau ist das Reden ebenso wichtig wie das Atmen. Sie wird mehr über Ihren Geschmack, Ihre Neigungen, Ihre Arbeit erfahren wollen, sie wird Ihnen ein wenig, manchmal mehr, zuhören, aber dann über ihr Leben und ihre Ängste berichten und Ihnen zeigen, wie selbständig und unabhängig sie ist.

<u>Die Geschenke</u> Sie schätzt Blumen zu allen Jahreszeiten. Wenn Sie ihr Rosen schicken, müssen es natürlich

Baccara sein, und vergessen Sie ein Detail nicht: Es müssen elf sein, die zwölfte ist selbstverständlich sie selbst.

Ein hübsches Umschlagtuch wird sie ebenso entzükken, und fügen Sie ein paar Worte, wie ›Gegen die Kälte und die Zweifel‹ hinzu. Setzen Sie auf ihre intellektuelle Seite, und schenken Sie ihr einen modernen Klassiker, eine Kunstmonographie oder einen guten ›Walkman‹ mit Kassetten mit klassischer Musik oder Chansons von Brel oder Brassens. Stellen Sie ihr eine Kassette zusammen, denn die Affe-Frau ist sentimentaler, als es den Anschein hat.

Auf daß der Mond blau werde

Die Affe-Frau ist keine gewöhnliche Liebhaberin. Sie benötigt viel Aufmerksamkeit und Ermutigung, bevor sie zu Ihnen ins Bett steigt. Sie ist romantisch und schätzt das Vorspiel. Auf diesem Gebiet wird sie Ihnen in der ersten, sehr angenehmen Phase die Initiative überlassen. Am Rande der Lust wünscht sie sich Phantasie und vor allem Zärtlichkeit. Bei ihr ist immer alles Entdeckung. Sie hat die seltene Gabe, die Vergangenheit auszuradieren (den anderen, wenn er existiert, zu vergessen).

Mit ihr ist es immer das ›erste Mal‹. Die Affe-Frau besitzt in der Tat eine erstaunliche Frische. Sie läßt sich wie ein junges Mädchen, das die Freuden der Liebe entdeckt, führen. Aber dieses Verhalten hält nicht lange an. Sehr schnell wird diese Feurige erfinderisch, unwiderstehlich und unersättlich. Sie muß denjenigen, den sie liebt, total besitzen, und dies mit einem Enthusiasmus, der Sie erschöpfen wird. Die Affe-Frau besitzt nicht nur Charme und Phantasie, sie ist vor allem eine großartige Liebhaberin.

Positive und negative Eigenschaften

Ist die Affe-Frau vielleicht aufgrund ihrer Verführungskraft, Vitalität und Leidenschaft, mit der sie alle Dinge angeht, nicht gerade ein Muster an Treue? Vielleicht.

Wenn sie frei und unabhängig ist, sammelt sie in der Tat, und manchmal sogar systematisch, Abenteuer. Aber dieses ›Vamp‹-Gebahren verschwindet oder wird stark gedämpft, wenn sie sich gebunden fühlt.

Die Affe-Frau ist loyaler als ihre männlichen Artgenossen, aber wie bei ihnen kann ihre Liebe ins Schwanken kommen, wenn das Feuer der Leidenschaft nicht geschürt wird. Die Liebe muß immer wieder aufgefrischt werden. Die chinesische Tradition sagt: Die beste Methode, um einen Affen zu verführen und zu binden, ihn auf dem intellektuellen Gebiet herauszufordern und seine Liebe auf die Probe zu stellen, ist, ihn für kurze Reisen oder einige Tage allein zu lassen. Die Ausreden für die Abwesenheit müssen aber glaubwürdig sein, sonst riskieren Sie, zurückgeschickt zu werden.

Die Untreue überfällt aber nicht alle weiblichen Affen. Die meisten von ihnen sind mit ihrem aktiven Leben und ihrer – ausschließlichen – Liebe zu ihrem Partner so beschäftigt, daß sie vergessen, herumzuschwirren. Es reicht also, dem Drang nach Aktivität dieses netten kleinen Monsters nachzugeben und die Gegenwart voll mit ihr auszukosten, damit diese Flatterhaftigkeit verschwindet. Auf diese Weise wird sie zuverlässig, treu und ergeben sein. Aber rechnen Sie nicht mit ihr im Haushalt. Die Affe-Frau kann eine perfekte Gastgeberin sein, aber nur selten eine Hausfrau im engsten Sinne des Wortes. Das Kochen ist eine Kunst, die sie manchmal ausübt, um zu zeigen, daß sie sich zu helfen weiß. Aber es ist keine Leidenschaft, weniger noch das Nähen, Stricken, Waschen, Bügeln. Das Ideale wäre, eine Hausgehilfin zu haben.

Der Rückzug

Wenn die Affe-Frau für Sie nur ein Abenteuer ist, ist das Rezept, sie loszuwerden, damit aufzuhören, sie zu umschmeicheln und mit Geschenken zu überhäufen. Ihr systematisch nur mit einem halben Ohr zuzuhören, egoistisch und knauserig zu sein und sie wissen zu lassen, daß Sie untreu sind! Sie wird auf dem schnellsten Weg ihre Freiheit wieder aufnehmen und in ihr Notizbuch hinter Ihrem Namen hinzufügen: Mangel an Mut! Sie wird Sie vergessen! Wenn Sie ihr erklären, daß Sie Ihre Freiheit wieder haben möchten, wird sie sie Ihnen gewähren, Ihre Offenheit schätzen und versuchen, aus dem Liebhaber, der Sie waren, einen Freund zu machen.

Eine Ehe zu trennen, ist eine andere Sache, da, wenn auch die Treue der Affe-Frau oft relativ ist, ihre Loyalität ihrem Partner gegenüber aber total ist. Ist das vielleicht der Grund dafür, daß ein Affe immer zögert, zu heiraten? Ihr brutal oder diplomatisch zu sagen, daß Sie eine Scheidung wünschen, kann negative Reaktionen hervorrufen, von denen die Depression nur einer der unangenehmen Aspekte ist.

Es ist zwecklos, zum Alkoholiker zu werden. Sie würde Sie aushalten. Wenn sie dagegen bemerkt, daß ihr Liebesobjekt gleichgültig, entfernt, abwesend, geizig, knickrig und nörglerisch wird und nicht mehr der nette Komplize ist, den sie so schätzt, wird sie sich davonmachen. Aber Achtung, wenn Sie versuchen, sie zu täuschen, wird sie es bemerken, und Sie riskieren es, Federn zu lassen; deutlich gesagt, Sie sind wieder frei, aber das gemeinsame Bankkonto ist auf Null und das Appartement leer. Der Affe ist boshaft und besitzt einen eigenartigen Sinn für Humor.

10

Der Hahn

Der Hahn ist ein Yin-Zeichen,
und sein chinesischer Name ist Ji

Die Jahre des Hahns	Element
22. 1. 1909 – 9. 2. 1910	Erde
28. 2. 1921 – 27. 1. 1922	Metall
26. 1. 1933 – 13. 2. 1934	Wasser
13. 2. 1945 – 1. 2. 1946	Holz
31. 1. 1957 – 17. 2. 1958	Feuer
17. 2. 1969 – 5. 2. 1970	Erde
5. 2. 1981 – 24. 1. 1982	Metall
23. 1. 1993 – 9. 2. 1994	Wasser

*Checkliste
der positiven und negativen
Eigenschaften*

---

offen	oberflächlich
loyal	labil
enthusiastisch	mondän
brillant	frech
solide	großsprecherisch
stolz	zerstreut
mutig	manisch
erfinderisch	kindlich
tüchtig	protzig
zärtlich	kurzsichtig
perfektionistisch	verschwenderisch
leidenschaftlich	prahlerisch
kühn	rechthaberisch
aufrichtig	bitter
individualistisch	eitel
elegant	unruhig
seriös	selbstgefällig
herzlich	unbeständig
treu	eifersüchtig
rigoros	reizbar

Die Beziehungen zu anderen Zeichen

Einen Hahn in die Falle zu locken, ist eine Sache, ihn zu zähmen, eine andere. Je nachdem, ob die anvisierte Beute für den schnellen Verzehr oder als Fang für die ›Ewigkeit‹ vorgesehen ist, bietet die chinesische Tradition folgende Hinweise:

Für eine Liaison (oder Versuchszwecke) sind geeignet:
- •••• Büffel
- ••• Drache, Schwein, Schlange
- •• Pferd, Ziege
- • Tiger, Affe, Hund

Für die Ehe empfehlen sich folgende Zeichen:
- ••••• Büffel
- •••• Drache, Schlange
- ••• Pferd
- •• Tiger, Affe, Schwein
- • Hund

Einige berühmte Hähne

Männlich: Louis Aragon, Francis Bacon, George Brassens, Irving Berlin, Jean-Paul Belmondo, Jean-Claude Brialy, Dirk Bogarde, Hervé Claude, François de Closets, Douglas Fairbanks jr., Errol Flynn, Daniel Gélin, Bernard Haller, Michel Jorbert, James Mason, Yves Montand, Roman Polanski, Maurice Rheims, Peter Towsend, Peter Ustinov, Verdi, Wagner.

Weiblich: Prinzessin Caroline von Monaco, Colette, Clémentine Churchill, Edith Cresson, Geneviève Dorman, Mary Quant, Nancy Reagan, Katharine Hepburn, Goldie Hawn, Königin Juliane von Holland, Deborah Kerr, Jane Russel, Simone Signoret.

Die verschiedenen Typen

<u>Mit dem Element Holz</u> Dieser Hahn ist anständig, umgänglich, idealistisch, energisch und spontan. Er ist oft tolerant und neigt manchmal dazu, die einfachsten Dinge zu komplizieren. Er ist sehr verantwortungsbewußt, hat immer die besten Absichten, unterliegt aber Höhen und Tiefen, bekommt Wutanfälle und ist ungeduldig. Durch seine Hartnäckigkeit und sein offenes Wesen ist er zu großen Leistungen fähig. Charakteristik: Ein anständiger und idealistischer Hahn.

<u>Mit dem Element Feuer</u> Mit seiner Energie, Motivation und Überschwenglichkeit hat dieser Menschenführer die besten Voraussetzungen, um erfolgreich zu sein. Er ist lebhaft, aufbrausend, autoritär, unflexibel und ein schlechter Verlierer. Er ist ergeben, großzügig, erträgt weder verschlagene Menschen noch Bloßstellungen. Als charismatischer Menschenführer und erfolgsbesessener Mensch ist er ebenfalls ein Lebemann. Charakteristik: Ein feuriger und mobilisierender Hahn.

<u>Mit dem Element Erde</u> Dieser Hahn ist sensibel, warmherzig und liebt die Teamarbeit, arbeitet aber auch gern allein in der Forschung. Er ist fleißig und furchtbar pingelig, ja sogar manisch. Er weicht der Verantwortung nicht aus, muß aber ständig motiviert und ermutigt werden. Ist er erst einmal abgesichert, stürzt er sich auf die Arbeit, nachdem er sie sorgfältig geplant hat. Er hat etwas von einem Moralprediger an sich, und in Herzensangelegenheiten fühlt er sich nicht wohl in seiner Haut. Charakteristik: Ein tüchtiger Hahn.

<u>Mit dem Element Metall</u> Dieser Hahn ist ein kleiner Angeber, aber auch realistisch, arbeitsam und reformfreudig. Er plant in der Tat sein Leben äußerst sorgfäl-

tig, überläßt nichts dem Zufall, ist relativ mißtrauisch und erfolgsorientiert. Er ist ein fanatischer Arbeiter, in sentimentalen Dingen sehr zurückhaltend und extrem ungeschickt im Umgang mit dem anderen Geschlecht. Charakteristik: Ein schwer arbeitender Hahn.

<u>Mit dem Element Wasser</u> Hier haben wir einen imposanten, seriösen, flexiblen, offenen, anpassungsfähigen, genauen, schlauen und entschlossenen Hahn. In der Tat, das Nonplusultra der Hahnfamilie, bei dem die positiven Eigenschaften die negativen bei weitem übertreffen. Er ist jedoch auch sehr reizbar. Es gelingt ihm nicht immer, seine Launen zu beherrschen, und er ist oft nachtragend. Charakteristik: Ein fast perfekter, aber rachsüchtiger Hahn.

Auf der Suche nach dem Hahn-Mann

Der Hahn-Mann liebt es zu brillieren, die erste Geige zu spielen, und immer und überall möchte er der Beste sein. Das liegt daran, daß er maßlos ehrgeizig ist. Er kann nicht anders, als sich ständig mit Enthusiasmus, Leidenschaft und manchmal sogar Tollkühnheit den Herausforderungen zu stellen. Da er lebhaft, präzise, organisiert und hilfsbereit ist, sind die Risiken, von denen er sagt, daß er sie ohne weiteres bewältigen kann, oft berechnet. Er versucht immer, sich selbst zu übertreffen, den Mond herunterzuholen, Reformen durchzuführen, ist aber andererseits wiederum schnell entmutigt, da er seltsam ungeduldig ist und bei ihm emotionale Höhen und Tiefen etwas Normales sind.

Er ist ein unverbesserlicher Schwätzer, es ist aber nicht unangenehm, ihm zuzuhören, da er eine Stimmungskanone und der geborene Erzähler ist und wie seine Artgenossen Ustinov, Belmondo usw. ein humoristisches Talent hat. Die Hähne haben auch eine poetische Ader, wie Aragon oder Brassens, sind Musiker wie Verdi oder Schauspieler wie Daniel Gélin und Yves Montand. Wie viele Eigenschaften und vor allem Unterschiede gibt es doch bei diesen kühnen Hähnen, denen die Freundschaft teuer ist, die äußerst loyal und manchmal verblüffend sachlich sind.

Aber jede Medaille hat auch eine Kehrseite, und unser Freund der Hahn ist auch nicht perfekt. Er kann auch prahlerisch, verschwenderisch, unbeständig, autoritär, jähzornig, rechthaberisch, unverschämt, zerstreut und nervös sein. Gott sei Dank gibt es noch die Aszendenten, die oft diese häßlichen Eigenschaften abschwächen oder sogar aufheben. Der Hahn ist aber im allgemeinen meistens sanft und angenehm, kann aber auch manchmal rebellisch, halsstarrig und jähzornig sein. Diese Stürme legen sich jedoch, sobald der Hahn diese Fehler bemerkt. Er bewundert und liebt gute Arbeit. Er haßt Routine und Formalitäten; die Bürokratie bringt ihn auf die Palme.

Der Hahn kann sich unter Zwang nicht entfalten. Er würde alle Initiative verlieren und sich auflösen.

Meistens ist der Hahn-Mann ein Konformist oder sogar Konservativer, aber im guten Sinne des Wortes, er ist reform- und fortschrittsbegeistert, ein Mensch mit großem Gerechtigkeitssinn und entwaffnender Offenheit. Es ist wohl überflüssig zu erwähnen, daß unser Hahn mit diesen Neigungen überhaupt nicht kompromißbereit ist, und dennoch! Ich kenne einen Erd-Hahn (Meister Maurice Rheims, der berühmte Auktionator), der die Gabe besitzt, zu schlichten, und in schwierigsten Situationen beruhigend einwirkt. Dieses nur, um zu zeigen, wie sehr der Hahn von seinem Element beeinflußt wird. Die Erde symbolisiert hier den Realismus, die Vernunft und Ausgeglichenheit, alles Eigenschaften, an denen es ihm manchmal mangelt.

Freunden gegenüber ist er treu, großzügig und ein guter Ratgeber, der kein Blatt vor den Mund nimmt, ein angenehmer und lustiger Gefährte, der imstande ist, die langen Winterabende heiter zu gestalten. In Herzensangelegenheiten ist der Hahn-Mann schwieriger einzukesseln. Ihm gefallen sehr hübsche junge Mädchen, die nicht nur seinem Ego schmeicheln. Er liebt es auch, sich in der Öffentlichkeit in Begleitung einer oder mehrerer Schönheiten zu zeigen! Hier kommt wieder der Angeber oder seine ›Hahn im Korb‹-Seite zum Ausbruch. Aber seine ganze Liebesfähigkeit auf ein so umstrittenes Kriterium zu reduzieren, wäre doch etwas dürftig. Der Hahn-Mann möchte um seiner selbst willen geliebt werden, wegen seiner Außergewöhnlichkeit und seines Drives sowie seines Reizes und seiner intellektuellen Qualitäten. Von dem Moment an, wo er die Liebe ernst nimmt, wäre er nicht mit einem bezaubernden Dummchen zufrieden. Wenn er ernsthaft verliebt ist, kann er besitzergreifend, leidenschaftlich, etwas eifersüchtig, aber treu sein. Wenn er sich doch einmal in eine andere Geflügelfarm verirren sollte, ist es nicht wegen des Abenteuers, sondern um sich auszuzeichnen.

Die Strategie

Mit seinem Ehrgeiz, seinem Hunger nach Abenteuer und Ruhm ist Monsieur Hahn jedoch erreichbarer, als es den Anschein erweckt. Erfolg zu haben, Geld zu verdienen, ein tolles Leben zu führen, sich weiterzubilden, das alles nimmt den größten Teil seiner Zeit in Anspruch, aber er wird sich ebenso einen Nachmittag freinehmen, um einem Freund beim Umzug zu helfen. Warum greifen Sie ihn nicht auf diesem Gebiet an? In dieser Umgebung wird der gute Samariter-Hahn mit Sicherheit zugänglicher sein als bei der Arbeit, bei der er immer mit Herausforderungen beschäftigt ist. Dort wird er Ihnen nicht die geringste Aufmerksamkeit schenken, da dieser Pedant nur auf seine Arbeit fixiert ist. Beim wackeren Georges dagegen, der zwei linke Hände hat und mit Cécile ein charmantes Landhaus einrichten muß, kommt er nicht umhin, Sie zu bemerken und zu würdigen. Damit es aber soweit kommt, müssen Sie dem Bild, für das der Hahn-Mann empfänglich ist, entsprechen.

Denken Sie daran, daß Frauen, die von der Natur nicht sehr verwöhnt worden sind, und seien sie noch so charmant oder verführerisch, überhaupt keine Chance haben. Wenn Sie klein und rund oder groß, mager und flachbrüstig sind, wenn Sie kugelförmige Augen, fettige Haare, krumme Beine haben oder mehr als Schuhgröße 45 tragen, können Sie sich die Fahrt sparen. Der Hahn-Mann wird nur bei hübschen, weiblichen Frauen, die die Blicke auf sich ziehen, hinter denen die Männer herpfeifen und die für den neuen James-Bond-Film verpflichtet werden könnten, weich.

Seien Sie nicht gleich entmutigt, der Hahn-Mann mag schöne Frauen, aber seine Kriterien sind vor allem viel unterschiedlicher, als es den Anschein hat.

Es ist nutzlos, Ihren Spiegel über Ihre Schönheit auszufragen, erinnnern Sie sich einfach daran, wie viele Male Sie zu Arbeitskollegen schon ›Nein‹ gesagt haben, wie schwierig es im letzten Sommer war, den Klauen des kleinen Cousins und seinen Freunden auszuweichen, und wie sich jede U-Bahn-Fahrt zu Stoßzeiten durch alle diese sich ausstreckenden Hände in ein Martyrium verwandelt.

All das sollte Sie beruhigen und vor allem überzeugen, daß Monsieur Hahn schneller als andere zu ›knakken‹ ist, weil Sie ihn wollen!

Welche Waffen sollten Sie für diesen Nachmittag bei Georges einsetzen? Hier die verfänglichsten: Ein Eau de toilette wie ›Chamade‹ von Guerlain. Ein superleichtes Make-up, vergessen Sie die Augen nicht! Binden Sie Ihre Haare zu einem Pferdeschwanz, das wäre ideal, es sei denn, Sie haben kurze Haare wie Jean Seberg, was ihm auch nicht mißfallen würde. Da man für einen Umzug keine festliche Kleidung braucht, tragen Sie Jeans und Turnschuhe und ein hübsches T-Shirt mit einer provozierenden Aufschrift, wie etwa: »Wer hier anfaßt, wird gestochen.« Die Jeans müssen natürlich Ihre hübschen, sportlichen Beine betonen, das T-Shirt muß zwangsweise eng sein, und es liegt an Ihnen, ob Sie eines dieser langweiligen Gerüste, an denen man sich verletzen kann, anlegen. Um diese Ausstattung zu vervollständigen, ziehen Sie Ihren peruanischen Poncho oder Ihre hübsche Jacke aus finnischer Wolle an.

So herausgeputzt, können Sie sich auf ihn stürzen! Und lassen Sie ihn selbst in die von Ihnen aufgestellte Falle laufen. Es kann nicht schiefgehen, da es bei Georges nur Bekannte gibt, die Sie kennen, und keine Konkurrenz. Am Abend wird er Sie nach Hause begleiten wollen, lehnen Sie aber freundlich ab, es sei denn, Ihre Ambitionen beschränken sich auf ein ›kurzes Treffen‹.

Die erste Runde

Bei diesem ersten Rendezvous wird er, mit seinem Hang sich hervorzutun und zu blenden, sicherlich alles aufbieten wollen. Da Sie Monsieur Hahn aber ernst nehmen, lassen Sie sich nicht an der Nase herumführen. Verbessern Sie sein Programm, indem Sie seinen Beruf berücksichtigen. Wenn er in der Börse arbeitet – nicht wenige Hähne sind im Finanzwesen tätig –, fragen Sie ihn, ob Sie ihn dort besuchen können; wenn er Moderator beim Rundfunk ist, äußern Sie den Wunsch, ein Studio zu besichtigen. Wenn er sieht, wie sehr Sie seine sakrosankte

Arbeit fesselt, wird er Ihnen zuliebe nicht nur seine Pläne ändern, sondern auch im siebten Himmel schweben. Sie haben bereits einen wichtigen Punkt errungen, bevor die erste Runde eingeläutet wurde.

Um ihn zum Beispiel beim Rundfunk zu treffen, ziehen Sie dieses Mal keine Jeans und Turnschuhe an. Sie werden von Kopf bis Fuß wie aus dem Modeheft entsprungen aussehen. Haben Sie einen aufrechten Gang, seien Sie untadelig chic, Ihre Schuhe müssen zu Ihrer Tasche passen und wie immer ›Chamade‹, damit er sich an Sie erinnert. Er wird doppelt verblüfft sein, erst einmal, weil Ihr ›Gefieder‹ blendend und so anders als bei Georges ist, weil seine Kollegen Sie sehen wollen, wodurch er an Prestige gewinnt, und weil Sie genau seinen Träumen entsprechen. Es liegt nun an Ihnen, den Abend lang den Schein zu bewahren. Sie werden ihm zuhören, Sie werden ihm applaudieren, wenn er Ihnen von seinen Heldentaten erzählt. Da er aber auch den kulturellen Austausch liebt, gehen Sie bis zum Widerspruch, fast soweit, daß Sie ihn sanft mit den Fäusten bearbeiten, um Ihre These zu verteidigen. Dieser Schlagabtausch wird ihn in Bann ziehen. Er wird anfangen, Sie ernst zu nehmen. Er wird nun derjenige sein, der aufmerksam ist, seine Don-Juan-Fassade aufgeben und Ihnen einfache, herzliche und warmherzige Geschichten erzählen.

Sie werden in ihm einen ehrgeizigen Träumer entdecken, der voller Pläne steckt, an denen Sie in Zukunft teilnehmen werden.

Der Umgang mit dem Hahn-Mann

<u>Zu Hause</u> Wenn Sie es geschafft haben, ihn zu sich nach Hause zu locken, denken Sie daran, daß er ein kritisches Auge hat. Er wird alle Details Ihres Apparte-

ments eingehend studieren. Da Ihre Wohnung aber Klasse hat und ein Eßzimmer und einen kleinen Salon, in dem Sie beide nächsten Freitag die vornehmen und interessanten Dupont-Durants bewirten werden, kann er nicht anders, als bereits verführt zu sein. Wenn Ihr Hahn das Element Holz hat, also ein bißchen künstlerisch und sehr intellektuell ist, wird er die Einrichtung noch mehr schätzen, wenn es dort alte Möbel und vor allem antiquarische Schmöker gibt.

Die Unterhaltung   Dieser Perfektionist interessiert sich für alles, aber am meisten für seinen Beruf. Dieses ist ein Gebiet, das Sie tausendmal ansprechen können, es wird ihn niemals langweilen. Von seiner Arbeit zu sprechen, bedeutet ihn hervorzuheben, was er, wie alle Männer, natürlich besonders liebt. Er ist immer bestens informiert und haßt es, nicht zu wissen, was um ihn herum geschieht. Das kulturelle Leben – die letzten Zwischenrufe – und die Aktualität – der Fußball-Europapokal – sind also absolut geeignete Themen. Schauen Sie fern, lesen Sie aber vorher unbedingt auch eine Sportillustrierte, um sich vorzubereiten.

Die Geschenke   Die Hähne sind pedantisch und genau. Besuchen Sie also die Abteilung Taschenrechner eines Kaufhauses und schenken Sie ihm das neueste Modell. Kaufen Sie eines dieser winzigen Modelle, die mit Solarenergie funktionieren und mit denen man Quadratwurzeln ziehen kann. Vor allem aber sollte es einen Speicher für tausend Telefonnummern haben. Bitten Sie den Verkäufer zu überprüfen, ob alles funktioniert, und nutzen Sie die Gelegenheit, um Ihre Adresse und Telefonnummer einzugeben. Außer elektronischen Geräten können Sie ihm auch das ›Who's who‹, ein elegantes Jahrbuch oder eine elektrische Miniatur-Eisenbahn schenken. Er wird Sie für eine Zauberin halten.

Auf daß der Mond blau werde

Beim Hahn-Mann gibt es emotionale Höhen und Tiefen, die vor allem in seinem Liebesleben ausbrechen. Seine Sexualität ist nicht so überschäumend wie die des Büffels oder so anspruchsvoll wie die einer Schlange. Es gibt aber große Unterschiede bei den Hähnen. Der Holz-Hahn ist zum Beispiel sehr zurückhaltend in sentimentalen Dingen. Der Feuer-Hahn kennt keine Komplexe, und der Wasser-Hahn ist auf Schlichtheit und Tüchtigkeit aus. Bei ersterem muß man das Vorspiel pflegen und ihn lehren, die geteilte Intimität zu schätzen. Wenn dieses Hindernis erst einmal genommen ist, wird nichts die Stärke Ihrer Libido hemmen können.

Beim Feuer-Hahn gibt es keine falsche Scham. Vielleicht haben Sie noch nicht einmal Zeit, ihn in Ihr Schlafzimmer zu führen. Er wird Ihnen mit Energie und Einsatz dort huldigen, wo Sie sein Feuer entflammen. Er ist ehrlich, direkt und schelmisch und wird Sie durch seine Zärtlichkeit und Sanftheit verführen.

Der Hahn mit dem Element Wasser paßt sich allen Situationen an, er wird Ihnen dorthin folgen, wo Sie ihn hinführen. Nicht mehr und nicht weniger. Er ist sehr tüchtig, wird Sie aber um Applaus bitten. Der Hahn mit dem Element Wasser ist ein geschätzter Experte, sowohl in der Liebe als auch anderswo.

Positive und negative Eigenschaften

Wenn Sie eine gute Köchin sind, wählen Sie einen Feuer- oder Holz-Hahn. Die beiden sind die einzigen der Familie, die die gute Küche schätzen.

Der erste (Feuer) ist eher einer, den man einen Lebemann nennt. Er muß also auf seine Figur achten, da er sich nichts versagt. Der zweite schätzt exotische Speisen sowie die französische Küche. Beide haben die Neigung, nicht nur dem Essen zuzusprechen, sondern auch der Sprache. Sie können also unendlich lange die Vorzüge von Montrachet bei einer Sumpfschnepfe mit Muskat, Volnay gefolgt von Gevrey-Chambertin diskutieren.

Der Hahn ist etwas verschwenderisch, sowohl in bezug auf seine Garderobe als auch bei der Neueinrichtung seines Büros, des Wohnzimmers, usw. Sie müssen also seinen Verrücktheiten Einhalt gebieten.

Sein Drang, sich hervorzutun, kann manchmal soweit gehen, daß er kühne, heroische Dinge unternimmt und dabei beträchtliche Risiken eingeht. Hier empfiehlt sich auch eine mäßigende Haltung, damit dieser Ritter Bayard es lernt, die Gefahren besser einzuschätzen.

Alle Hähne haben Humor, der Metall-Hahn mehr als die anderen. Seine Wutanfälle sind so kurz wie ein Sommergewitter.

Für die Treue der Hahn-Männer muß keine Werbetrommel gerührt werden. Sie sind treu, aber dafür eifersüchtig oder sehr besitzergreifend.

Der Rückzug

Wenn der Hahn-Mann für Sie nur ein Abenteuer ist, ist das Rezept, ihn loszuwerden, einfach: Ergreifen Sie die Flucht, ändern Sie Ihren Wohnsitz, bestellen Sie Ihr Telefon ab. Es sei denn, Sie können in einer Woche 50 Kilo zunehmen, häßlich werden und darauf bestehen, ihn überallhin zu begleiten. Die zweite Formel ist vielleicht ein bißchen grob, aber sehr wirkungsvoll.

Eine Ehe zu brechen, ist eine andere Sache mit diesem eifersüchtigen, nachtragenden, besitzergreifenden Mann, der niemals – oder nur sehr selten – eine Trennung anstrebt. Nehmen Sie einen kleinen Koffer mit, und gehen Sie zum Anwalt! Es wird lange dauern.

Auf der Suche nach der Hahn-Frau

Die Hahn-Frau ist lustig, vergnügt, extrovertiert, überzeugend, hat nicht zu viele Komplexe und ist eine der am praktischsten veranlagten Frauen der chinesischen Tierzeichen. Ihre Jugend ist manchmal hektisch – die natürliche Exzentrizität des Hahns – aber sobald sie das zweite Drittel ihres Lebens beginnt, wird sie beständiger, ausgeglichener und sehr unabhängig. Von großer Entschlossenheit, paßt sich die Hahn-Frau an ihre berufliche Umgebung, wie immer sie aussehen mag, an und erweist sich als tüchtig und fähig. Der einzige schwarze Fleck, den sie hat, ist, daß sie ihren Jähzorn nicht immer im Griff hat und manchmal Ratschlägen ihrer Freunde gegenüber taub ist. Aber mit der Zeit lernt sie es, diese Fehler zu kontrollieren, und ihre Wutanfälle bleiben für ihre Nächsten reserviert.

Im allgemeinen ist ihr beruflicher Erfolg nicht nachweisbar. Sie ist jedoch sehr geeignet für Präzisionsarbeiten – angefangen von der Spitzenherstellung bis hin zur Mode und Informatik – oder kulturelle Berufe, in denen ihr Sinn für Ästhetik und ihre Dynamik triumphieren werden.

Sie ist umgänglich, interessiert sich für Mode, Feste, Treffen, sie liebt Diskussionen und schafft es, aus einer einfachen Unterhaltung eine Debatte zu machen, in der sie mit Leidenschaft und Hartnäckigkeit ihren Standpunkt oder Gerechtigkeitssinn verteidigt.

Die chinesische Tradition sagt darüber folgendes: »Hinter jedem Mann, der auf unerwartete Weise sensationellen Erfolg hat, steht oftmals eine Hahn-Frau.« In der Tat hört die verheiratete Hahn-Frau nie auf, ihren Mann zu unterstützen, sich seiner Sache zu widmen, ihm in jeder Situation zu helfen. Bezüglich der Familie ist sie deren Hüterin, sie ist ihre Festung, in die nicht jeder eindringen darf.

Die Hahn-Frau weiß sich indessen auch selbst gut zu helfen. Sie ist in der Tat vollkommen selbständig und beklagt sich nicht über das Alleinsein. Zu einer ihrer wenigen negativen Eigenschaften gehört die Geschwätzigkeit, die Koketterie, ein wenig Autorität, eine kleine Unbeständigkeit und große Empfindlichkeit. In Herzensangelegenheiten ist sie sinnlich, treu und skrupulös, ihre Lebenslust macht einen Teil ihres Charmes aus.

Die Strategie

Da sich die Hahn-Frau bei allen Versammlungen, in denen Ergebenheit, Solidarität und Kommunikation gefragt sind, wohl fühlt, scheint es normal und außerdem höchst wahrscheinlich, sie auf dem Wohltätigkeitsabend, der von Amnesty International organisiert ist, anzutreffen. Sie hätten ihren Weg natürlich auch auf dem Ball am 14. Juli oder in den Jardins du Luxembourg kreuzen können. Das oben erwähnte Beispiel veranschaulicht nur, welches der praktischste Weg ist, die Hahn-Frau zu finden.

Kommen wir auf den Abend von Amnesty zurück. Sie fühlt sich extrem wohl am Stand, dessen Vorsitz sie hat und an dem sie Kerzen, Prospekte, Postkarten usw. verkauft. Sie überzeugt aber auch ihre Zuhörer von der Wichtigkeit der Operation. Sie werden also ein aufmerksamer Käufer sein, der sich informieren möchte. So einfach ist das. Und da es auch ein Buffet gibt, werden Sie in ihrer Gesellschaft ein einfaches Mahl zu sich nehmen und dabei ihren Argumenten lauschen. Diese erste Kontaktaufnahme wird gut sein, da Sie höflich waren, Ihre Unterhaltung an ihre Vorstellungen angepaßt haben und sich leicht skeptisch zeigten, um sie von Ihrem Interesse zu überzeugen, wie etwa: »Und ist all das wirklich wirkungsvoll?«

Das oben erwähnte Beispiel zeigt die Strategie, die bei einer Hahn-Frau anzuwenden ist: In ihren Bereich vorzudringen, Interesse zu zeigen, ihr klarzumachen, daß ihre Redekunst Sie nicht vollkommen überzeugt hat, und vor allem der Gentleman zu sein, den sie sich immer erträumt hat. Bezüglich der Taktik: ein wenig Schmeichelei, ein Hauch von Romantik und viel Eleganz.

Die erste Runde

Um zu Ihrem Rendezvous zu kommen, rufen Sie sie nicht an, schreiben Sie ihr lieber. Das mag weniger schnell gehen, ist aber persönlicher. Und wenn Sie wirklich die Absicht haben, Frau Hahn zu verführen und dabei Zeit zu gewinnen, bedienen Sie sich ›Fleurops‹. So wird Ihre Einladung von einem Strauß schöner Blumen begleitet. Diese Einladung muß etwas Außergewöhnliches sein. Das ist auch der Fall, da Sie sie zu einem besonderen Konzert der Berliner Philharmoniker unter der Leitung von Herbert von Karajan eingeladen haben. Das ist für die Hahn-Frau einfach unwiderstehlich. Sie wird eventuelle andere Verpflichtungen, die sie an diesem Abend gehabt hätte, absagen, um mit Ihnen das Konzert zu besuchen.

Ihre Kleidung muß nicht außergewöhnlich sein. Zeigen Sie die diskrete Eleganz des Mannes von Welt, das gefällt ihr am besten.

Da die Hahn-Frau die gesunde, traditionelle Küche schätzt, führen Sie sie nicht in ein chinesisches oder ein Fast-food-Restaurant, das wäre ein Fehler. Achten Sie auf die Qualität des Ortes sowie die der Küche. Frau Hahn kann nicht umhin, Ihr Interesse an der Höhe der Rechnung zu messen.

Im Laufe des Abends wird sie versuchen, zu glänzen und sich zur Geltung zu bringen, sowohl durch die Unterhaltung als auch dadurch, daß sie all ihre Aktivitäten präzise aufführt. Die Hahn-Frau möchte nicht nur wegen ihrer Aufopferung, die dazu führt, daß sie sich für Solidarnosc oder Amnesty International interessiert, geschätzt werden, sondern auch um ihrer selbst willen, als aktive, selbständige, emanzipierte Frau, die den Männern ebenbürtig ist. Sie ist in der Tat eine überzeugte Feministin, aber ohne Aggressionen.

Um die erste Runde abzuschließen, werden Sie sie zu einer dezenten Uhrzeit bis an die Schwelle ihrer Wohnung begleiten und sich dann mit einem flüchtigen Kuß verabschieden. Dieser in unseren Tagen ein wenig ungewöhnliche Stil wird sie überraschen. Sie wird zögern... vielleicht bietet sie Ihnen noch eine letzte Erfrischung an...

Wenn sie Sie hereinbittet, sagen Sie höflich zu. Sonst verabreden Sie sich für die nächste Woche, in der das Spiel von vorne beginnt.

Der Umgang mit der Hahn-Frau

<u>Zu Hause</u> Wenn Sie es geschafft haben, sie zu sich nach Hause zu locken, treffen Sie Vorsichtsmaßnahmen, Ihr Heim so zu organisieren, daß sie dort auch findet, was sie sich erhofft. Und was erhofft sie sich? Erst einmal, daß Ihr Domizil in einer ruhigen Wohngegend liegt. Dann muß es noch konventionell und dezent sein. An den Wänden sollten keine abstrakten Bilder hängen, die Möbel sollten rustikal oder englisch sein, ein schöner Teppichboden, eine Katze, die neben der Heizung liegt und schnurrt und eine bestens ausgestattete Küche sollten ebenfalls vorhanden sein. Die leichte männliche Unordnung, die in Ihrem Appartement herrscht, ebenso wie die Sauberkeit, die Spuren einer tüchtigen Putzfrau zeigt, wird sie beruhigen.

Die Unterhaltung   Die Hahn-Frau ist eine Frau des Dialoges. Sie liebt es, zu reden, und man muß zugeben, daß sie ein wenig geschwätzig ist. Die Unterhaltung mit ihr ist jedoch beruhigend. Sie gehört zu den Frauen, mit denen man über alles reden kann, angefangen bei den großen Problemen der Welt, bis hin zum Klatsch über berühmte Persönlichkeiten. Das ist oft interessant und immer erfrischend, da die Hahn-Frau fröhlich und unbeschwert ist. Man kann es gar nicht oft genug wiederholen.

Die Geschenke   Alle Symphonien von Beethoven mit Karajan. Ein solches Geschenk muß sie einfach entzücken, wenn Sie vorher geprüft haben, daß sie sie noch nicht besitzt. Da die Frauen dieses Zeichens kokett sind, können Sie ihr ohne Furcht auch ein Schönheitsnecessaire schenken, dem eine Gebrauchsanleitung beiliegt. Es hat den Anschein, als ob die Hahn-Frau den Schönheitsprodukten manchmal zu sehr zuspricht. Wählen Sie eines von Hermès, es wird ihr mit Sicherheit gefallen. Sie können sich aber auch auf das Kulturelle verlegen und ihr einen Roman von einer Schriftstellerin, wie z. B. Deforges oder Jeanne Bourin oder einen Ratgeber wie ›Die Frauen und das Geld‹ schenken.

Auf daß der Mond blau werde

Mit der Hahn-Frau überspringt man keine Etappe. Sie möchte etwas für ihr Geld haben... oder besser, sie möchte, daß alles so ist, wie in ihren Träumen, da sie sehr romantisch und idealistisch ist und sich bei ihr Liebe auf ewig reimt. Sie werden also ehrlich, einfach und zärtlich sein. Lassen Sie sich Zeit, den ganzen Abend oder die ganze Nacht, wenn es sein muß, um sie dann im Morgengrauen zu verschlingen!

Ideal für die ›Opfernacht‹ wäre vorher ein Abendessen bei Kerzenschein bei Ihnen zu Hause, fern vom Lärm der hektischen Stadt. Sie werden sanfte Musik auflegen, ihr Komplimente über ihr klassisches Äußeres, das bei ihr so natürlich wirkt, machen und ihr vor dem Essen einen alten Portwein anbieten. Den Kaffee werden Sie im Wohnzimmer einnehmen und dann Germaine (die gute Perle) nach Hause schicken. Dann werden Sie nach einem grünen Chartreuse Ihren Bauern auf dem Schachbrett der Lust vorrücken.

Positive und negative Eigenschaften

Die Hahn-Frau ist ein verläßlicher Partner. Sie akzeptiert keinen Widerspruch und ist ein wenig autoritär – das ist ihre ›gluckenhafte‹ Seite – aber sie ist auch sehr tolerant in dem Sinne, daß sie anderen auch die Unabhängigkeit, die sie für sich beansprucht, zugesteht. Aber lassen Sie sich nicht täuschen. Diese zugebilligte Unabhängigkeit ist kein Freischein, um in anderen Revieren zu jagen. Sie würde weder einen flatterhaften noch griesgrämigen Mann ertragen. Im Falle von Problemen dagegen kann man immer mit ihrer Aufopferung rechnen. Nur die Schwein-Frau kann ihr auf diesem Gebiet das Wasser reichen. Da sie auf ihre Unabhängigkeit bedacht ist, wird sie weiterhin in einem Beruf tätig sein, auch wenn ihr Mann mehr als genug verdient.

Natürlich wird sie, die so pingelig und ordentlich ist, sich auch um den Haushalt kümmern, selbst wenn das doppelte Arbeit bedeutet. Es wäre nicht gut, wenn Sie mit dem Haushaltsgeld, das Sie ihr geben, zu knauserig wären. Keine Angst, sie wird das Haushaltsgeld nicht verschwenden, dafür wird sie ihr Geld nehmen. Den Weg zur Bank einzuschlagen oder für schlechte Zeiten zu sparen, liegt nicht in ihrer Natur.

Ein anderer Fehler der Hahn-Frau ist es, daß sie sich für einen Felsen hält, den nicht einmal ein Tornado ins Wanken bringen kann. Sie ist davon überzeugt, Ordnung ins Chaos zu bringen, härter als andere zu arbeiten und die Müdigkeit heiter ignorieren zu können. Da sie mit ihren Kräften nicht haushält und immer aus ihren Reserven schöpft, könnte dies ihre Gesundheit negativ beeinflussen.

Die Hahn-Frau hat ein großes Herz und ist imstande, über einige Seitensprünge hinwegzusehen. Sie werden eine Erklärung und ihren Wutausbruch nicht vermeiden können, aber sobald der Sturm sich gelegt hat, wird der Himmel wieder blau und ruhig werden. Die Hahn-Frau ist nicht nachtragend, und das ist eine ihrer großen Qualitäten.

Der Rückzug

Wenn die Hahn-Frau für Sie nur ein Abenteuer ist, das Sie beenden möchten, benutzen Sie keine Ausflüchte, reden Sie nicht um den heißen Brei herum, sagen Sie es ihr. Sie werden auf der Stelle Ihre Freiheit und Ihr Kündigungsschreiben bekommen.

Eine Ehe aufzulösen, ist schon schmerzhafter. Ihre Abtrünnigkeit wird sie nicht erfreuen. Sie wird sogar kurzzeitig in Panik geraten und dann erst die Trennung und anschließend die Scheidung mit Bedauern, aber ohne Träne akzeptieren, denn sie wird sich schnell davon überzeugen, daß sie getäuscht worden ist, und durch diese Gewißheit werden Sie in Vergessenheit geraten. Sie wird sich wieder in die selbständige Person, die Sie einst so geschätzt haben, verwandeln, die keine andere Person und am wenigsten Sie braucht. Wenn Sie sie verlassen, unterstehen Sie sich, irgend etwas mitzunehmen, noch nicht einmal Ihre Katze wird Ihnen folgen.

11
Der Hund

Der Hund ist ein Yang-Zeichen,
und sein chinesischer Name ist Gou

Die Jahre des Hundes	Element
10. 2. 1910 – 29. 1. 1911	Metall
28. 1. 1922 – 15. 2. 1923	Wasser
14. 2. 1934 – 3. 2. 1935	Holz
2. 2. 1946 – 21. 1. 1947	Feuer
18. 2. 1958 – 7. 2. 1959	Erde
6. 2. 1970 – 26. 1. 1971	Metall
25. 1. 1982 – 12. 2. 1983	Wasser
10. 2. 1994 – 30. 1. 1995	Holz

Checkliste der positiven und negativen Eigenschaften

hartnäckig	zynisch
direkt	sarkastisch
ehrlich	skeptisch
enthusiastisch	streitsüchtig
mutig	schneidend
seriös	mürrisch
intuitiv	kritisch
bescheiden	knauserig
großzügig	kalt
umsichtig	beißend
treu	bitter
tolerant	exzentrisch
loyal	pessimistisch
eitel	mißtrauisch
anhänglich	spöttisch
unbeschwert	nörglerisch
zuverlässig	herablassend
liberal	rastlos
beobachtend	störrisch
sensibel	stolz

Die Beziehungen zu anderen Zeichen

Einen Hund einzufangen, ist eine Sache, ihn zu zähmen, eine andere. Je nachdem, ob die anvisierte Beute für den schnellen Verzehr oder als Fang für die ›Ewigkeit‹ vorgesehen ist, bietet die chinesische Tradition folgende Hinweise:

Für eine Liaison (oder Versuchszwecke) sind geeignet:
- ••••• Pferd
- •••• Schwein
- ••• Ratte, Affe, Hund, Tiger
- •• Katze, Schlange
- • Büffel

Für die Ehe empfehlen sich folgende Zeichen:
- ••••• Pferd
- •••• Tiger, Schwein
- ••• Katze, Affe
- •• Schlange, Hund
- • Ratte

Einige berühmte Hunde

Männlich: Louis Armstrong, Jean Anouilh, David Bowie, Guy Bedos, Jean-Louis Barrault, Pierre Cardin, Winston Churchill, Claude Debussy, Raymond Devos, Jean-Michel Folon, Nino Ferrer, Gagarine, Charlton Heston, Houdini, Michael Jackson, Georges Moustaki, Magritte, Norman Mailer, David Niven, Marcel Proust, Serge Reggiani, Alain Robbe-Grillet, Donald Sutherland, Paul-Loup Sulitzer, Sylvester Stallone, Voltaire, Yannis Xenakis.
Weiblich: Arletty, Brigitte Bardot, Sophie Daumier, Sally Field, Zsa Zsa Gabor, Ava Gardner, Judy Gar-

land, Hélène Carrère d'Encausse, Sophia Loren, Shirley MacLaine, Golda Meir, Liza Minelli, Micheline Presle, Nadine Tritignant.

Die verschiedenen Typen

<u>Mit dem Element Holz</u>   Dieser Hund ist perfektionistisch, pingelig, gewissenhaft und besitzt die außergewöhnliche Begabung, Fallen auszuweichen oder Ärger zu riechen. Er sucht sich seine Partner sehr sorgfältig aus. Er hilft anderen gern, sowohl aus Neugier als auch aus Hilfsbereitschaft. Er liebt die Teamarbeit, schätzt den Komfort und die Schönheit und weiß die schönen Seiten des Lebens zu genießen. Dieser spöttische und herbe Mensch ist ein wenig eitel, aber denen gegenüber, die er liebt, stets treu. Charakteristik: Ein herzlicher und hilfsbereiter Hund.

<u>Mit dem Element Feuer</u>   Dieser Hund ist offensichtlich funkelnd und feurig, idealistisch und gerecht. Dieser enthusiastische Don Quichotte unter den Hunden läßt sich niemals entmutigen. Schwierigkeiten stärken nur seine Überzeugung. Er ist, wie alle Hunde, spöttisch, kann aber im Laufe der Jahre und mit den Enttäuschungen auch zynisch und schließlich sogar egoistisch werden. Charakteristik: Ein idealistischer und enthusiastischer Hund.

<u>Mit dem Element Erde</u>   Er ist der realistischste aller Hunde. Er versteht es, seine Trümpfe hervorragend auszuspielen, und kennt seine Grenzen genau. Er ist beständiger und weniger unruhig als seine Artgenossen, liebt nicht den Wettbewerb und die Hektik, sondern zieht die Ruhe und das ländliche Leben vor. Dieser selbstlose Mensch ist sehr familienbezogen, er ist immer

ehrlich, direkt und loyal. Charakteristik: Ein realistischer und beständiger Hund.

<u>Mit dem Element Metall</u> Dieser hilfsbereite Hund ist beseelt von dem Wunsch, die Welt zu verändern oder ihr sein Zeichen aufzudrücken. Er ist aber gleichzeitig seriös und verantwortungsbewußt. Dieser Hund-Mensch ist äußerst umgänglich, versteht es, alles auf einen einfachen Nenner zu bringen, und ist sehr wißbegierig. Pedantisch wie er ist, ist er immer auf der Suche nach Perfektion und erleidet dabei zwangsläufig Niederlagen, die sein Gleichgewicht durcheinanderbringen und ihn unruhig und mürrisch werden lassen. Charakteristik: Ein hilfsbereiter und humaner Hund.

<u>Mit dem Element Wasser</u> Dieser Hund ist mißtrauisch, unruhig, pessimistisch und scheint zurückhaltend, ja manchmal sogar gefühlskalt zu sein. Er ist aber im Gegenteil warmherzig, ein guter Menschenkenner und eine offene und großzügige Persönlichkeit. Bei näherem Kontakt lernt man ihn besser kennen. Er hat ebensoviel Glück wie Überzeugungskraft. Der Wasser-Hund ist sehr selbstsicher, ein wenig stolz, niemals unentschlossen, und seine schneidende Art hindert ihn nicht daran, diplomatisch zu sein. Charakteristik: Ein liberaler Hund.

Auf der Suche nach dem Hund-Mann

Rechtsanwalt, Philanthrop, Verleger, Pamphletist, Abgeordneter, Würgeengel... der Hund-Mensch ist ein Gerechtigkeitsfanatiker, der imstande ist, sich für Dinge zu engagieren, deren Ausgang sehr zweifelhaft, deren Anliegen aber nobel ist. Er wird sich sogar engagieren, selbst wenn er nicht alle Überzeugungen desjenigen, den er verteidigt, teilt. Im Herzen eines jeden Hundes gibt es etwas von Voltaire, wodurch diese Menschen extrem großzügig, aber auch kritisch, skeptisch, unzufrieden und unruhig sind. Logisch, denn in dieser Welt dominiert die Intoleranz, Ungerechtigkeit, die Dummheit und die Pflichtverletzung, alles Dinge, die der Hund-Mann verabscheut. Diese starke Abneigung bleibt nicht ohne Folgen auf sein Temperament. Aber sein Humor und seine Bissigkeit retten ihn vor dem Mißmut, in den er verfallen würde, wenn die Bosheiten der Welt und der Menschen seine Moral wirklich beeinflussen würden. Deshalb zögert er trotz seines offensichtlichen Zynismus nie, seine Rüstung anzulegen, um zu einem Kreuzzug aufzubrechen.

Der Hund ist kämpferisch und ritterlich, und da er auch hartnäckig, geschickt und zudem noch intuitiv ist, die Mißerfolge wittert und sie dadurch vermeidet, ist er kein Don Quichotte, sondern ein Rodrigo de Vivar (El Cid).

Man könnte ihm vorwerfen, zu impulsiv zu sein und alles in Schwarzweiß zu sehen, aber dieses steht im Gegensatz zu seiner Toleranz, die sein Verhalten kennzeichnet.

Glücklicherweise besitzt er eine große Intuition und irrt sich selten.

Das Leben, die Jahre, die vorüberziehen, die Mißerfolge wie die Erfolge, beeinflussen den Hund, der wahrscheinlich das mißtrauischste aller Tiere der chinesischen Astrologie ist, sehr. Meistens wirkt sich dieses Mißtrauen des unermüdlichen Arbeiters, des Hordenführers und Chefs aber im sentimentalen Bereich aus. Er bleibt jedoch immer umgänglich und schätzt die Abende mit Freunden sowie die mondänen Veranstaltungen, bei denen er seinen Hang zum schwarzen Humor, seine schneidende und spöttische, manchmal sogar verletzende Art zeigen kann. Dieser beißende

Mensch ist aber in Wirklichkeit sanft, ein treuer, kostbarer Freund, der sehr hilfsbereit ist.

Der Hund-Mann ist empfänglich, verständnisvoll, manchmal verletzend, kann aber auch empfindlich und manchmal aufbrausend reagieren. Seine Wutanfälle halten aber nicht lange an. Er ist außerdem leicht egoistisch, und es ist nicht auszuschließen, daß er ab und zu etwas eitel und stolz ist, und er kann sehr besitzergreifend sein.

Dieser Mann ohne Arglist, der ständig über etwas beunruhigt ist, ist manchmal ein Lüstling und oft ein mißtrauischer Liebhaber.

Die Strategie

Um den Hund-Mann zu verführen, müssen Sie natürlich an seinem nächsten Kreuzzug teilnehmen, wobei er Sie dann 24 Stunden durcharbeiten läßt. Denn er versteht es nicht, daß Sie seinem Rhythmus nicht folgen können, und Sie riskieren es, daß er Sie nur als Objekt, das für ein Vorankommen seines Projekts nützlich ist, ansieht. Außerdem werden Sie das Nachsehen haben, selbst wenn Sie ihm gefallen, da er immer zwischen Arbeit und Vergnügen unterscheidet. Es ist also besser, ihn auf der Konferenz junger Anwälte, wo er die neuen Thesen zugunsten der totalen Straffreiheit bei Abtreibung verteidigt, kennenzulernen. Dort können Sie ihm nicht nur applaudieren, sondern er wird auch entspannt und glücklich über die geschaffte Aufgabe sein, das heißt, er wird weniger mißtrauisch sein als sonst. Setzen Sie sich in eine der ersten Reihen, applaudieren Sie, wenn sich die Gelegenheit ergibt, und stellen Sie einem seiner Gegner eine verfängliche Frage. Wenn Sie es schaffen, sich zweimal auf diese Weise bemerkbar zu machen, würde das schon viel helfen, da der Hund-

Mann ein außergewöhnliches Gedächtnis besitzt. Um sich bemerkbar zu machen, müssen Ihre Verführungskünste aber vortrefflich sein.

Es spielt keine Rolle, ob Sie blond oder braunhaarig, klein oder groß, dünn oder ein wenig (allerdings nicht zu sehr) rundlich sind – er ist sehr eklektisch –, solange Sie nur hinreißend sind. Tragen Sie das Kleidungsstück, das Ihnen am besten steht, und zeigen Sie nur so viel wie nötig von Ihren Vorzügen. Damit Ihr Äußeres zwischen ›femme banale‹ und ›femme fatale‹ liegt, tragen Sie diskreten, aber echten Schmuck, ein sorgfältiges Make-up und ein berauschendes Parfum wie beispielsweise ›Dioressence‹.

Nach der Konferenz wird der Hund-Mann von einer Gruppe zur anderen gehen und zwangsläufig auch zu Ihnen kommen. Wenn Sie über seine Sprüche lächeln und einen seiner Gegner verspotten, wird er Sie positiv beurteilen und Sie eventuell einladen, den Abend mit ihm und seinen Freunden zu beenden. Noch eine kleine Mahnung: Es gibt zwei Arten von Hund-Männern, den Lüstling (A), der Abenteuer schätzt, sich aber auch binden kann, und den treuen Hund (B), der die Liebe sehr ernst nimmt und immer Angst davor hat, enttäuscht zu werden. In beiden Fällen lohnt es sich, den Hund-Mann zu verführen, da er sehr faszinierend ist. Wenn Sie ihn aber wirklich ›fesseln‹ möchten, müssen Sie Ihre Waffen polieren und sich mit viel Geduld und gutem Willen wappnen.

Die erste Runde

Die Intuition des Hund-Mannes ist ohnegleichen, selbst die weibliche Intuition kann ihr nicht das Wasser reichen. Außerdem müssen Sie wissen, daß der Hund-Mann, vor allem wenn er das Element Holz oder Feuer in seinem Zeichen hat, Sie sofort durchschauen wird. Er wird Ihre Pheromone (Lockstoffe) wittern, Ihre Bereitschaft genauestens ermessen, und er wird derjenige sein, der zur Tat schreitet.

Wenn sein Anruf indessen auf sich warten läßt, zögern Sie nicht, die Sache mit Vorsicht neu anzukurbeln. Bitten Sie ihn zum Beispiel um den Namen des Notars, dessen Qualitäten an jenem berühmten Abend so gelobt wurden und der Ihnen einen Dienst erweisen könnte. Da der Hund-Mann über das totale Gedächtnis verfügt, wird er Sie informieren und sich bemühen, Sie wiederzusehen.

Anderenfalls flüstern Sie dem Hund-Mann ins Ohr, daß Sie eine fröhliche Ausfahrt planen, bei der seine Anwesenheit sehr geschätzt werden würde, ja bei der sie sogar unerläßlich ist.

Wenn er zu der Sorte A gehört, wird er ja sagen, und diese berühmte Ausfahrt wird das gewünschte Nachspiel haben.

Wenn er aber zur Kategorie B gehört, ist das nicht so sicher. Ersetzen Sie die Idee dieser fröhlichen Ausfahrt durch eine andere, die diskreter ist.

Da Sie ja bereits wissen, daß der Hund-Mann sehr mißtrauisch ist und Angst davor hat, sich die Finger zu verbrennen, setzen Sie auf seine Neugier... und daß die Galeere, wenn sie einmal in Fahrt gekommen ist, von allein treiben wird.

Dann verliert der Hund auch seine Hemmungen, fragt sich nicht unaufhörlich nach seinen Gefühlen, sinnt über das Vergnügen dieses Kreuzzugs nach, bevor er wie El Cid von einer ritterlichen und unendlichen Liebe träumt.

Bevor die Affäre aber ernsthafte Ausmaße annimmt, muß er sich davon überzeugen, ob Ihre ›Hundehütte‹ ihm gefällt, ob er dort Befriedigung, Sicherheit, Verständnis und Trost finden wird, und daß keine Zweifel bezüglich Ihrer Gefühle bestehen.

Der Umgang mit dem Hund-Mann

Zu Hause   Schade, daß Ihr Haus kein Schloß in Spanien ist, dort würden Sie Ihren Helden endgültig zur Strecke bringen. Ein hübsches englisches Landhaus mit Blick auf einen Golfplatz würde ihm ebenso gefallen. Da die Dinge aber nun mal so sind, wie sie sind, hier ein paar Details, mit denen Sie ins Schwarze treffen können: ein Kamin, eine Bibliothek, die vollgestopft ist mit Büchern, granatfarbene Stoffe (Tapeten, Möbel), ein chinesischer Teppich, eine Bar im Wohnzimmer, ein paar alte oder moderne Meistergemälde (oder hervorragende Reproduktionen davon). Er sehnt sich nicht nach Außergewöhnlichem, sondern nach Komfort. Wenn das Haus oder Appartement Ihnen gehört, wird das vom Hund-Mann als ein geschätzter Beweis für Beständigkeit angesehen werden.

Die Unterhaltung   Bei einem solchen Spötter ist es besser, die Themen sorgfältig auszuwählen, und vor allem nur über etwas zu sprechen, das man kennt. Die Verwechslungen, Fehler und Unwahrheiten werden sofort mit Humor aufgedeckt. Es ist also keineswegs negativ, in gewissen Bereichen eine charmante Unwissende zu spielen. Es könnte sogar seinem Ego schmeicheln, in diesem Fall wird seine Freundlichkeit seine Bissigkeit überwiegen. Es ist aber niemals langweilig mit dem Hund-Mann, der in intellektueller Hinsicht keine Konkurrenz duldet.

Die Geschenke   Schenken Sie ihm schöne Krawatten, da sein Geschmack in dieser Beziehung nicht sicher ist. Er sammelt alte Zeitschriften. Schenken Sie ihm, wenn er es nicht bereits besitzt, ›Das pittoreske Magazin‹. Er liebt Bücher, und auch hier ist die Auswahl groß. Aber schenken Sie eher Pamphlete, wie beispielsweise die

Polemiken von Léon Daudet, es sei denn, Sie finden ›Die wahre Geschichte des Rodrigo de Vivar‹, die ihn wirklich überraschen würde. Oder schenken Sie ihm ganz einfach Videokassetten von Filmklassikern oder sogar Horrorfilmen und nicht zuletzt Comics, in die ist er geradezu vernarrt.

Auf daß der Mond blau werde

Wenn Sie einen dieser verwirrenden ›Wauwaus‹ lieben, müssen Sie leidenschaftlich und fesselnd sein. Der Hund-Mann liebt intellektuelle Streitgespräche und unendliche Wortgefechte. Er schätzt in der Liebe Überraschungen und Phantasie, und da die sexuelle Betätigung ihm Selbstvertrauen gibt, kann er sogar anspruchsvoll sein. Die Liebesspiele können nicht dem Zufall überlassen werden. Der Hund-Mann braucht einen unbeschwerten Partner, eine solide Freundschaft und eine kapriziöse Lehrmeisterin, da die Liebe ein Fest ist und die Funken überspringen müssen.

Positive und negative Eigenschaften

Alle Hunde sind treu, das ist abgemacht. Sie durchwirken ihr Leben mit kleinen Mißerfolgen und großen Abenteuern nur um des Vergnügens willen, aber niemals (oder nur selten), um ihr Leben zu ändern. Man könnte sie mit Hochseefischern vergleichen, die viele Monate auf See verbringen, aber doch immer wieder in ihren Heimathafen zurückkehren.

Die bereits erwähnte Sorte B nimmt es mit der Treue nicht so genau. Um sie zu verführen, ist eine sorgfältig geplante Strategie angebracht. Diese Art von Hund-Mann ist wie eine Festung, die lange Monate belagert werden muß. Wenn sie erst einmal eingenommen ist, übernimmt der Sieger die Wache. Dieser Hund-Mann benötigt ständig Ermutigung. Sie müssen immer von der Ewigkeit und oft von der Treue sprechen, um seine Ängste zu beruhigen. Er wird dann schnell wieder zu dem Partner, der es liebt, sich zu amüsieren, der viel Sinn für Humor hat und der Sie vor allem nie fallenlassen wird.

Die Hunde mit dem Element Holz oder Feuer sind oft Gourmands. Gourmands und Gourmets übrigens. Sie sind sehr seriös, sind sowohl durch ein Ja als auch ein Nein beunruhigt, suchen den Horizont nach Hindernissen ab und sind bezüglich ihrer Ernährung äußerst nachlässig. Es fehlt nicht viel und sie schlagen den Schwein-Mann, der der größte Genießer aller chinesischen Tierzeichen ist. Er ist imstande, seinen Urlaubsfahrplan nach den gastronomischen Zwischenaufenthalten auszurichten, und seine Hotels haben oft im Michelin-Führer die meisten Sterne. Dieser Hang bleibt nicht ohne Folgen auf seinen Taillenumfang und, obwohl er das ›Große Fressen‹ schätzt, macht er sich doch nichts aus guten Weinen oder Likören.

Auch wenn der Hund sich oft für einen Kreuzfahrer hält, was nicht ohne Zerrüttung seines Heims geschieht, ist er doch ein bemerkenswerter und vernünftiger Vater. Oftmals ist er sogar ein ausgesprochener Glukken-Typ, der die Kinder verwöhnt und sehr großzügig ist, vor allem aber ein um die Zukunft seiner Kinder besorgter Vater.

Der Rückzug

Wenn der Hund-Mann für Sie nur ein Abenteuer ist, er sich aber in Ihrem Leben bereits festgesetzt hat, ist das Rezept, ihn loszuwerden, einfach: Werden Sie indiskret, jammern und schreien Sie und werden Sie ungeschickt. Wenn er feststellt, daß seine komplette Sammlung ›Die Futterkrippe‹ mit Fettflecken übersät ist und daß Sie seine Brieftasche durchsucht haben, wird er außer sich vor Wut sein. Er wird umgehend seine Koffer packen, die Miete für die nächsten drei Monate im voraus zahlen und verschwinden.

Eine Ehescheidung kommt äußerst selten vor. Der Hund-Mann ist im allgemeinen vorsichtig und intuitiv genug, so daß eine solche Situation gar nicht erst entsteht. In einem solchen Fall muß man mutig zu seiner Überzeugung stehen und ihm klarmachen, daß nichts mehr geht. Sie werden dann schnell Ihre Freiheit wiedererlangen. Er gehört nicht zu denen, die sich auf Ränkespiele einlassen. Er könnte vielleicht höhnisch werden und seine Pantoffeln, seine Pfeife, die Hunde und sogar das Haus für sich beanspruchen.

Auf der Suche nach der Hund-Frau

Der weibliche Hund weist viele der bereits erwähnten Vorzüge und einen verflixten Charme auf. Diese Dame besitzt das gewisse Etwas. Denken Sie nur einmal an berühmte weibliche Hunde wie Ava Gardner, Sophia Loren, Brigitte Bardot oder Arletty. Sie alle sind verdammt verführerisch, einige auf pikante, andere auf beunruhigende Weise.

Kommen wir aber auf die Hund-Frau im allgemeinen zurück, um ihre Eleganz, aber auch ihren unbeständigen Charakter zu betonen, der ihre Hypersensibilität und ihre Ängste widerspiegelt. Sie kann unbeschwert und dann plötzlich streitsüchtig sein, alles optimistisch und dann wieder alles schwarz sehen. Sie ist diesen Schwankungen aber nicht regelmäßig unterworfen. Die

Hund-Frau ist manchmal unbeständig, meistens ist sie aber ausgeglichen und eine angenehme Partnerin, da sie außerdem noch tüchtig, dynamisch und hilfsbereit ist. Im beruflichen Bereich ist sie penibel, zielstrebig und immer auf Perfektion aus und daher niemals zufrieden. Mit diesen Ansprüchen kann die Hund-Frau in vielen Berufen tätig sein. Man findet sie oft in Lehrberufen, der Verwaltung, der Welt des Theaters oder des Kommunikationswesens. Bei der Arbeit benötigt diese charmante und aktive Person Ermutigung und auch Komplimente. Es wäre übertrieben zu behaupten, sie liebe die Flatterhaftigkeit, aber sie wirkt stimulierend auf sie, und das beruhigt ihre Rastlosigkeit. Wenn man ihr applaudiert, ist sie imstande, die Welt zu erobern, zu Zehntausenden von Menschen zu sprechen und Galilei zu dem Eingeständnis zu bringen, daß die Welt nicht rund ist.

In der Gesellschaft ist die Hund-Frau eine höfliche, umgängliche und manchmal sogar mondäne Person. Und wie die anderen unter diesem Zeichen Geborenen liebt sie es, zu brillieren und Eindruck zu schinden.

In Herzensangelegenheiten ist sie sensibel und benötigt ständige Liebesbeweise. Sie reklamiert sie sogar ohne Unterlaß. Sie braucht die Gewißheit des ›Ich liebe dich‹, Blumen, Geschenke, Briefe... oder wenigstens einen Telefonanruf pro Tag. Sie ist sehr familienbezogen. Das bietet ihr die Sicherheit, die sie immer und überall sucht. Sie wird dafür die unverzichtbare Hausfrau, die ergebene und treue Frau, die perfekte Mutter sein.

Die Strategie

Auch wenn die Hund-Frau künstlerisch begabt ist, ist sie doch auch oft in Lehrberufen tätig, in denen sie dank ihrer Kommunikationsfähigkeit, ihres Eifers, ihrer

Autorität, ihrer Redegewandtheit und ihrer Genauigkeit erfolgreich ist.

In unserem Beispiel für die anzuwendende Strategie gibt die Hund-Frau im örtlichen Konservatorium Diktionskurse. Und einen dieser Kurse besucht Ihr Patenkind Natascha. Bei dem ersten Elternabend – an dem Sie als netter Patenonkel teilnehmen – erhalten Sie also zum ersten Mal die Gelegenheit, die Hund-Frau näher kennenzulernen.

Bei dieser Veranstaltung sollten Sie schlicht, aber mit Geschmack gekleidet sein. Ein Blazer mit einem passenden Hemd und einer Klubkrawatte ist angebracht. Achten Sie darauf, daß Sie weder lange noch fettige oder schlecht geschnittene Haare haben, das würde nicht gut ankommen.

Machen Sie von Kopf bis Fuß einen sauberen Eindruck. Sie ist imstande, sogar Ihre Schuhe zu mustern, und falls sie staubig sein sollten, wird sie daraus schließen, daß Sie nicht sehr gepflegt sind.

Denken Sie daran, daß die Hund-Dame Vertraulichkeiten verabscheut, da sie für sie mit Vulgarität verbunden sind, die sie verachtet. Machen Sie ihr weder Komplimente noch schmeicheln Sie ihr. Seien Sie diplomatisch, und zügeln Sie Ihre Zunge ebenso, wie Sie Ihr Äußeres gepflegt haben. Ein gutes und sportliches Eau de toilette, wie ›3è Homme‹ von Caron, wird das I-Tüpfelchen für Ihre Erscheinung sein, die wie gemacht für die Hund-Frau scheint.

Durch diesen ersten Kontakt kommen Sie wahrscheinlich nicht zu Ihrem Rendezvous. Die Hund-Frau gehört nicht zu denen, die einem Fremden gegenüber sofort nachgeben.

Nach diesem Abend werden Sie allerdings für Ihre Herzens-Dame kein Unbekannter mehr sein, und Sie sind schon auf dem besten Weg zum Beginn der ›ersten Runde‹.

Die erste Runde

Nun also hat Frau Hund angebissen und Sie müssen Ihre Beute sichern. Oberstes Prinzip, lassen Sie ein paar Tage oder sogar Wochen zwischen dem ersten Kontakt und weiteren Verabredungen verstreichen, anderenfalls wird Ihre Offensive nicht von Erfolg gekrönt sein. Rufen Sie sie in der Schule an – die liebe Natascha hat Ihnen den Tip gegeben –, um Sie diskret um einen Rat zu bitten. Die Eltern von Natascha sind nicht eingeweiht, und die Sache ist zu wichtig, um sie nur am Telefon besprechen zu können. Mit einer solchen Ausrede bekommen Sie leicht Ihr Rendezvous. Holen Sie sie am Ausgang des Konservatoriums ab, aber nicht, um mit ihr ein Gläschen zu trinken, sondern um sie zum Essen zu führen. Kleiden Sie sich bei dieser Gelegenheit wie beim ersten Zusammentreffen. Ziehen Sie den gleichen oder einen ähnlichen Blazer an.

Sie dürfen Ihre Schöne nicht verwirren, da sie bereits etwas über dieses diskrete und noch nicht galante Rendezvous beunruhigt ist.

Es ist wichtig, daß die Ausrede einen wahren Hintergrund hat. Wetten, daß Sie sich bezüglich der lieben Natascha schon den Kopf zerbrochen haben? Sie ist sehr gut in Diktion und möchte Schauspielerin werden: »Was meinen Sie dazu, Frau Professor? Muß ich mit den Eltern Nataschas reden, die dagegen sind, daß ihre Tochter Künstlerin werden möchte...?«

Sobald dieses Thema erschöpft ist und der Rahmen seine Wirkung nicht verfehlt hat – Sie haben ein romantisches Restaurant ausgewählt –, gehen Sie vorsichtig zum Angriff über. Fragen Sie sie über diesen schwierigen Beruf, den sie ausübt, aus und erwähnen Sie, daß Sie auch einen solchen Lehrer brauchen könnten. Machen Sie Komplimente über die schlichte Eleganz ihrer Kleidung, usw.

Ihr Glück ist es, daß die Hund-Frau nicht so zurückhaltend ist wie die Damen der anderen Zeichen; für sie ist es ganz natürlich, daß ein Mann über seine Gefühle spricht. Sie wird also weder überrascht noch schockiert sein, wenn Sie ihr den Hof machen. Wenn eine kleine Blumenverkäuferin von Tisch zu Tisch geht, kaufen Sie einen Strauß. Ihr Geschenk wird trotz der offensichtlichen Banalität sehr geschätzt sein.

Wenn Sie sich entschieden haben, mehr in die Hund-Frau zu investieren, führen Sie sie nach dem Essen in eine kleine ultra-schicke Piano-Bar, und trinken Sie einen leichten, exotischen und bunten Cocktail... Das Ende des Abends wird vielleicht explosiver sein, als Sie es sich vorgestellt haben. Die Hund-Frau ist eine entschlossene und emanzipierte Frau!

Der Umgang mit der Hund-Frau

<u>Zu Hause</u> Wenn Sie es geschafft haben, sie zu sich nach Hause einzuladen, gelten die gleichen Grundsätze wie für den ›ersten Kontakt‹: Vermeiden Sie jegliche Vulgarität und Spuren eines ›Sich-gehen-Lassens‹. Schmutziges Geschirr im Becken Ihrer Küche, im Badezimmer herumliegende Wäschestücke wären ›unbefriedigend‹ und würden Ihre Diktionslehrerin abschrecken. Mit einer hellen, sauberen und ordentlichen Wohnung – egal welchen Stils – erreichen Sie ein ›befriedigend‹.

Details, die zählen: alte Familienmöbel, ein Wandteppich, ein echter Empiresessel oder eine Großvaterstatue aus Bronze. Diese Dinge bezeugen Ihre Beständigkeit, die sie sehr schätzt.

<u>Die Unterhaltung</u> Sie liebt die Natur und Tiere sehr. Sie ist keine Ökologin, meint aber, daß der Staat nicht genügend für die Umwelt tut. Mit diesen Themen kön-

nen Sie eine Unterhaltung stundenlang aufrechterhalten, vor allem, wenn Sie ihr von den Hunden erzählen, die Sie in Ihrer Jugend zu Hause gehalten haben. Denken Sie daran, daß sie auch sportlich ist. Sie schwimmt, spielt Tennis und Golf und liebt das Tanzen. Dieses sind auch nützliche Hinweise.

<u>Die Geschenke</u> Außer den bereits erwähnten Blumen mag die Hund-Frau hübsche, alte Möbel, alte Gemälde, alten Schmuck, kurz alles, was in den Verkaufsräumen von Trödlern oder bei Antiquitätenhändlern zu finden ist. Sie können ihr aber auch eine siamesische Katze schenken.

Auf daß der Mond blau werde

Erzählen Sie ihr ausführlich, warum Sie sie lieben. Erinnern Sie sich an Ihr erstes Zusammentreffen. Gestehen Sie ihr, daß die Zukunft von Natascha Sie zwar interessiert, daß es aber viel wichtiger für Sie war, sie wiederzusehen!

Der Hund-Frau gefällt diese Art der Bewunderung, diese charmanten Geständnisse, die langsam auch intimer werden können.

Das Vorspiel ist ihrer Meinung nach immer zu kurz. Es muß von einem langsamen Entdecken, von feurigen Liebesschwüren und vor allem von viel Zärtlichkeit begleitet sein.

Auch wenn sie das ›Ich liebe dich‹ oder ›Ich bete dich an‹ eine Zeitlang aufrechterhalten kann, ist die Hund-Frau doch keineswegs eine Person, die ihre Gefühle unterdrückt.

Auf die sanfte Überredung muß schließlich die Tat folgen, Sie werden es übrigens auch in ihren Augen lesen können.

Positive und negative Eigenschaften

Die Treue ist für die Hund-Frau eine Art Religion, etwas Unumstößliches. Sentimentale Abenteuer führen weder zu einer ernsthaften Beziehung noch zur Ehe und dauern nicht lange. Ihr Eheversprechen aber gibt sie für immer.

Sie ist übrigens eine echte Freundin und außerordentlich sanftmütig. Sie möchte ihre kleine Welt beherrschen, beschwert sich manchmal und kann auch mürrisch sein. Diese Haltung, die oft weder akzeptiert noch verstanden wird, ist glücklicherweise durch eine unbegrenzte Ergebenheit ausgeglichen. Trotz ihre Launen und ihrer Ungeduld ist sie der eigentliche Grundstein des familiären Gebäudes.

Im allgemeinen ist sie sehr tolerant, aber ihr Langmut hat auch Grenzen. Heucheleien, Lügen oder Vulgarität erträgt sie nicht. Diese Eigenschaften können sie rasend machen, sie die Geduld verlieren und vor Wut schäumen lassen. Derartige Ausbrüche sind aber selten. Normalerweise wird der Schuldige, wenn es sich um einen Angehörigen handelt, einfach ausgeschimpft, andere werden kaltgestellt und für immer ignoriert.

Der Rückzug

Wenn die Hund-Frau für Sie nur ein Abenteuer ist, ist das Rezept, sie loszuwerden, einfach: Sagen Sie ihr, daß Sie sie niemals heiraten werden. Lassen Sie ihr nicht die geringste Hoffnung, und unterbinden Sie sofort jegliche äußere Zeichen der Zuneigung. Sie wird sich durch Ihren Egoismus gedemütigt fühlen und enttäuscht verschwinden... Der Wirbel, den die Trennung mit sich bringt, wird für Ihr Image extrem schlecht sein. Vielleicht ist es am besten, alle Erklärungen zu vermeiden und offen mit einer Ihrer Freundinnen auszugehen. Das sofortige Ergebnis ist nicht garantiert.

Eine Ehe aufzulösen, ist nicht so einfach. Sie brauchen schon mehr als ein paar schlechte Gründe, um eine Frau Hund zu überzeugen. Wenn Sie darauf bestehen, kann es lange dauern und schmerzhaft sowie teuer werden.

12

Das Schwein

Das Schwein ist ein Yin-Zeichen,
und sein chinesischer Name ist Zhu

Die Jahre des Schweins	Element
30. 1. 1911 – 17. 2. 1912	Metall
16. 2. 1923 – 4. 2. 1924	Wasser
4. 2. 1935 – 23. 1. 1936	Holz
22. 1. 1947 – 9. 2. 1948	Feuer
8. 2. 1959 – 27. 1. 1960	Erde
27. 1. 1971 – 15. 1. 1972	Metall
13. 2. 1983 – 1. 2. 1984	Wasser
31. 1. 1995 – 18. 2. 1996	Holz

Checkliste
der positiven und negativen
Eigenschaften

ehrlich	tolerant
verletzlich	sinnlich
sanft	ergeben
schüchtern	streitsüchtig
friedliebend	gut
rachsüchtig	trotzig
nachsichtig	sensibel
genußsüchtig	materialistisch
liebenswürdig	aufrichtig
schlemmerisch	eigensinnig
hilfsbereit	kultiviert
naiv	unschlüssig
langmütig	großzügig
melancholisch	ausschweifend
zuverlässig	weise
leichtgläubig	grob
selbstlos	vom Glück begünstigt
autoritär	konformistisch
freimütig	tapfer
tyrannisch	reizbar

Die Beziehungen zu anderen Zeichen

Ein Schwein einzufangen, ist eine Sache, es zu zähmen, eine andere. Je nachdem, ob die anvisierte Beute für den schnellen Verzehr oder als Fang für die ›Ewigkeit‹ vorgesehen ist, gibt die chinesische Tradition folgende Ratschläge:

Für eine Liaison (oder Versuchszwecke) sind geeignet:
- ••••• Tiger, Katze, Ziege
- •••• Hund, Schwein
- ••• Ratte
- •• Affe, Büffel
- • Hahn

Für die Ehe empfehlen sich folgende Zeichen:
- ••••• Tiger, Schwein
- •••• Ziege
- ••• Ratte, Katze, Hund
- •• Büffel, Drache, Hahn
- • Affe

Einige berühmte Schweine

Männlich: Woody Allen, Fred Astaire, Hervé Bazin, Humphrey Bogart, Guy de Cars, James Cagney, Blaise Cendrars, Paul Cézanne, Fangio, Henry Ford, Jean Graton, Ernest Hemingway, Alfred Hitchcock, Elton John, Eugène Labiche, Chico Marx, Henry Kissinger, Francis Perrin, Bernard Pivot, Prinz Rainier von Monaco, Ravel, Robert Sabatier, Michel Sardou.

Weiblich: Bibi Anderson, Julie Andrews, Lucille Ball, Maria Callas, La Dubarry, Régine Deforges, Jean Harlow, Catherine Langeais, Madame de Maintenon, Marie-Antoinette, Anne-Marie Peysson, Ginger Rogers, Françoise Sagan.

Die verschiedenen Typen

<u>Mit dem Element Holz</u> Dieser Typ Schwein ist sehr umgänglich, liebt reichhaltiges Essen, ist großzügig und äußerst tolerant. Außerdem ist dieser Schwein-Mensch leichtgläubig und durch die Enttäuschungen, die ihm das Leben zufügt, etwas mißtrauisch. Er liebt das Spiel im allgemeinen und manchmal auch das Glücksspiel, mehr wegen des Vergnügens als wegen des Gewinns; da er aber vom Glück begünstigt ist, könnte es sehr einträglich für ihn sein. Die Schwein-Menschen mit diesem Element haben im allgemeinen kaum finanzielle Probleme. Als genußsüchtige Menschen könnten sie durch Dinge, die die Moral verurteilt, in Versuchung geführt werden. Charakteristik: Ein vom Glück begünstigtes Schwein.

<u>Mit dem Element Feuer</u> Trotz seines Realismus kann sich dieses unerschrockene Schwein für die verrücktesten Abenteuer interessieren. Es ist in der Tat oft zwischen seiner Verstandesschärfe und seiner Verwegenheit hin und her gerissen. Meistens setzt sich jedoch letztere durch, selbst wenn dieser Schwein-Mensch die Schwierigkeiten der Unternehmung bei weitem unterschätzt hat. Dieser unter dem Zeichen des Feuer-Schweins geborene Typ ist großzügig, umgänglich, unternehmungslustig und sehr selbstbewußt, und das meistens zu Recht. Wenn er nicht aufpaßt, kann er mit seiner Sinnlichkeit allerdings leicht in Hemmungslosigkeit verfallen. Charakteristik: Ein Abenteuer-liebendes Schwein.

<u>Mit dem Element Erde</u> Dieses Schwein ist ehrgeizig, aber realistisch und sehr vorsichtig, bevor es sich auf ein Projekt oder Abenteuer einläßt. Diese Haltung wird oft als Unentschlossenheit ausgelegt, aber das ist falsch. So-

bald dieser Schwein-Mensch Sicherheit erlangt hat, das heißt, die Risiken, die er bereit ist einzugehen, genau berechnet hat, legt er mit der größten Besessenheit und Ausdauer los. Sein Faible für reichhaltiges Essen wirkt sich allerdings schlecht für seinen Taillenumfang aus. Außer seiner Leidenschaft für die Kochkunst liebt er das Familienleben, seine Freunde und alles was Teil seiner Lebensfreude ist. Charakteristik: Ein Lebemann-Schwein.

<u>Mit dem Element Metall</u> Dieses ›Schwein‹ ist umgänglich, diskret, weniger naiv als seine Artgenossen, aktiv, hartnäckig, manchmal mürrisch – was aber kaum anhält – und sehr unternehmungslustig. Wie alle Schweine, ist es ein Idealist, und wenn es Sie schätzt oder liebt, ist es bereit, über alle Ihre Fehler hinwegzusehen. Als hilfsbereites Wesen setzt es das Allgemeinwohl vor seine eigenen Interessen. Aus letzterem geht hervor, daß dieser Typ nicht sehr kämpferisch ist. Er ist aber vom Glück begünstigt und erreicht leichter als andere einen unerwarteten Erfolg. Charakteristik: Ein tatkräftiges Schwein.

<u>Mit dem Element Wasser</u> Es gibt keinen, der diplomatischer, sanfter, liebevoller und sensibler ist als dieser Schwein-Mensch. Er ist stets zuvorkommend höflich, und es mangelt ihm nicht an Savoir-vivre. Er ist eher reserviert als schüchtern, seine Gutmütigkeit sowie sein Familiensinn und seine Hilfsbereitschaft Freunden gegenüber sind in der Tat beispielhaft. Um die Wahrheit zu sagen, dieser Mensch hat fast keine Fehler, ist aber ein außerordentlicher Gourmand und ein leidenschaftliches Wesen, das im schlimmsten Fall sogar an seiner Sinnlichkeit zerbrechen könnte. Charakteristik: Ein das reichhaltige Essen liebender und höflicher Schwein-Mensch.

Auf der Suche nach dem Schwein-Mann

Die Herren sowie die Damen sind im allgemeinen nicht begeistert, wenn sie entdecken, daß ihr chinesisches Zeichen ein Schwein ist, da dieses Tier im Abendland nicht den gleichen Ruf genießt wie im Fernen Orient. Im weit entfernten Kontinent ist dieses Tier das Symbol für den Wohlstand der Familie, das Glück, die Ehrlichkeit und die Sinnlichkeit. Das klingt alles sehr positiv, nicht wahr? Man sollte also dieses Zeichen mit Würde tragen, und wem das Wort Schwein nicht gefällt, der kann es immer noch in Wildschwein ändern, wie es einige tun, da es männlicher klingt. Und die Männlichkeit ist zusammen mit der Großzügigkeit, der Ehrlichkeit und dem Mut ein wesentlicher Bestandteil des Charakters des Schweins. Der Schwein-Mann ist auch höflich, sehr an seine Umgebung angepaßt, nicht im geringsten revolutionär, auch wenn er steif und fest behauptet, unsere Gesellschaft sei unvollkommen und verbesserungsfähig. Er ist regelmäßig für eine noble Sache begeistert. Amnesty International, zum Beispiel, müßte in ihm einen Anhänger finden oder jede andere Organisation, die sich für Gerechtigkeit und die Verteidigung der Menschenrechte einsetzt. Er träumt also von einer besseren, aber keineswegs perfekten Welt. Der Schwein-Mann ist kein Pessimist, selbst wenn das Leben ihn mißtrauisch gemacht hat oder seine Gutmütigkeit oder sein angeborenes Mitleid ausgenutzt wird.

Man sollte jedoch diesen lebemännischen und freundlichen Schwein-Mann niemals als Waschlappen, unentschlossenen und fügsamen Menschen bezeichnen. Er fängt niemals einen Streit an, aber wenn er überrannt, verraten oder zu Unrecht beschuldigt wird, kann er scharf reagieren. Um die Wahrheit zu sagen, ein schlecht behandelter Schwein-Mann verwandelt sich in ein Wildschwein, das schnell, heftig und entschlossen reagiert. Der Gegner wird geschnappt und mit verletzenden Worten lächerlich gemacht, oder wenn die Sache ernsthafter ist, k.o. geschlagen. Treiben Sie also niemals ein Schwein in die Enge, und hüten Sie sich vor seinem heftigen Temperament.

Doch Schwein-Männer sind vom Glück begünstigt und anpassungsfähig. Sie sind harte, genaue und entschlossene Arbeiter. Man findet sie in Berufen, die von der Hochfinanz bis zum Film reichen sowie in dem Bereich der Literatur, des Chansons, des Tanzes, der Malerei und sogar bei Autorennen. Mit seinem Hang zur Vergangenheit könnte er aber auch Archäologe, Geschichts- oder Lateinprofessor und seltener Ingenieur der Aeronautik oder Spezialist in Nuklearphysik sein.

Der Schwein-Mann ist höflich, vollkommen in unsere Gesellschaft integriert, umgänglich und niemals mondän. Absurde Konventionen irritieren ihn, und er hat einen Horror vor unaufrichtigen Beziehungen. Das ist auch der Grund dafür, daß er Abende mit Freunden großen Geburtstagsempfängen vorzieht und lieber mit seinen Kumpeln weggeht, als an offiziellen Einladungen teilzunehmen. Der Schwein-Mann ist ein toleranter Mann, der sich nach Harmonie sehnt und weder den Komfort noch den Luxus verschmäht, aber keine Eitelkeit kennt. Er ist ein Mann von Geschmack, genußsüchtig, sinnlich und leidenschaftlich. Und nun kommen wir auf den Abgrund zu sprechen, in den einige Schweine fallen könnten: die Vorliebe für reichhaltiges Essen und die Hemmungslosigkeit, wenn sie nicht aufpassen.

In Herzensangelegenheiten muß seine erstaunliche Liebesfähigkeit und seine Sehnsucht, sein Leben mit jemandem zu teilen, erwähnt werden. Er wird dort sein Bestes geben. Wenn er erst einmal zufrieden ist und sich sicher fühlt, dann wird dieser loyale und treue Mann glücklich sein und davon träumen, verwöhnt zu werden und daß all seine Wünsche in Erfüllung gehen.

Die Strategie

Er ist einfach überall zu finden: im Casino von Monte Carlo, an der Börse, bei Fauchon, im Tour d'Argent (Restaurant), 456 km von der Straße 20 entfernt, denn dort – auf dem Weg nach Süd-Westen – befindet sich ein hervorragendes Restaurant, auf einer Rundfahrt durch Beaujolais, im Automobilsalon, beim Festival der Späße in Rochefort (Belgien) oder dem der Comics in Angoulême, beim 24-Stunden-Rennen von Le Mans...

Es gibt also viele Möglichkeiten, dieser angenehmen Persönlichkeit, die Sie wahrscheinlich schon bemerkt haben, zu begegnen. Bevor wir uns eine ›Treffmöglichkeit‹ ausdenken, werden wir die Waffen betrachten, die Sie anwenden sollten, um ihn zu verführen.

Seien Sie sehr weiblich! Der muskulöse, sportliche und hagere Typ macht kaum Eindruck auf ihn. Er liebt den Gang eines Raubtiers, daher auch seine Vorliebe für die Zeichen Tiger und Katze. Sie sollten etwas rundlich sein oder ihre Rundungen betonen, ohne jedoch zu provozieren. Er liebt Frauen, die sexy sind, aber keine Femme fatale. Er zieht die rundlichen Braunen, die Mädchen des Südens und der Sonne den kalten und eisigen Schönheiten vor. Es ist nutzlos, groß in Kleidung zu investieren, es wird nicht Ihr Dior-Kleid oder Ihr Nerz sein, der ihn verführt, sondern die Schlichtheit, nochmals die Schlichtheit und wieder die Schlichtheit und ein leichtes Make-up. Ein Detail wäre aber noch zu klären: Wenn der Mann, den Sie verführen möchten, nur ein Abenteuer ohne Morgen ist, müßten und sollten Ihre Waffen andere sein. Dieser sinnliche Mensch könnte sich zu provokanten und vor allem ein wenig vulgären Damen hingezogen fühlen. Er wird um des Vergnügens willen nachgeben und vielleicht auch wegen der ein wenig perversen Hoffnung, sich der Hemmungslosigkeit hingeben zu können. Er rühmt sich aber niemals dieser Taten und zeigt diese Neigung zu solch immer kurzen und diskreten Liaisons nicht öffentlich.

Kommen wir nun zur ernsthaften Verführung zurück, die dazu dient, diesen so interessanten Mann an die Angel zu bekommen. Zu Ihrer klassischen Kleidung, die das Wichtigste betont – eher um seine Aufmerksamkeit zu erregen, als seine sinnliche Seite anzusprechen –, sollten Sie Phantasieschmuck (Kette und Armband) tragen und Ihr diskretes Make-up mit einem klassischem Chanel-Parfum vervollständigen.

Denken Sie daran, daß Ihr Schwein-Mann, wenn er jünger als 30 Jahre ist, schüchtern sein und sich unter Ihren Freunden, bei denen Sie ihn das erste Mal treffen werden, unwohl fühlen könnte. Ältere Schwein-Männer sind selbstsicherer. In beiden Fällen müssen Sie den ersten Schritt tun. Da er hilfsbereit ist, bitten Sie ihn, Ihnen ein zweites Glas Wein oder noch eine Portion dieses köstlichen Kuchens, der das Buffet schmückt, zu bringen. Nicht nur die Tatsache, Ihnen behilflich sein zu können, macht ihn glücklich, sondern auch dieses gourmandise Lächeln, das er bei Ihnen entdeckt, wenn er zurückkommt. Glauben Sie jetzt aber bitte nicht, daß Sie sich mit Kuchen vollstopfen müssen, um ihm zu gefallen. Sie könnten ihm auch sagen, daß Sie gerne Kuchen essen, aber auf Ihre Linie achten müssen, oder daß Sie nichts ›Süßes‹ mögen, er wird es verstehen und schätzen. Auf jeden Fall werden Sie den ersten Punkt gemacht haben, da er bereits am Haken hängt.

Die erste Runde

Da Sie es bei dem Abend mit Ihren Freunden weder versäumt haben, Adressen auszutauschen noch Ihre Neigung zur guten Küche zu betonen, müßte der Schwein-Mann es sich zur Pflicht machen, Sie zum Abendessen einzuladen. Müßte… es sei denn, er hat schon ein paar graue Haare, denn dieser zärtliche, offene und ehrliche Mensch könnte auf einmal sehr schüchtern werden, besonders wenn Sie ihm gefallen. Vielleicht wäre es auch wirkungsvoller, wenn Sie ihn unter irgendeiner Ausrede anrufen und im Laufe der Unterhaltung durchblicken lassen, daß Sie vorhaben, ins Kino zu gehen. Da er die große Leinwand liebt, wetten, daß er Ihnen vorschlägt, zusammen hinzugehen? Und was werden Sie sich ansehen? Schlagen Sie einen Thriller, eine italienische Komödie oder einen großen Abenteuerfilm, aber auf keinen Fall einen Ingmar-Bergmann- oder Jean-Luc-Godard-Film vor. Er wird es zu schätzen wissen.

Nach dem Kino gehen Sie in ein Restaurant. Ein solides, gutes, echt französisches Restaurant. Er würde aber auch nichts gegen ein chinesisches oder ein italienisches Restaurant einzuwenden haben.

Sei es wie es sei, er hat einen ungewöhnlich guten Appetit. Er liebt Geschmortes, Saucen, Eingelegtes, aber auch Austern und Fisch mit Fenchel, und er wird nichts auf dem Teller übrig lassen. Wenn er Ihrer sicher ist, wird er sogar von Ihrem Teller probieren. Es könnte aber auch sein, daß er gerade wieder einmal eine Diät macht. In diesem Fall würde das Essen anders aussehen. Doch dieses Risiko ist sehr gering, da er im allgemeinen in dieser Beziehung seine guten Vorsätze leicht vergißt.

Im Verlauf dieses Abends werden Sie viel reden. Zum Beispiel vom Film, den Sie gerade gesehen haben; Sie brauchen keine Angst zu haben, wenn Ihre Meinung sich nicht mit der seinen deckt. Er schätzt die Offenheit, aber versuchen Sie auch Gemeinsamkeiten zu finden, das wird ihn stärker beeindrucken. Wenn Sie außerdem noch durchblicken lassen, daß Sie Familiensinn haben, Kinder lieben, Loyalität schätzen und immer treu und tolerant sind und die Leute so nehmen, wie sie sind, und nicht, wie Sie sie gerne hätten, wird Ihre Popularität enorm steigen. Sie werden es sofort merken, denn in diesem Fall wird der Schwein-Mann geschwätzig und wird Sie mit lustigen Geschichten unterhalten.

Gehen Sie dann allein nach Hause! Erhalten Sie das Mysteriöse noch aufrecht, das ist das beste Mittel, die Zukunft zu sichern. Sie können sich nun sicher sein, daß der Schwein-Mann Sie schätzt und Sie mit Zärtlichkeit und Besessenheit belagern wird.

Der Umgang mit dem Schwein-Mann

<u>Zu Hause</u> Wenn Sie es geschafft haben, ihn zu sich nach Hause zu entführen, wird er erst den köstlichen Duft Ihrer Küche, der durch Ihre Wohnung zieht, schnuppern, da Sie ihn ja zum Abendessen eingeladen haben. Er liebt die Ordnung und eine gut ausgestattete Küche, aber ebenfalls ein lebhaftes und unkonventionelles Appartement, in dem jeder Gegenstand Ihre Persönlichkeit bestätigt. Sie werden die Statue einer Katze haben, die Sie in Kairo gekauft haben, einen bretonischen Geschirrschrank, den Sie von Ihrer Großmutter geerbt haben, einen dicken Wollteppich, einen großen rustikalen Eßtisch, der für das Essen schön gedeckt ist und von Kerzen, die in alten kupfernen Handleuchtern stecken, beleuchtet wird. Sein Herz wird nicht zwischen den alten Möbeln und Ihrer modernen Küche hin und her schwanken. Sie werden es sein, die er liebt!

<u>Die Unterhaltung</u> Ein Schwein-Mann interessiert sich für alles, angefangen von vergangenen Zeiten bis hin zu den aktuellsten Ereignissen. Sie können ihn aber überraschen, indem Sie ihm von Ihrem ›nicht existierenden Museum‹ erzählen, Ihre Tierliebe erwähnen oder ihn mit einer lustigen Geschichte, die er noch nicht kennt, erheitern.

Die Geschenke   Eine Pfeife aus Bruyèreholz von Dunhill (wenn er Raucher ist); ein schönes altes Vergrößerungsglas, damit er die Objekte Ihrer oder seiner Sammlung näher betrachten kann; ein Teleskop, einen Korkenzieher, ein Austernmesser, ein Brettspiel; eines der Bücher ›Grand Bernard der französischen Weine‹ und vor allem das der Weine aus Barsac und Sauterne, oder das Buch ›Schüttelreime‹ von Joel Martin sowie das ›Wörterbuch der Schimpfwörter‹. Ebenso können Sie ihm Kochbücher schenken, aber in diesem Fall müßten Sie etwas mehr über Ihren Freund wissen. Es könnte sein, daß er in dieser Beziehung eher zum Konsum als zum Lesen neigt.

Auf daß der Mond blau werde

Sie brauchen keine Angst zu haben, daß das hervorragende Essen seine Leidenschaft beeinträchtigen könnte. Sobald er sich einmal behaglich in Ihrem Wohnzimmer niedergelassen hat und den Komfort, nach dem er sich so sehnt und den Sie ihm großzügigerweise geboten haben, genießt, wird der Schwein-Mann es nicht versäumen, zur Tat zu schreiten. Er wird sich aber Zeit nehmen, wenigstens in dieser ersten Phase, und liebevoll, zärtlich und umsichtig sein. Es könnte sein, daß Sie den ersten Schritt machen müssen – denken Sie daran, daß einige Schwein-Menschen schüchtern sind – , aber dieser Lebemann, der das Leben in vollen Zügen genießt, wird sich nicht lange bitten lassen. Er wird zuvorkommend, zärtlich und sensibel sein und vor allem seine Lust nicht verheimlichen und auch auf Sie Rücksicht nehmen. Und da seine Vitalität deutlich über dem Durchschnitt liegt, wird er Sie lange in das Universum des blauen Mondes und der tausendundein Verheißungen führen.

Positive und negative Eigenschaften

Unser Freund – man muß es zugeben – ist manchmal eigensinnig, und es mangelt ihm an Feingefühl, vor allem wenn er vor einer bedeutenden Änderung steht. Im täglichen Leben ist er dagegen meistens tolerant und umgänglich. Er gehört zu der Sorte Männer, die auch mal einen Staubsauger in die Hand nehmen oder abwaschen und der nicht zögert, seine Frau zum Einkaufen, ja sogar zum Schaufensterbummel zu begleiten. Er ist auch ein verantwortungsbewußter Vater in dem Sinne, daß er manchmal autoritär oder besitzergreifend ist.

Er liebt reichhaltiges Essen, was in einigen Fällen gefährliche Auswirkungen auf seine Gesundheit und die ›Aerodynamik‹ seines Umfangs haben kann. In dieser Beziehung hört er auf keinen Ratschlag, es gibt nur eine Lösung: Sie müssen sich in eine Diätköchin verwandeln.

Da der Schwein-Mann aus Liebe heiratet und diese sehr ernst nimmt, ist seine Treue groß, um nicht zu sagen phänomenal. Der Schwein-Mann ist aber kein Tugendbold. Für die ewige Liebe muß er Vertrauen in seine Partnerin haben können und sie muß ihn vor allem befriedigen können, anderenfalls wird er seine anspruchsvolle Libido woanders beruhigen. Es ist besser, dies zu wissen.

Der Rückzug

Wenn der Schwein-Mann für Sie nur ein Abenteuer ist, Sie aber nicht mit offenen Karten gespielt haben, wünsche ich Ihnen viel Glück! Die Trennung kann stürmisch und schwierig werden. Es könnte sogar soweit kommen, daß er Ihnen in der Öffentlichkeit Szenen macht. Der ruhige, verständnisvolle, zärtliche und großzügige Schwein-Mann wird sich in Luft auflösen. Der Sturm wird ebenso heftig wie kurz sein.

Eine Ehe zu trennen ist delikater, da der Schwein-Mann völlig in seiner Beziehung aufgeht. Er akzeptiert es nicht, daß man mit Gefühlen spielt, und vor allem nicht mit seinen. Er wird sein Glück mit einer solchen Besessenheit verteidigen, daß Sie es sich vielleicht anders überlegen. Wenn der Schwein-Mann aber lächerlich gemacht oder verraten wird und das Faß überläuft, wird er einen apokalyptischen Wutanfall bekommen – Vorsicht vor etwaigen Schäden – und die Brücken endgültig abbrechen.

Auf der Suche nach der Schwein-Frau

Die Schwein-Frau ist tolerant, ist von Pflichtgefühl geprägt, schätzt die Tüchtigkeit und ist in ihrem Beruf erfolgreich. Sie hat aber auch ein lustiges Naturell, ist natürlich und besitzt einen ausgeprägten Sinn für Ästhetik.

Sie ist sehr dynamisch, aktiv und mäßig ehrgeizig in dem Sinn, daß sie niemals opportunistisch ist. Sie kann sich nicht vorstellen, auf Kosten anderer Erfolg zu haben oder Beziehungen spielen zu lassen. Sie zieht es vor, durch den Wert ihrer Arbeit geschätzt zu werden, und ist daher von Eroberungsgeist beseelt (vor allem das Erd-Schwein), aber nicht machtbesessen. Sie sucht, wie alle unter diesem Zeichen geborenen, Harmonie und ist daher nicht nur versöhnlich und friedfertig, sondern auch verständnisvoll. Manchmal zu sehr, so daß ihre Güte, die oft mit Naivität verwechselt wird, ausgenutzt wird. Im ersten Drittel ihres Lebens könnte sie naiv sein, aber die Welt wird sie dann sehr schnell mißtrauisch werden lassen, so daß sie sich nicht mehr so leicht reinlegen läßt. Trotzdem zieht sie sowohl im beruflichen wie auch privaten Leben die Diplomatie dem Konflikt und die Ehrlichkeit einem Abnutzungskrieg vor. Ihren Freunden und ihrer Familie gegenüber ist sie sehr anhänglich. Ihr Heim ist ihr Hafen, ihre Festung, in der sie ihre Talente als Dame des Hauses, liebenswürdige Gastgeberin und perfekte Hausfrau voll entfalten kann. Sie wird sich bei der Auswahl der Möbel (meistens rustikal), Teppiche und Dekorationsgegenstände, die ihr Nest schmücken werden, viel Zeit lassen, wird aber ihre besondere Aufmerksamkeit auf die Küche, die sie souverän regieren wird, legen. In dieser fast immer distinguierten Umgebung sollten ihre Nächsten nicht versuchen, in ihr Reich einzudringen. Die Selbstbeherrschung gehört nicht zu den hervorstechendsten Eigenschaften der Schwein-Frau. Wenn man versucht, sich in ihre Angelegenheiten einzumischen, könnte sie einen Wutanfall bekommen. Die Schwein-Frau ist oft aufbrausend, ihre Wutanfälle können sehr lautstark werden, aber die Klagen und der Groll verschwinden schnell wieder.

Die Schwein-Frau ist umgänglich, gastfreundlich und lebenslustig. Sie widmet ihr Leben denen, die sie liebt, und unterstützt sie diskret und wirkungsvoll.

Die Schwein-Frau mit dem reinen Herzen ist bescheiden, kann aber auch besessen, ein wenig tyrannisch und manchmal ausschweifend sein. Im allgemeinen ist die verführerische Schwein-Frau ein Gourmand (vor allem mit dem Element Holz und Wasser). Diese Neigung geht soweit, daß sie das Vorhandensein ihrer Taille vergißt.

Die Strategie

Wo findet man diese verführerische Schwein-Frau? Bei diesen arbeitsbesessenen, peniblen, pflichtbewußten und intellektuell interessierten Menschen ist die Auswahl groß. Sie können als Kosmetikerin, Köchin, Stylistin, Filmstar, Verlegerin, Schriftstellerin, Laborantin, Schauspielerin, Ärztin, Beamtin... tätig sein. Hören wir mit der Aufzählung auf, denn es ist nicht angebracht, der Schwein-Frau in ihrem beruflichen Umfeld zu begegnen. Nur in Ausnahmefällen verbindet sie das Berufliche mit dem Vergnügen. Die logische Folgerung ist, daß der Angriff in ihrer Freizeit, wenn sie entspannt ist, zu erfolgen hat. Das Ideale wäre der Urlaub, eine Zeitspanne, die ausreicht, um das Terrain vorzubereiten, vorsichtig Zug um Zug vorwärtszugehen und sie dann schachmatt zu setzen. Vorher aber noch einige Prinzipien, die Sie nicht vernachlässigen sollten.

Sie liebt weder die Vulgarität noch die Prahlerei. Ein Männertyp wie der Skilehrer oder muskulöse Bademeister könnte eventuell ihre Aufmerksamkeit erregen. Wenn sie in diesem Falle nachgeben sollte, wird es nur für ein kurzes vorübergehendes Abenteuer sein, um ihre Sinnlichkeit zu befriedigen und sonst nichts. Für ihr Herz braucht sie etwas Konkretes, Solides. Eine Freundschaft, die sich in Liebe verwandelt, ist ihre Idealvorstellung. Hier also die anzuwendende Taktik, und wollen wir hoffen, daß der Übergang von einem Stadium zum anderen kurz ist.

Seien Sie also freundschaftlich, offen, natürlich und ehrlich. Außerdem müssen Sie ein gepflegtes Äußeres haben. Sich im Urlaub zu befinden, ist nicht gleichzusetzen mit nachlässiger und unsauberer Kleidung, einem unrasierten Drei-Tage-Bart und dem Geruch von Schweiß und Sonnenöl. Sie würde es verabscheuen.

Wenn Ihr Lächeln strahlend ist, lächeln Sie wie für eine Zahnpastareklame, und sorgen Sie für frischen Atem. Benutzen Sie das Eau de toilette ›Bleu Marine‹ von Cardin oder ›Y‹ für den Mann von Yves Saint Laurent, für sie wird es wie ein Gütezeichen sein.

Wenn Sie im Club Mediterrané sind, gibt es genug Möglichkeiten sich kennenzulernen, sonst buchen Sie die gleichen Ausflüge wie sie, und spielen Sie dann den Touristenführer. Wenn Sie den Ort, den Sie beide zusammen besichtigen wollen, nicht kennen, besorgen Sie sich Prospekte. Danach spielen Sie den zuvorkommenden Kavalier, und führen Sie sie zum Tanzen aus. Dabei spielt es keine Rolle, wenn Sie auf diesem Gebiet kein Experte sind..., seien Sie der Partner für alle Abenteuer, alle Badeausflüge und alle Abende. Machen Sie Photos von ihr, und versprechen Sie ihr, sie zuzuschicken. Wenn ein anderer versucht, sie Ihnen abspenstig zu machen, zögern Sie nicht, sich in eine Schlägerei einzulassen. Falls Sie einen bösen Schlag abbekommen sollten, wird die Schwein-Frau Sie aufopfernd pflegen. Mit einer solchen Aktion wird die ›erste Runde‹ zur reinen Formsache, und für Sie wird es die letzte Gelegenheit sein, Ihre Gefühle zu überprüfen, denn die Schwein-Frau beginnt, Sie ernst zu nehmen.

Die erste Runde

Wenn die Operation ›Verführung‹ sich nicht im Urlaub abspielt und Sie die Schwein-Frau bei Freunden kennengelernt haben, müssen Sie die Situation schnell stabilisieren. Denken Sie daran, daß die Schwein-Frau Sie nicht anrufen wird. Sie werden immer die Initiative übernehmen müssen. Laden Sie sie ins Theater, Kino, zu einer Veranstaltung ein, lernen Sie ihre Freunde kennen und vielleicht sogar ihre Familie. Rufen Sie sie jeden Tag an. Diesem Programm wird die erste Runde folgen. Es muß wie bei denen, die sich nach dem Urlaub ›wiederfinden‹, ein denkwürdiger Abend werden. Schicken Sie ihr vor dem Rendezvous einen Blumenstrauß mit einem Brief, um Ihre ernsthaften Absichten zu bekräftigen. Die Schwein-Frau wird entzückt sein, sich sicher fühlen und bereit sein, zu allem ja zu sagen. Zögern Sie nicht, sie zu einem langen Wochenende in die Bretagne nach Quiberon einzuladen. Um so besser, wenn es regnet, da Sie in dem gemütlichen Hotel hervorragende

Meeresfrüchte essen können – sie liebt Muscheln und vor allem Meeresspinnen –, begleitet von einem guten Landwein und gefolgt von flambierten Crêpes, und sich dann in das romantische Zimmer zurückziehen können. Dies kann sich in Quiberon, St.-Lunaire oder Chartres im Schatten der Kathedrale oder einer der schönsten Ecken Frankreichs oder sonstwo abspielen, vermeiden Sie jedoch künstliche und moderne Orte sowie diejenigen, die von Touristenhorden überfallen werden.

Der Umgang mit der Schwein-Frau

<u>Zu Hause</u> Wenn Sie es geschafft haben, sie zu sich nach Hause einzuladen, wird Ihr Heim einer wohlwollenden und neugierigen Inspektion unterzogen werden. Wohlwollend in dem Sinne, daß sie die Ordnung schätzt, aber auch kein Aufhebens von Ihrer Unordnung machen würde. Im Gegenteil, diese Unordnung würde ihr beweisen, daß hier die Hand einer rigorosen Frau fehlt. Sie wird Ihre Bücher und alles Herumliegende neugierig betrachten, denn sie bezeugen Ihr aktives Leben, und Ihre Möbel strahlen Behaglichkeit aus. Wenn Ihr Heim warm und anheimelnd ist, haben Sie bereits gewonnen.

<u>Die Unterhaltung</u> Sie interessiert sich für die kleinen Dinge des Lebens, aber ebenso für Filme und Literatur. Sie können vom letzten Spielberg-Film, aber auch vom neuesten Sabatier sprechen. Letzteres natürlich nur, wenn Sie an einem kulturellen Austausch interessiert sind, sonst erzählen Sie von sich selbst, Ihrer Arbeit und Ihren Ambitionen; die Schwein-Frau ist eine gute Zuhörerin. Sie haßt Seemannsgarn und wird schnell entdecken, ob Ihre Geschichten das Ergebnis von Phantasien sind oder der Wahrheit entsprechen. Seien Sie also nicht

eitel, sagen Sie ihr schlicht die Wahrheit, und wenn Sie sie beruhigen möchten, sprechen Sie von der Zukunft, Ihrer gemeinsamen Zukunft.

<u>Die Geschenke</u> Schenken Sie Ihr weder einen Schnellkochtopf mit der Ausrede, daß sie eine hervorragende Köchin ist, noch sonst irgendeinen praktischen Gegenstand. Für die Schwein-Frau müssen die Geschenke nutzlose und schöne Dinge sein, die Spaß machen. Und hüten Sie sich davor, einen Geburtstag oder einen anderen wichtigen Tag zu vergessen, sie würde es Ihnen nie verzeihen. Die schönen Dinge müssen auch nicht unbedingt teuer sein. Nicht, daß sie ein Cartier-Feuerzeug nicht zu schätzen wüßte, aber sie zieht ungewöhnlichere Geschenke vor: z. B. ein kleines silbernes Schwein. Es muß aus Silber und nicht aus Gold sein, denn Gold steht ihr nicht. Sie können ihr auch Bücher schenken – vor allem Romane – oder eine Federboa, einen Federhalter, eine siamesische Katze!

Auf daß der Mond blau werde

Vulgarität, überstürztes und draufgängerisches Handeln und Gewalt, all das sollten Sie vermeiden, denn es schockiert die sensible Schwein-Frau zutiefst. Sie schätzt die Liebkosungen und flüchtige Küsse, die langsam feuriger werden. Bei ihr ist das Vorspiel ein Muß. Ihrer Meinung nach sollte man sich Zeit nehmen, um die Liebe zu genießen und um das Feuer der Lust langsam zu entfachen. Sie hat eine Vorliebe für gedämpfte Beleuchtung. Seien Sie gewarnt. Zärtlichkeiten und Liebkosungen sind obligatorisch, und Sie werden zumindest am Anfang die Initiative ergreifen müssen. Da die Schwein-Frau aber sehr sinnlich und äußerst leidenschaftlich ist, wird die Initiative dann auch von ihr ausgehen, sie wird ohne Umschweife und falsche Scham handeln. Zusammen werden Sie das Universum des blauen Mondes erreichen, und zusammen werden Sie die tausendundein Vergnügen genießen.

Positive und negative Eigenschaften

Da nichts der Entschlossenheit der Schwein-Frau widersteht, wird es ihr erster Sieg sein, das, was früher eine Wohnung oder Haus war, in ein hübsches und gemütliches Heim zu verwandeln. Die ganze Familie, einschließlich der siamesischen Katze – und Gott weiß, wie schwierig sie sind –, wird sich dort wohl und glücklich fühlen. Im allgemeinen ist die Schwein-Frau eine gute Köchin oder sie wird es im Laufe der Zeit. Damit aber im Heim die Harmonie herrscht, ist es absolut notwendig, daß sie sich gefühlsmäßig sicher fühlt. Sie würde niemals für Rohlinge oder gleichgültige Personen kochen. Die Schwein-Frau ist sehr sensibel und empfindlich. Es ist also besser, den Salat aufzuessen, die Teller ›abzulecken‹ und nichts übrigzulassen. Das ist nicht immer einfach, da sie reichhaltiges Essen liebt und von anderen das gleiche erwartet. Es gibt aber gute Weine oder angenehme Getränke, um alles runterzuschlucken. Und um so schlimmer, wenn Sie in einer Krise stecken, sie wird Sie gut verpflegen.

Sie ist nicht autoritär, aber da im Haus Ordnung herrschen muß, ist es offensichtlich, daß die Schwein-Frau die Herrin des Hauses ist. Sie ist keine strenge Herrscherin, und im allgemeinen ist die Atmosphäre im Haus entspannt und freundlich. Sie ist sehr tolerant, aber, wie oben erwähnt, empfindlich, und sie besitzt ein aufbrausendes Temperament. Sie mag es nicht, wenn man sich gehen läßt oder wenn ihre Familie zu unordentlich ist. Sie bekommt daher manchmal berechtigte

Wutanfälle, die zu Exzessen führen können. Die Ruhe kehrt aber meistens schnell wieder ein.

Die Schwein-Frau ist eine perfekte Gastgeberin, eine treue und unbestritten loyale Ehefrau. Die Hemmungslosigkeit, die einige Schwein-Menschen überfällt, wirkt sich, sobald sie verheiratet ist oder eine feste Beziehung hat, bei ihr nicht aus. Falls die Schwein-Frau manchmal flatterhaft sein sollte, dann nur, weil sie mit ihrem Partner kein echtes Paar bildet. Der einzige echte, schwere und häufig vorkommende Fehler der Schwein-Frau ist ihre Vorliebe für reichhaltiges Essen. Es gibt wohl einige Ausnahmen, aber die große Mehrheit zeigt diese Vorliebe auch für Schokolade und Süßigkeiten. Es gibt andere, die Deftiges vorziehen, wie Würstchen, Pasteten und Käse. Fast alle lieben gutes Essen und guten Wein. Sie versuchen meist vergebens der Versuchung zu widerstehen, die nicht ohne Folgen für ihren Körper ist. Sie probieren es mit Diäten, FdH, Sport und anderen Mitteln, aber meistens ohne Erfolg.

Der Rückzug

Das Rezept, sie loszuwerden, ist, ehrlich zu sein, wenn Sie nicht den Mut aufbringen können, widerwärtig zu sein und sich einfach davonzumachen, ohne etwas zu sagen. Das ist zwar nicht schön, und Ihre Abtrünnigkeit wird Ihnen niemals verziehen werden. Falls Sie Ihre Meinung dann ändern sollten, ist es zu spät.

Eine Ehe zu trennen, ist eine andere Sache. Auf den ersten Blick scheint es gemäß der chinesischen Tradition unmöglich, sogar unverständlich. Eine Trennung wird Ihre Partnerin verwunden und bestürzen, aber da sie sehr eigenwillig, klug und tolerant ist, wird sie Ihnen die Freiheit wiedergeben. In diesem Fall kann man nicht sagen, wer mehr verlieren wird.

ASTRODATA® Astrologische Textanalysen

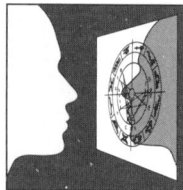

(87) Die große Persönlichkeitsanalyse. Analyse Ihres Geburtshoroskopes, welche auch Schattenthemen, Berufsverhalten und Partnerbild beschreibt. Umfang: ca. 20-25 Seiten Deutungstext. DM 55.- / FR 50.- / ÖS 490.-

(71) Standard-Horoskopanalyse. Denken - Fühlen - Handeln. Umfang: ca. 15 Seiten, DM 35.- / FR 30.- / ÖS 290.-

(85) Esoterische Lebensplan-Analyse. Lebensaufgaben und Schicksalsthemen; zur Vertiefung der Persönlichkeitsanalyse. Umfang: ca. 12-18 Seiten, DM 50.- / FR 45.- / ÖS 370.-

(73) Die Kinderanalyse. Anlagen und Lebensziele Ihres Kindes aus astrologischer Sicht. Mit erzieherischen Hinweisen. Umfang: ca. 12-16 Seiten, DM 40.- / FR 35.- / ÖS 330.-

(75) Die Partnerschaftsanalyse

Damit eine Beziehung eine langfristige Gemeinschaft wird, braucht es Liebe, Verständnis und Akzeptieren. Diese Analyse beschreibt das Thema Ihrer Beziehung, deckt Entwicklungsmöglichkeiten und verborgene Konfliktzonen auf. Umfang: ca. 15-20 Seiten, DM 50.- FR 45.-/ÖS 440.-

Reiseanalysen.

Anwelchem Ort der Erde fühlen Sie sich wohl? Welche Themen stehen dort im Vordergrund ?

(81) Die Reise- und Ortsanalyse gilt 12 Monate und wird für drei Orte Ihrer Wahl erstellt. Umfang: ca. 20-30 Seiten Deutungstext. DM 50.- FR 45.- / ÖS 440.-

(62) Astro*Carto*Graphy, die persönliche Astro-Weltkarte, zeigt an, wo bestimmte Planeten ein Leben lang wirksam sind. Zusammen mit Erklärungsbuch, DM 37.- / Fr 32.- / ÖS 290.-

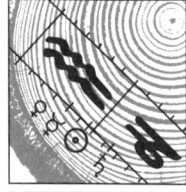

(79) Die 10 Jahresanalyse

Ob Zukunft oder Vergangenheit - wenn Sie wichtige Entwicklungen innerhalb eines größeren Zeitraum besser verstehen und überblicken möchten, bietet Ihnen diese Analyse wertvolle Informationen. Umfang: ca. 20-35 Seiten Deutungstext. DM 60.- / FR 55.- / ÖS 450.-

Bestellen Sie schriftlich oder telefonisch unter Angabe von Geburts- datum, -zeit, -ort und Geschlecht.

HEYNE - Astro - Leserdienst, Inzlinger Strasse 19 A, D - 7850 Lörrach
Telefonische Bestellannahme: (9-12 + 14-17 Uhr), Tel.: 07621 / 3486